KB185656

자기주도로
스탠퍼드 가는
아이 키우기

자기주도로 스탠퍼드 가는 아이 키우기

명문대 합격을 이끄는 엄마표 실전 교육 플랜

초 판 1쇄 2025년 02월 12일

지은이 강지연
펴낸이 류종렬

펴낸곳 미다스북스
본부장 임종익
편집장 이다경, 김가영
디자인 임인영, 윤가희
책임진행 이예나, 김요섭, 안채원, 김은진, 장민주

등록 2001년 3월 21일 제2001-000040호
주소 서울시 마포구 양화로 133 서교타워 711호
전화 02) 322-7802~3
팩스 02) 6007-1845
블로그 http://blog.naver.com/midasbooks
전자주소 midasbooks@hanmail.net
페이스북 https://www.facebook.com/midasbooks425
인스타그램 https://www.instagram.com/midasbooks

ISBN 979-11-7355-068-3 03370

값 23,000원

자기주도로 스탠퍼드 가는 아이 키우기

강지연 지음

명문대 합격을 이끄는 엄마표 실전 교육 플랜

미다스북스

들어가는 글

I 영유아 시기

: '책'으로 시작하는 육아

II 초등 시기

: 아이의 날개를 키우는 맞춤형 교육

III 중고등 시기

: 복리로 불어나는 자기주도 학습의 힘

Ⅳ 입시

: 가장 중요한 것은 흔들리지 않는 마음

V 입시를 마치고

: 학부모에서 부모로

마치는 글

들어가는 글

'육아(育兒)'인 줄 알았더니, '육아(育我)'였다

"대한민국 인재상, 대통령 장학금, 케임브리지와 콜롬비아 합격, 스탠퍼드 입학"

유학 경험이 없는 아이가 이런 성과를 내니 많은 분이 궁금해하셨습니다.

"도대체 어떻게 키우셨나요?"

저는 특별한 교육 비법이나 원칙을 가진 부모가 아니었습니다. 다만, 제가 임신한 순간부터 지금까지 꾸준히 실천해 온 것이 있다면, 그것은 바로 '독서와 대화'입니다.

워킹맘이다 보니 육아에 대해 배울 곳도, 소위 말하는 '엄마의 정보력'도 부족했기 때문에 책을 읽고 아이를 관찰하는 일을 무엇보다 중요하게 여겼습니다. 책으로 아이를 키우다 보니 자연스럽게 아이 맞춤형 엄마표 육아와 교육을 할 수 있었고, 이는 자기주도형 아이로 성장하는 데 큰 밑거름이 되었습니다.

아이를 키우는 과정은 저 자신에게도 큰 변화를 가져왔습니다. 아이를 통해 제 삶의 의미를 새롭게 발견할 수 있었으니까요.

육아의 시작, 아이를 '관찰'하다

30년 가까이 IT 컨설턴트로 일하며, 대형 프로젝트를 맡아 야근과 철야가 일상이었습니다. 일과 가정 사이에서 수없이 흔들렸지만, 퇴근 후 아이와 함께하는 한 시간은 제게 가장 소중한 시간이자 유일한 보람이었습니다.

아이와 함께 지내면서 점차 아이는 나와는 다른 독립적인 존재라는 사실을 깨닫기 시작했습니다. 아이의 말과 행동을 관찰하며 그 속에 담긴 의도와 생각을 읽으려 노력했습니다. 아이가 겪어야 할 어려움을 대신 치워주고 싶을 때도 있었지만, 꾹 참고 지켜보기로 했습니다. 꽃길만 걷게 하기보다는, 맵고 쓰고 단맛을 모두 경험하게 하고 싶었기 때문입니다.

사춘기가 시작되자 또다시 벽에 부딪혔습니다. 아이는 엄마가 만든 틀에서 벗어나려 했고, 저는 그 틀에 아이를 맞추려 했습니다. 하지만 아이의 세상을 억지로 좁히려 할수록 아이와 저의 거리는 더 멀어졌습니다. 그 시기를 통해 저는 아이를 있는 그대로 인정하는 법을 배웠고, 덕분에 더 넓은 시각으로 부모로서의 역할을 돌아볼 수 있었습니다.

육아로 나를 발견하다

아이에게 바라는 모습이 생길수록, 저는 그 모습을 내가 먼저 실천하고 있는지 스스로에게 묻기 시작했습니다. 그런데 너무도 흔한 이 질문에서 뜻밖에도 당황하고 말았습니다.

'내 꿈은 무엇일까?'

그 질문은 제 삶 전체를 다시 돌아보게 했습니다. 일에만 집중했던 나, 육아에만 매달렸던 나. 그 속에서 '나 자신'을 찾을 수 없었습니다. 그때부터 저는 다시 시작하기로 했습니다. 새로운 일에 도전하면서 조금씩 제 안에 숨겨져 있던 진짜 나를 발견해 갔습니다. 그 과정에서 얻은 경험 덕분에 아이에게 진정한 격려와 공감을 해줄 수 있었습니다.

아이의 성과는 유전이나 환경의 결과가 아니었습니다. 바로 '하고자 하는 마음'과 '지속하려는 의지' 덕분이었습니다. 아이는 그 과정을 통해 스스로 발전했고, 저 역시 함께 변화할 수 있었습니다.

'육아(育兒)'인 줄 알았더니, '육아(育我)'였다

돌아보면 육아는 단순히 아이를 키우는 일이 아니었습니다. 아이를 키우는 과정에서 저도 함께 성장하고 변화하고 있었습니다.

저는 완벽한 엄마가 아니었고, 완전한 육아법을 실천하지도 않았습니다. 다만 매일 최선을 다했고, 오늘 하루를 아이와 함께 성실하게 보냈을 뿐입니다.

이제 아이는 성인이 되었고, 저도 제 삶의 '시즌 2'를 맞이하고 있습니다. 아이를 명문대에 보낸 결과는 분명 기쁜 일이지만, 더 감사할 일은 그 과정에서 저 자신도 더 나은 사람이 되었다는 것입니다.

나누고 싶은 이야기

이 책은 아이를 임신했을 때부터 대학에 입학하기까지, 아이의 성장 과정을 따라 진행됩니다. 아이와 함께했던 '엄마표 놀이법'은 점차 '엄마표 학습법'으로 이어졌고, 이는 모두 아이의 '자기주도 학습'의 씨앗이 되었습니다. 그 과정에서 독서와 대화가 어떤 힘을 발휘했는지, 이 책을 통해 확인하실 수 있습니다.

많은 분이 아이의 명문대 합격 비결을 궁금해하시지만, 제가 진정으로 나누고 싶은 이야기는 '결과'가 아니라 '과정'입니다. 일과 육아를 병행하며 아이와 함께 성장했던 이야기, 그리고 그 속에서 제가 깨달은 것들을 전하고 싶습니다. 그래서 그 어떤 책보다 많은 시행착오가 담겨 있습니다. 혹시 지금 힘든 시간을 보내고 있다면, 제 이야기가 작은 위로가 되기를 바랍니다.

'나는 자신이 없는데.'라는 생각이 드신다면, 이렇게 말씀드리고 싶습니다.

"시작하기 전에는 두려움이 앞설 수 있지만, 막상 해보면 생각만큼 큰 산은 아니었습니다."

한 걸음씩 나아가다 보면 언젠가 길이 환하게 열릴 것입니다. 잘하지 않아도 괜찮습니다. '포기하지 않고 나아가는 것'이야말로 우리가 할 수 있는 최선입니다.

"우리 가족이 걸어온 길은 결코 평탄하지 않았습니다.
모두가 컨베이어 위에서 같은 방향으로 달려갈 때,
우리 가족은 용기 있게 그곳에서 뛰어내려 우리만의 새로운 길을 찾아 나섰습니다.
우리를 좋은 결과로 이끈 것은 '옳은 결정'이 아니었습니다.
매일같이 우리가 내린 결정을 '옳은 결정'으로 만들어 나갔던 여정이 있었을 뿐입니다."

네이버 블로그 '깡지의 보물창고' 문지기, 강지연

일러두기

이름에 얽힌 이야기

· 깡지 : 네이버 블로그 '깡지의 보물창고'에서 사용하는 닉네임인 '깡지'는 제 이름 앞 두 글자에서 따온 것입니다. 신입사원 시절, 깡마른 몸매에 일을 '깡' 있게 한다며 붙여진 별명이었고, 이후 수십 년 동안 저의 페르소나가 되었습니다.

· 션 : 이 책에서 아들을 '션'으로 부릅니다. 흔해 보이지만 어린 시절 고심해서 지어 준 영어 이름입니다. 한국 이름을 빠르게 발음했을 때 비슷하게 들리며, '지도자'라는 뜻을 담고 있습니다. 현재 미국에서 사용하고 있는 이름입니다.

· 션파 : 제 남편이자 션의 아빠로, 언제나 한 걸음 뒤에서 우리 모자의 중심을 잡아 주고 든든한 버팀목이 되어 주었습니다.

학교 이야기

션은 공립 초등학교를 졸업한 후, 중학교 1학년부터 제주 국제학교인 NLCS Jeju(노스런던컬리지에잇스쿨 제주, 이하 NLCS)에 다녔습니다. NLCS는 영국 교육과정을 따르기 때문에 학년 표기가 국내 및 미국 교육과정과 다릅니다.

이를 고려해, 이 책에서는 혼란을 줄이고자 부득이한 경우를 제외하고는 국내 교육과정의 표기를 사용합니다.

· 중학교 1학년: NLCS 기준 8 Year, 미국 교육과정 기준 7 Grade

· 중학교 3학년: NLCS 기준 10 Year, 미국 교육과정 기준 9 Grade

· 고등학교 1학년: NLCS 기준 11 Year, 미국 교육과정 기준 10 Grade

· 고등학교 3학년: NLCS 기준 13 Year, 미국 교육과정 기준 12 Grade

I

영유아 시기

'책'으로 시작하는 육아

"영유아 시기는 호기심과 상상력이 무한히 자라나는 시기입니다. '책'을 통한 육아는 언어 발달과 정서적 교감을 돕고, 배움의 즐거움을 일깨웁니다. 부모가 책과 함께하는 시간을 만들어 주는 것은 아이에게 세상에 대한 첫걸음을 내딛게 하는 소중한 선물입니다."

1

엄마가 즐거우면 최상의 태교

저는 종갓집 맏며느리입니다. 결혼 후 한동안, 일 년에 열두 번의 제사, 두 번의 차례, 두 번의 시제를 치러야 했습니다. 말이 맏며느리지, 직장 다니느라 집안일에 익숙하지 않아서 난이도 높은 제사 음식을 준비하는 대신, 설거지를 하는 정도였습니다. 시어머니께서는 늘 "바쁘면 안 와도 된다."라고 배려해 주셨습니다. 그럼에도 저는 "내가 빠지면 다른 사람이 더 힘들어지지 않을까?"라는 생각에 제사에 꼬박꼬박 참석했습니다. 일이 많을 때면 제사를 치르고 다시 사무실로 돌아가 야근을 해야 하는 날도 있었고, 몸이 아픈 날도 있었지만, 이렇게 하는 것이 마음이 편했습니다.

이런 강압적 책임감은 직장에서도 마찬가지였습니다. 아이를 임신했을 때 동료들에게 부담을 주고 싶지 않아 임신 5개월이 넘을 때까지 그 사실을 알리지 않았습니다. 불임 가능성이 높았으나 운 좋게 쉽게 임신에 성공한 케이스였습니다. 더 조심해서 몸을 돌봐야 했지만, 그때는 '여자가 사회에서 살아남으려면 남자보다 더 잘해야 한다'는 생각이 강했습니다.

임신 5개월이 넘어서야 비로소 임신 사실을 알렸는데, 그 이유는 사무실의 담배 연기 때문이었습니다. 당시에는 사무실에서 흡연이 가능했기에,

아이를 위해 더는 참을 수 없어서 임신 사실을 알렸습니다. 제 생활 곳곳에서 보였던 이런 책임감은 임신뿐만 아니라 출산 후에도 이어졌습니다.

시간은 만드는 것

임신하면 흔히 입덧, 졸음, 예민함 등으로 힘들다고들 합니다. 그런데 저는 매일 야근을 하면서도 오히려 생생하게 일했습니다. 몸이 너무 힘들어 퇴근길에 지하철 중간에서 몇 번 내린 일 외에는 임신 전과 다를 바 없이 의욕에 차서 일했습니다.

저도 예쁘고 건강한 아이를 낳고 싶은 바람은 컸지만, 현실은 밤낮없이 사무실에서 노트북과 씨름하는 날들의 연속이어서 아이에게 전혀 신경을 쓸 수 없었습니다. 프로젝트 일정에 쫓기고, 주말에도 출근해야 했기에 태교할 시간을 내는 건 쉽지 않았습니다. 그러다 '시간이 없으면 만들면 되지.'라는 생각으로 자투리 시간을 활용하기 시작했습니다.

퇴근 후 지하철에서나 길을 걸으며 아이에게 말을 걸기 시작했습니다. 혼잣말로 중얼거리니 사람들이 이상하게 쳐다보는 것 같아 핸드폰을 귀에 대고 통화하는 척한 적도 있습니다. 당시에는 무선 이어폰이 없던 시절이었거든요.

집에 돌아오면 독서와 뜨개질을 했습니다. 태명을 따서 '둥이에게 보내는 편지'라는 제목으로 하루도 빠짐없이 태교일기를 썼습니다. 남편의 어린 시절 사진을 책상 앞에 붙여두고 이 사진을 닮은 사랑스러운 아기가 태어나기를 상상했습니다.

태교가 취미로 발전하다

처음에는 아이를 위한 태교였지만, 점차 저 자신을 위한 즐거움이 되었습니다. 책의 도안을 보며 시작한 뜨개질은 제 손재주에 맞았는지 금세 익숙해져서 옷과 모자를 척척 만들어냈습니다. 퇴근 후 지친 몸으로 『빨간 머리 앤』과 『해리포터』를 아이에게 낭독해 주다가 오히려 제가 책에 빠져들기도 했습니다. 오밤중까지 태교를 한다며 쉬지 않고 책을 읽거나 무언가를 만들고 있으니, 보다 못한 남편이 "그만 좀 하고 쉬어."라며 불을 꺼버릴 정도였습니다.

하지만 이 모든 활동이 저에게 힐링이 되는 시간이었습니다. 독서를 하고, 무언가를 만들고, 그림을 그리고, 글을 쓰는 시간이 그렇게 즐거울 수가 없었습니다. 멍 때리며 쉬는 것보다, 창의적인 활동이 오히려 스트레스를 해소해 주었고 저를 활력 넘치게 만들어 주었습니다. 이 취미들은 태교로 시작되었지만, 지금까지도 제 삶의 일부로 자리 잡고 있습니다.

신기하게도 션 역시 비슷한 성향을 타고났습니다. 가끔 생각합니다. 이것이 태교의 힘인지, 유전인지, 아니면 환경 때문인지요.

엄마로서의 첫걸음

션은 예정일보다 3일 늦었으나 건강하게 태어났습니다. 출산을 '수박을 통째로 토하는 아픔'이라고 하길래 얼마나 아픈가 싶었는데, 실제로는 트럭이 지나가는 듯한 고통이었습니다. 얼굴에 힘을 너무 줘 실핏줄이 터져 주근깨처럼 작은 점들이 생기기도 했습니다.

출산 후 처음 아이를 품에 안았을 때, 드라마에서 보던 벅찬 감격 대신

"날 이렇게 고생시킨 녀석이 너구나."라는 생각이 먼저 들었습니다.

모성애란 아이를 낳는다고 저절로 생기는 것이 아니었습니다. 아이와 함께 시간을 보내고, 돌보고, 웃고, 울며 커지는 것이었습니다. 남편 역시 분만실에서 탯줄을 자르고 아이의 울음을 들으며 부성애를 키워 갔습니다.

그렇게 우리 가족은 둘에서 셋이 되었습니다. 드디어 엄마로서의 첫걸음을 내디딘 순간이었습니다.

"아이의 첫 울음은 아이의 시작을 알리는 신호였지만, 엄마로서의 여정은 그 이전부터 이미 시작되고 있었습니다."

2

워킹맘의 모유수유

아이가 태어나 다섯 살이 될 때까지는 제 인생에서 가장 치열했던 시기였습니다. 리더십을 발휘하며 새로운 업무를 수행하고, 매일같이 성과를 내야 했습니다. 그 와중에도 2년 동안 화장실에서 유축하며 완모수를 이어갔으니, 요즘 말로 '갓생'을 살았던 시절이었습니다. 어찌나 바빴는지 아플 틈도, 밥 먹을 시간도, 잠잘 시간도 없었습니다.

30대 초반, 이렇게 일터와 가정을 오가며 누구보다 치열하게 산 덕분에, 이후 어떤 어려움이 와도 스스로를 다독이며 이렇게 말할 수 있었습니다.

"그때보다는 나으니 해낼 수 있을 거야."

모유수유를 결심한 이유

처음부터 모유수유를 고집했던 건 아니었습니다. 당시 TV에서는 분유 광고가 넘쳐났고, 모유의 영양가가 떨어진다는 이야기도 공공연히 떠돌던 시기였습니다. 그런데 임신 중에 읽은 책에서 모유수유의 우수성을 강조한 대목이 눈에 들어왔습니다. 모유가 아이의 정서 발달, IQ 향상, 그리고 엄마와 아이의 애착 형성에 좋다는 내용이었습니다.

일하는 엄마기 때문에 모유를 통해 아이가 엄마를 제대로 각인할 수 있다면, 그것만으로도 의미 있다고 느껴졌습니다. 하지만 정보가 턱없이 부족했습니다. 특히 워킹맘이 모유수유를 했다는 사례는 찾을 수가 없었고, 사회적 지원도 없던 시절이었습니다. 겨우 찾은 정보라고는 이동식 유축기와 『삐뽀삐뽀 119 소아과』 후반부의 짧은 수유 상식이 전부였습니다.

출산 후 산후조리원에서 모유수유를 시도했지만, 젖이 거의 나오지 않았습니다. 다른 아기들은 수유 후 배가 불러 잠이 들었지만, 션은 계속 배고픔을 느끼는 상태였습니다. 처음부터 분유를 맛보게 하지 말라는 책의 조언을 따르려 했지만, 션의 배고픔이 너무 심하지는 않은지 걱정이 됐습니다.

션이 배고프다는 신호를 끊임없이 보내는 바람에, 제대로 쉬지 못하고 하루 종일 수유실에서 션을 안고 있어야 했습니다. 밤낮없이 수유실을 들락날락하다 보니, 션이 젖을 찾는다는 간호사의 전화를 받는 꿈까지 꾸었습니다.

이런 상황이 길어지자, 션파는 차라리 집으로 가서 편히 션을 돌보자고 권했습니다. 결국 조리원을 열흘 만에 조기 퇴소했습니다.

집에 도착하니 션파가 온 집안을 깨끗이 정리하고, 커튼과 이불까지 새로 교체해 두었습니다. 마치 무균실에 들어가는 기분이었습니다. 그날부터 션파는 본격적으로 우리 집의 집사이자 요리사가 되었습니다.

출근 준비

출산 후 첫 한 달은 모유량이 늘지 않아 완모수를 포기할까 고민했습니다. 잘 먹어야 할 영아 시절에 괜히 모유를 고집하는 것 같아 분유를 시도해 보았습니다. 그러나 션이 분유를 먹고 분수처럼 토해내는 모습을 보고 깜짝 놀랐습니다. 분유를 몇 번 더 시도해보았는데 매번 마찬가지였습니다. 그래도 죽으란 법은 없는지, 한 달이 지나자 기적처럼 모유량이 늘어났습니다. 션이 배불리 먹고 남은 모유는 얼려 보관했습니다.

출산 휴가가 끝날 무렵, 또 다른 문제가 생겼습니다. 출근 후를 대비하여 우유병으로 모유를 담아 먹여보려 했으나, 션이 우유병 젖꼭지를 거부했습니다. 딱딱한 젖꼭지가 불편했던 모양입니다. 여러 종류의 젖꼭지를 사서 테스트한 끝에, 션의 취향에 맞는 '모유실감'이라는 제품을 찾아냈습니다. 이름조차 절묘했습니다.

열악한 수유 환경

출산 휴가를 마치고 출근하는 첫날, 유축기와 노트북, 서류가방까지 바리바리 챙겨 들고 허리가 휘청거릴 정도로 무거운 짐을 안고 사무실로 향했습니다. 근무하는 기간에는 하루 세 번 유축하기로 했습니다. 최대한 업무에 방해가 되지 않도록 업무 시작 전, 점심시간 그리고 퇴근 무렵으로 정했습니다.

문제는 유축할 장소였습니다. 처음에는 회의실을 고려했지만 사람들 사용이 잦아 마음 편히 화장실을 선택했습니다. 화장실에서 유축기를 켜니 "슉쓱" 소리가 문 밖으로 새어 나갔고, 사람들이 "이게 무슨 소리지?" 하고 수근댔습니다. 저도 숨길 일은 아니라고 생각해서 편하게 이야기하고 다녔습니다.

짠 모유는 처음에는 보관할 곳이 없어 근처 편의점에 양해를 구해 맡겼고, 나중에 사무실에 냉장고가 생기면서 마음 편히 보관할 수 있었습니다. 이렇게 2년 동안 분유 한 방울 먹이지 않고 완모수를 무사히 완료했습니니다. 시작하자마자 포기할 뻔했지만, 션이 분유를 먹으면 토를 하는 바람에 의도치 않게 끝까지 모유수유를 하게 된 것입니다.

그 후 프로젝트에서 출산한 동료들이 저를 찾아와 조언을 구했습니다. 저를 보고 용기를 얻었다며 모유수유를 시도하는 붐이 일어나기도 했습니다. 제가 일종의 '선한 영향력'을 끼쳤다는 사실에 뿌듯했습니다.

사회적 인식의 부족

한 번은 유선염에 걸려 한쪽 가슴이 돌덩이처럼 딱딱해지고 열이 오르며 어지러웠습니다. 병원을 찾아갔더니, 내과 의사는 "아직도 모유 먹이나요? 영양가 없어요. 이제 분유로 바꾸세요."라며 약을 처방했습니다. 고생해서 모유를 먹이던 터라 속상한 마음에 눈물이 그렁그렁 맺혔습니다.

션도 괜찮은지 걱정되어 소아과에도 들렀습니다. 소아과에서는 "엄마가 나아야 아이도 잘 먹일 수 있어요. 그냥 젖 물려요. 그게 제일 빨리 나아요. 그리고 최대한 오래 먹이는 게 아이에게도 좋아요."라고 말했습니다. 당시 모유에 대한 의견은 의학계에서도 갈리나 보다 했습니다.

이때는 모유수유에 대한 사회적 지원도 부족했습니다. 집 밖에 나가면 수유실을 찾기 힘들어 션을 데리고 외출할 때 난감한 상황이 많았습니다.

어느 날 신문에서 한 기사가 눈에 들어왔습니다. 명절날 기차에서 사람들 시선을 피해가며 힘들게 아이에게 젖을 먹이는 어떤 엄마에 대한 글이었습니다. 공공장소의 수유실 확충이 필요하다는 주장에 대부분 공감의 댓글이 달렸습니다. 그런데 한 댓글을 보고 화가 치밀어 올랐습니다. "공공장소에서 그런 행동을 하다니 불편하다."라며 아이 엄마를 비난하는 글이었습니다. 도저히 참을 수가 없어서 댓글을 달았습니다.

"당신 어머니도 그렇게 해서 당신을 키웠습니다. 당신 아내 될 사람도 그렇게 해서 당신 아이를 키울 것이며, 당신 딸도 언젠가 그런 고생을 하게 될 것입니다. 그럴 때도 당신 가족들에게 그런 식으로 말할 건가요?"

많은 사람들이 공감하며 '좋아요'를 눌러 주었지만, 마음 한편에는 씁쓸함이 남았습니다. 훗날 공공장소에 수유실이 생겨난 것을 보며 후배맘들이 저처럼 고생하지 않아 다행이라는 생각이 들었습니다. 최소한 우리의 딸과 며느리들만큼은 이런 어려움을 겪지 않기를 바랐으니까요.

정신력이 체력이 되다

모유수유 과정에서 예상치 못했던 또 다른 난관은, 션이 밤마다 정확히 두 시간 간격으로 깨어 젖을 찾는 것이었습니다. 분유를 먹는 아이들은 긴 잠을 자는 반면, 모유를 먹는 아이들은 금세 배가 꺼져 자주 깹니다. 션은 엄마 맛을 알아채고, 퇴근 후 집에 돌아오는 저를 밤늦게까지 기다리며 꼭 붙어 있으려 했습니다. 새벽 서너 시에야 겨우 잠들었고, 저는 몇 시간 못 자고 다시 출근 준비를 해야 했습니다.

체력이 한계에 다다를 무렵 이렇게 생각을 바꿔보았습니다. "그래, 인간은 적게 자도 버틸 수 있어. 해보자." 그때부터 하루 서너 시간만 자도 괜찮다는 자기 최면을 걸었습니다. 또한, 션이 자랄 때까지는 '육아'와 '업무'에만 전념해야겠다고 각오를 다졌습니다. 이왕이면 즐겁게 말이죠.

일에서 느끼는 성취감도 커지는 시기였고, 나날이 커가는 션과 함께 보내는 시간이 너무도 소중했기에, 개인적인 유희는 '미래의 언젠가'로 미뤘습니다. 이런 생활이 익숙해졌는지, 파김치가 되어 퇴근해도 션의 얼굴을 보면 사르르 기운이 생기는 것이 참으로 신기했습니다. 션파도 묵묵히 저를 도와 주었습니다. 매일 우유병과 깔때기를 소독하고, 집안일을 도맡아 했습니다. 지금 돌아보면 그 당시 션파의 노고가 눈물 나게 고맙습니다.

모유수유에 대한 추억

워킹맘이 수유하는 것이 '이상'하게 보이는 시절에 나름 '용기' 있는 선택을 했습니다.

수유는 아이와 교감을 깊게 만들어 준다고들 합니다. 하지만 저는 가끔 "모유수유를 악착같이 해낸 건, 션을 두고 일터로 나가는 미안함을 보상받으려 했던 건 아닐까?"라는 생각을 해 봅니다. 수유라도 해야 제 마음이 조금은 편해질 것 같았으니까요.

사실, 모유수유를 하지 않았더라도 엄마로서 자격은 이미 충분했습니다. 열 달 동안 아이를 소중히 품었고, 아픔을 견디며 출산을 한 것으로도 대단한 일을 해낸 것입니다. 힘든 여건에서 모유수유를 해낸 것을 한동안 훈장처럼 자랑스럽게 여겼지만, 그럴 필요가 없었습니다. 그저 제가 선택한 방식대로 행동한 것일 뿐이니까요.

"둘째가 있었다면 수유를 하실 건가요?"라는 질문에 저는 주저 없이 "네."라고 답할 겁니다. "다시 그때로 돌아가면 수유를 하실 건가요?"라는 물음에도 역시 "네."라고 답할 겁니다. "션은 기억하지 못하겠지만, 저는 션이 제 품에서 웃고 잠들었던 모든 순간을 생생히 기억합니다."

3

육아, 책으로 시작하라

산후조리원을 조기 퇴소하고 집으로 돌아온 첫날, 션파는 출근하고 저와 션만 단둘이 덩그러니 남았습니다. 막 태어난 아이를 마주하니 무엇을 해야 할지 알 수 없었습니다. 션이 자다 깨서 입을 삐죽거리면 젖을 물리고, 어딘가 불편해 보이면 기저귀를 갈아주며 하루를 보내면서, 모든 것이 낯설고 어색하기만 했습니다.

“둥이야~” 하고 태명을 불러보았지만, 반응 없는 아기를 바라보며 무슨 말을 해야 할지 몰라 머쓱해지기도 했습니다.

심심한 마음에 태교용으로 사 두었던 『whose baby am I?』라는 얇은 그림책을 꺼냈습니다. 이 책은 글이 없는 대신 아기 동물들의 눈망울이 생생히 담긴 그림으로 가득했습니다. 별 생각 없이 펼쳤는데, 신기하게도 션이 그림을 보며 옹알이를 시작했습니다. 아이가 반응을 보이니 저도 덩달아 신이 나서 본격적으로 그림책을 펼쳐 들고 이야기를 만들어 가며 션에게 말을 걸기 시작했습니다.

매일 책 읽어주기

육아책에서 아기에게 말을 많이 걸어주면 언어발달에 좋다고 하길래, 책을 읽어주는 일이 자연스럽게 제 하루 일과가 되었습니다. 퇴근시간이 늦어 밤 10시, 11시가 되어서야 겨우 션에게 책을 읽어줄 수 있었지만, 이 시간은 우리 모자에게 특별한 시간이었습니다.

그 무렵 션은 낮잠을 충분히 자 두어 제가 집에 돌아올 때쯤이면 눈이 말똥말똥했습니다. 젖을 물리면 잠이 스르르 드는 다른 아기들과 달리, 션은 졸린 기색을 보이다가도 눈을 번쩍 뜨고 배밀이를 하며 도망가곤 했습니다. 이유는 단 하나, 자고 싶지 않아서였습니다.

퇴근하자마자 아이를 돌보면 녹초가 될 법도 한데, 저 역시 션에게 책을 읽어주는 시간이 하루 중 가장 행복한 시간이었습니다. 함께 누워서 책을 읽어주다 보면 어느새 새벽 1시, 2시를 훌쩍 넘기기 일쑤였습니다. 때로는 책을 읽어주는 동안 잠들어 잠꼬대를 한 적도 있었습니다.

션은 책을 반복해서 읽어달라고 요청하기도 했지만, 새로운 이야기를 접하는 것을 더 좋아했습니다. 당시 '책 읽히기'가 엄마들 사이에서 유행처럼 번졌던 터라 저도 많은 책을 구입해 읽어주었습니다. 션은 다양한 주제의 책을 가리지 않고 좋아했으며, 점차 과학 분야에 큰 흥미를 보이기 시작했습니다.

주말이면 동네 도서관을 찾았고, 션은 직접 책을 골라 읽는 즐거움을 배웠습니다. 엄마가 고른 책에만 의존하지 않고 스스로 책을 고르는 경험은 션에게 자율성을 심어주었습니다. 이때는 동네 도서관뿐만 아니라 사무실 근처 도서관까지 활용해 많은 책을 대출했습니다. 도서관을 찾는 습관은 지금까지도 이어져, 새로운 프로젝트를 시작할 때면 가까운 도서관을 가장 먼저 찾게 됩니다.

시간이 지나면서 읽어주는 책이 점점 많아지자, 이미 읽었던 책을 또 읽어 주는 경우가 생겼습니다. 션은 "이건 이미 읽었잖아."라고 했지만, 저는 기억이 나지 않는 일이 잦아졌습니다. 그래서 어떤 책을 읽어주었는지 기록하려고 블로그에 간단한 동화책 리뷰를 쓰기 시작했습니다. 션의 반응도 덧붙이며 블로그에 글을 남기다 보니 어느새 천 권을 넘겼습니다. 그러다가 제가 그림책 작가들의 작품에 빠져들기도 했습니다.

책이 주는 효과

책 읽기는 션 성장에 큰 영향을 주었습니다. 일찍부터 글자와 친숙해진 덕분에 두 돌이 되기 전 놀이를 통해 자연스럽게 한글을 익혔습니다. 육아 서적이나 부모 카페에서는 한글을 일찍 가르치는 것이 좋은지, 늦게 가르치는 것이 좋은지에 대해 의견이 분분했지만, 제가 제가 내린 결론은 단순했습니다. 한글은 남들보다 빨리 떼는 것보다, 아이가 글자에 관심 있을 때 시작하는 것이 중요하다는 점이었습니다.

한글 책을 잘 읽길래, 세 살부터는 영어 동화책을 접하게 했더니 네 살이 되자 파닉스를 저절로 익혔습니다. 이후 션은 영화 동화책을 읽기 시작했습니다. 책을 통해 한글과 영어를 모두 자연스럽게 배울 수 있었습니다.

션은 어릴 때부터 한 가지에 깊이 푹 빠져 지내곤 했습니다. 한때는 인체에, 또 한때는 우주에 큰 관심을 보였습니다. 이 모든 관심의 시작점은 항상 책이었습니다. 책을 통해 관심이 발현되면, 저는 관련된 영화, 장난감,

박물관, 미술관, 전시장 등을 찾아 경험을 확장시켜 주었습니다. 그렇게 션은 몰입의 세계로 빠져들었고, 책은 션의 지적 호기심을 자극하며 성장의 든든한 발판이 되어 주었습니다.

어린 시절부터 책과 친밀했던 덕분에 션은 자라면서도 독서를 큰 부담 없이 받아들였습니다. 중고등학생 시절에는 인터넷에서 논문을 찾아 읽으며 더 깊은 지식의 세계로 나아갔습니다. 대학생이 된 지금도 '긴 호흡으로 읽는 책'의 매력을 발견하며 독서의 즐거움을 이어가고 있습니다.

교감의 열쇠, 책

책 읽는 습관은 독서 능력을 기르는 것을 넘어, 아이의 사고력과 세상의 지평을 넓히는 중요한 열쇠입니다.

저는 션에게 책을 읽으라고 강요한 적이 없습니다. 대신 제가 책을 손에서 놓지 않았고, 궁금한 것은 항상 책에서 찾았습니다. 육아와 교육에 대해 전혀 알지 못했던 초보 엄마 시절, 저는 육아와 교육 서적을 읽으며 방법을 찾아 나갔습니다. 그렇게 책에서 얻은 지혜를 하나씩 실천하며 션과 함께 성장했습니다.

부모의 습관이 아이의 환경을 만들고, 그 환경이 아이의 삶을 결정합니다. 책은 션과 저를 이어주는 또 하나의 '탯줄'이었습니다. 우리는 책을 통해 더 깊이 교감하고, 서로를 이해했습니다. 책이 없었다면 션의 세상은 지금보다 훨씬 좁았을 것입니다. 그리고 제가 션을 이해하는 폭도 절반에 그쳤을 것입니다. 책은 지식 습득의 도구가 아니라, 우리 가족을 강하게 이어주는 고리였습니다.

"책은 아이의 미래를 바꾸지만, 부모의 책 읽는 모습은 아이의 인생을 바꿉니다."

4

관심을 보일 때가 '적기'

육아에서 흔히 말하는 '적기'란 무엇일까요? 적기는 아이의 발달 단계와 관심사를 고려한 최적의 시기를 말합니다. 하지만 아이를 낳는 순간부터 쏟아지는 육아법, 책, 교구, 장난감 정보들 속에서 어떤 것을 언제 접하게 해 줄지 제대로 판단하기란 쉽지 않습니다. 저 역시 검색을 하다 보면 전문가 수준의 지식을 가진 엄마들의 열정에 기가 죽기도 했습니다.

다른 부모들이 하는 것을 모두 따라 하고 싶었던 순간도 있었지만, 저는 정반대의 길을 선택했습니다. 그 많은 정보를 좇다 보면 끝도 한도 없을 것 같았기 때문입니다. 그래서 제가 할 수 있는 만큼만 하기로 결심했고, 후회하지 않기로 마음먹었습니다. 무엇보다 '다른 집 아이'가 아닌 '내 아이'를 중심에 두기로 했습니다.

한글: 책으로 자연스럽게 친해지자

한글은 "빨리 떼도 문제, 늦게 떼도 문제"라는 말이 있습니다. 어느 장단에 맞춰야 할지 고민하다가 '션의 장단'에 맞추기로 했습니다. 션이 글자에 관심을 보이기 시작한 순간을 한글 학습의 적기로 삼았습니다.

션은 두 살에 한글을 읽기 시작했고, 세 살이 되자 묵독(글을 소리 내지 않고 읽기)을 할 수 있었습니다. 덕분에 제가 출근한 동안에도 션은 혼자 읽고 싶은 책을 마음껏 읽을 수 있었습니다.

한글을 배우는 과정 역시 놀이로 접근했습니다. 션이 즐겁게 학습하도록 환경을 만들고, 함께 놀이를 하다 보니 션의 기질과 성격을 더 깊이 이해할 수 있었습니다. 션의 호기심이 글자로 옮겨간 뒤에는 질문과 사고의 폭이 한층 넓어졌습니다.

영어: 노래와 DVD를 통한 영어 환경이 중요하다

영어 교육에 대한 의견은 역시 다양했습니다. 모국어 형성이 끝난 후에 시작하는 것이 좋다는 주장과 가능한 한 빨리 시작해야 한다는 상반된 주장 속에서 혼란스러웠습니다.

션이 영어를 접한 시기는 한글을 뗀 이후였습니다. 다른 엄마들의 발 빠른 움직임을 보며 조급해지기도 했지만, 다행히 영유아를 위한 영어 환경은 노래나 애니메이션 등 대부분 재미있는 것들로 구성되어 있어 큰 부담 없이 시작할 수 있었습니다.

언어 습득의 '결정적 시기' 이론은 여전히 유효하다는 주장이 많지만, 늦게 시작해도 영어를 잘하는 사례가 늘면서 그 이론의 설득력은 점차 약해지고 있습니다. 그럼에도 어린 시절 영어를 놀이로 접근하면 학습의 부담이 적고, 자연스럽게 익힐 수 있다는 점에서 확실히 유리했습니다.

교구: 하나를 다양하게 활용하기

영유아 교구 시장의 마케팅은 부모의 마음을 교묘하게 흔듭니다. 아이의 발달을 도와준다는 설명과 긍정적인 후기들은 모든 교구를 사고 싶게 만듭니다. 교구에 대한 후기를 볼 때마다, "과연 많은 교구가 션의 능력을 키우는 데 얼마나 효과적일까?"라는 고민을 하곤 했습니다.

결론은 늘 같았습니다. "비슷한 효과를 가진 교구라면 한두 가지로 충분하다. 여러 교구를 사는 것보다 한 가지 교구를 다양하고 오래 활용하는 것이 더 중요하다. 그리고 한 가지 교구를 잘 활용하는 아이는 새로운 교구도 빠르게 익히고 응용할 수 있다."

션은 레고와 가베, 이 두 가지 교구를 오래도록 활용했습니다. 돌 무렵, 친척이 물려준 레고를 처음 접했을 때, 션은 무려 네 시간 동안 꼼짝도 하지 않고 가지고 놀 정도로 몰입했습니다. 이후 레고는 션이 가장 좋아하는 장난감이 되었고, 초등학생이 되어서도 꾸준히 활용했습니다. 레고는 집중력, 소근육 발달, 창의력 향상에 큰 도움을 주었습니다.

레고를 능숙하게 다루게 되자, 션은 일상 속 물건으로도 무언가를 만들어내기 시작했습니다. 한 가지 교구에 익숙해지니 새로운 교구도 빠르게 이해하고 응용할 수 있는 능력이 길러졌습니다.

학습이 아니라, 아이가 주인공이 되어야 한다

워킹맘에게 시간은 언제나 부족합니다. 퇴근 후 남은 시간을 아이와 효율적으로 보내고 싶다는 마음은 누구나 같지만, 육아 정보를 과도하게 좇다 보면 오히려 혼란스럽고 무기력해질 수 있습니다.

이럴 때 가장 좋은 방법은 '한 가지를 진득하게 실천하는 것'입니다. 저는 하루 중 션과 보내는 시간을 '남는 시간'이 아니라 가장 '행복한 시간'으로 만들고 싶었습니다. 아이와 함께하는 시간에 책, 교구, 놀이, 학습이 주인공이 되어서는 안 된다고 생각했습니다. 이런 것들은 아이와의 관계를 더 좋게 만드는 수단일 뿐이고, 진짜 주인공은 바로 '내 아이'입니다. 아이에게 집중하며 진심으로 교감하려는 노력이야말로, 부모와 아이에게 소중한 추억과 성장을 선물한다고 믿습니다.

"모든 일에는 적기가 있지만, 아이와의 관계를 형성하는 시간만큼은 모든 순간이 '적기'입니다. 중요한 것은 정보나 방법이 아니라, 아이가 보내는 신호에 귀 기울이고, 그것에 맞추어 함께 성장하는 것입니다."

5

부모도 공부해야 한다

션이 네 살 무렵, 아이를 잘 키우고 싶어서 시중에 나와 있는 육아와 교육 관련 책을 모조리 읽기 시작했습니다. 지금도 무언가 궁금한 것이 생기면 가장 먼저 도서관이나 서점으로 향합니다. 정보를 얻기 위해 인터넷 검색을 활용하기도 하지만, 책만큼 신뢰할 수 있는 양질의 정보를 제공하는 경우는 드뭅니다. 인터넷에는 기존 정보를 간략히 재구성한 내용이나 부정확한 정보도 많기 때문입니다.

반면, 책 한 권에는 저자가 독자에게 전하고 싶은 경험과 지식이 농축되어 있습니다. 책을 집필하기 위해 저자 스스로 수많은 책을 읽고 연구했기에, 독자는 책 한 권을 통해 여러 사람의 지성과 통찰을 접할 수 있습니다.

책으로 배우는 육아

책은 단순히 결론만 알려주는 대신, 수백 페이지에 걸쳐 한 가지 주제를 깊이 있게 다룹니다. 덕분에 독자는 책장을 넘기는 동안 내용을 충분히 소화하며 자신의 것으로 만들 시간을 가질 수 있습니다. 새로운 분야를 배우고 싶을 때, 저는 한 가지 원칙을 실천합니다. 바로 한 분야의 책을 열 권 이상 읽는 것입니다. 처음에는 낯설고 어렵게 느껴지지만, 여러 권을 읽다 보면 이해 속도가 빨라지고, 책이 책을 부르는 경험을 하게 됩니다.

육아책 역시 처음에는 가벼운 마음으로 읽기 시작했습니다. 영유아의 발달 과정을 다룬 책에서 출발해 심리학과 교육학으로 관심 주제가 확장되었습니다. 올바른 양육의 이유와 방법, 단계별 학습 목표와 성장 원리를 배우며 새로운 시야를 얻었습니다.

책은 늘 제 호기심을 자극하며, 꼬리에 꼬리를 무는 방식으로 연결되었습니다. 국내 입시와 해외 유학, 과목별 학습법 등 다양한 주제를 탐독했습니다. 학생의 성공 수기를 읽으며 어린 나이에 목표를 이루어가는 모습에 감탄했고, 부모님들의 교육법을 배우며 이를 실천에 옮겼습니다. 1년 사이, 육아와 교육 관련 책만 150여 권을 읽었습니다. '책 한 권당 실천 한 가지'라는 목표를 세워 읽은 내용을 꾸준히 행동으로 옮겼습니다.

독서로 배운 교육의 변화

한 번은 대치동 학원가에서 밤 10시가 넘은 시간에도 공부를 하던 초등학생의 인터뷰를 본 적이 있습니다. 초등학생이 늦은 시간까지 학원에서 공부를 한다는 사실도 놀라웠지만, 자신의 꿈을 이루기 위한 과정이라는 똑 부러진 대답이 더 인상적이었습니다.

그 무렵, 사교육 과열을 완화하려는 목적으로 정부가 학원 영업시간을 10시로 제한했다는 뉴스를 접하며 교육 환경의 경쟁적 현실을 실감하게 되었습니다.

대학 졸업 후 국내 교육 제도의 변화에 무관심했던 저는 이런 현실을 깨닫는 데 시간이 필요했습니다. 하지만 책을 통해 비로소 학창 시절과는 완전히 달라진 국내 교육 환경을 이해할 수 있었습니다. 책은 정보를 전달하는 것을 넘어, 다양한 관점을 접할 기회를 제공합니다. 교육 전문가, 부모, 학생의 시각이 담긴 책들을 읽으며 객관적인 안목을 키울 수 있었습니다.

이 경험은 션을 키울 때 큰 힘이 되었습니다. 션이 자라면서 쏟아지는 정보들 속에서 흔들리지 않고 저만의 소신을 지킬 수 있는 뿌리를 내려 주었기 때문입니다. 주변에 정보를 얻을 사람이 없었던 불안감을 책으로 채우려 했던 것인데, 여러 전문가들의 조언을 들을 수 있어서 결과적으로 전화위복이 되었습니다.

부모도 공부해야 한다

"엄마도 엄마가 처음이라서 그래."라는 말을 종종 합니다. 하지만 엄마라는 역할뿐 아니라, 이번 생의 모든 하루가 우리에게 처음입니다. 그렇기에 후회 없는 하루를 보내기 위해서는 공부가 필요합니다. 비록 처음이더라도 제대로 해내는 방법, 실패하더라도 다시 도전할 수 있는 방법은 책을 통해 간접적으로 배울 수 있습니다.

책은 우리보다 먼저 같은 문제를 겪었던 사람들이 남긴 지혜를 담고 있습니다. 그들의 경험과 통찰을 배우고, 내 상황에 맞게 골라 실천한다면 시행착오를 줄이고 더 효율적으로 나아갈 수 있습니다.

많은 엄마들이 제가 특별한 정보력을 가지고 있다며 그 비결을 묻습니다. 맞습니다. 제가 가진 정보력은 특별합니다. 그러나 그 정보는 학원이나 대회 같은 단편적인 것이 아닙니다. 제가 읽은 책 속에 담긴 지혜와 경험을 션에게 맞춤형으로 적용한 결과입니다.

그래서 자신 있게 이야기할 수 있습니다. "책으로 션을 키웠다."라고요.

"정보가 부족하다고 느껴진다면, 육아 모임 대신 책을 펼쳐보세요. 책은 아이와 부모가 함께 나아갈 방향을 보여줍니다."

6

아이와의 관계, 소통이 답이다

아이가 자라면서 "우리 아이만 뒤처지는 건 아닐까?"라는 걱정은 부모라면 누구나 하게 됩니다. 저 역시 션이 어릴 때 책 정보를 얻으려고 가입한 온라인 카페에서 이런 생각에 사로잡혔습니다. 체계적으로 교육을 시키는 엄마들의 모습을 보고 충격을 받은 것입니다. 션과 책을 읽으며 행복하게 지내던 일상이 갑자기 초조함으로 바뀌었습니다. "이미 늦은 건 아닐까?", "지금이라도 뭔가 시켜야 하나?"라는 불안감이 마음을 급하게 만들기도 했습니다. 그 원인을 바쁜 직장 생활 탓으로 돌리며 자책하기도 했습니다.

다행히 한 달쯤 지나 저는 마음을 다잡고 다시 제자리로 돌아왔습니다. 션을 또래 아이들과 비교하기보다는 '어제와 달라진 오늘의 션'에 주목하기로 결심했습니다. 비교를 멈추니, 다시금 션과의 시간이 행복하게 느껴졌습니다.

얼마 전 영어 퀴즈 프로그램을 보며 비슷한 느낌을 받았습니다. 처음에는 어린 학생들의 유창한 영어 실력이 부러웠지만, 문제를 푸는 데 더 중요한 것은 책을 읽으며 쌓은 배경지식과 사고력이었습니다. 영어만 잘한다고 풀 수 있는 문제가 아니었고, 독서의 중요성을 다시금 깨달은 시간이었습니다. 아이가 학업적으로 큰 성취를 이루는 것도 중요하지만, 무엇보다 호기심을 가지고 스스로 탐구할 수 있는 힘을 기르는 것이 더 중요하다는 사실을 느꼈습니다. 책의 중요성을 인식한 뒤, 더 이상 외부 자극에 휘둘리지 않기로 했습니다.

부모와 자녀를 이어주는 대화의 힘

아이가 자라면서 제가 가장 중요하게 생각했던 것은 '대화'였습니다. 아이가 어릴 때는 하루 종일 이야기를 나눌 수 있지만, 시간이 흐르며 학업에 대한 관심이 커질수록 부모와 자녀 간의 대화는 점점 줄어듭니다. 한 설문조사에 따르면, 부모는 자녀와 하루 1시간 대화를 나눈다고 답했지만, 자녀는 진심으로 소통한 시간이 단 10분이라고 답했습니다. 부모가 말한 1시간은 단순히 대화를 시도한 시간이고, 자녀가 말한 10분은 진정으로 교감한 시간을 뜻했습니다.

책은 이러한 간극을 메우는 훌륭한 매개체가 됩니다. 어릴 때부터 책을 주제로 대화를 나누면 부모와 자녀 간 유대감을 키우고 서로를 이해하는 데 큰 도움을 줍니다. 책은 인지적 능력을 키워줄 뿐 아니라, 아이의 인성과 감성을 다듬고, 부모와의 교감을 깊게 만들어주는 역할을 합니다.

지식이 전부가 아니다

교육 전문가와 이야기를 나눌 기회가 있었습니다. 그분은 '아이에게 지식뿐만 아니라 인성과 감수성을 함께 가르쳐야 한다'고 조언했습니다. 예를 들어, 아이가 인체에 관심이 많다면 이렇게 설명할 수 있습니다.

"인체의 각 기관은 고유한 역할이 있어. 한 군데라도 제 역할을 못하면 우리 몸에 문제가 생기지. 우리 사회도 마찬가지야. 각자 자기 역할을 충실히 하면 사회 전체가 건강하고 바르게 성장할 수 있단다."

이처럼 진심 어린 대화는 아이가 더 넓은 세상을 이해하고 감수성을 키우는 데 도움을 줍니다. 또한 부모와 자녀가 친밀한 관계를 유지하는 데도 중요한 역할을 합니다. 이런 소통을 통해 부모는 시시각각 변하는 아이의 생각과 감정을 더 깊이 이해할 수 있습니다. 이런 우스갯소리가 있습니다.

"자녀와 관계가 좋은데 영어를 못한다면, 영어 한 과목만 과외를 시키면 됩니다. 하지만 영어를 잘하는 것만을 목표로 삼아 관계를 소홀히 한다면, 나중에 영어를 제외한 나머지 모든 과목을 과외로 채워야 할지 모릅니다."

부모와 자녀의 관계가 얼마나 중요한지를 단적으로 보여주는 말입니다.

친구 같은 부모가 되기 위해

저는 션이 태어날 때부터 늘 친구 같은 부모가 되고 싶었습니다. 물론 친구 같은 부모가 바람직하지 않다고 말하는 전문가도 있습니다. 하지만 대화 없는 부모보다는 허물없이 대화가 통하는 부모가 훨씬 낫다고 생각합니다.

"부모와 자녀의 마음을 공유하고 연결하기 위해서는, 무엇보다 아이의 말에 귀 기울이는 노력이 필요합니다."

7

집이 놀이터다, 엄마표 놀이

션이 어릴 때는 동화책을 읽어주고 산책을 해 주는 것만으로 충분했습니다. 퇴근 후 새벽까지 책을 읽어주는 시간은 고되기보다는 오히려 제게 힐링의 시간이었습니다. 아무리 힘들어도 퇴근 후에 션을 보면 모든 스트레스가 사라지는 마법 같은 순간을 매일 경험했습니다.

션이 다섯 살이 되기 전까지는 제 IT 커리어에서 가장 바쁘고 일이 많았던 시기였습니다. 젊고 체력이 받쳐준 덕에 가능했지만, 완벽주의와 일 욕심이 겹쳐 무엇이든 최선을 다했습니다. 또한 일 때문에 션을 소홀히 대하고 싶지 않았습니다.

종종 스스로에게 묻곤 했습니다. "내가 이렇게까지 하는 게 모성애일까, 아니면 책임감일까?" 이 질문에 대한 답은 훗날 에리히 프롬의 『사랑의 기술』을 읽으며 찾게 되었습니다. 프롬은 사랑을 수동적인 감정이 아니라 능동적인 활동으로 정의하며, 사랑은 받는 것이 아니라 주는 것이라고 설명합니다. 특히 저처럼 생산적인 것을 추구하는 사람들에게 '주는 행위'는 자신의 잠재적 능력을 최고로 표현하는 과정입니다. 이 과정에서 자신의 힘과 능력을 경험하며 성장할 수 있다는 것이 프롬의 설명이었습니다. 그의

"책임감이야말로 사랑의 큰 요소"라는 말은 제게 큰 위로가 되었습니다. 모성애와 책임감을 굳이 분리해서 생각할 필요가 없었던 것입니다.

육아는 재충전의 시간이다

늘 야근을 하던 탓에 션과 함께 보내는 시간이 부족했던 저는, 잠을 줄여서라도 션과 더 많은 시간을 보내려 애썼습니다. 동료들은 이런 저를 보고 '일할 때처럼 육아를 한다'며 혀를 내둘렀습니다. 그들은 제 열정을 높게 사면서도 늘 제 건강을 걱정했습니다.

사람마다 휴식 방식은 다릅니다. 어떤 이는 소파에 앉아 TV를 보며 쉬고, 또 다른 이는 친구들과 만나 신나게 노는 것을 선택합니다. 저에게는 션과 눈을 마주치고 살을 맞대며 보내는 시간이야말로 최고의 휴식이자 재충전의 시간이었습니다.

하루하루 션과 함께하는 시간은 션의 정서 발달뿐 아니라 제 마음의 안정에도 큰 도움을 주었습니다. 오로지 저만을 바라보는 션의 눈길을 보고 있으면, 내가 주는 사랑보다 션에게서 받는 사랑이 더 크다는 것을 깨닫곤 했습니다.

션은 점차 엄마와 함께하는 시간을 더 즐거워하기 시작했습니다. 제가 생각해도 저는 재미있는 엄마였고, 션의 마음을 누구보다도 귀신같이 알아챘습니다. 션이 하루 종일 그런 엄마를 기다리는 걸 보며 미안한 마음도 들었습니다.

집을 놀이터로 만들다

처음에는 동화책을 읽어주고 수다를 떠는 것만으로도 션과 즐거운 시간을 보내기에 충분했지만, 점차 션의 감정과 생각이 풍부해지니 더 많은 자극이 필요했습니다. 마침 유아 놀이학원이 생겨나던 시기였지만, 아직은 어린 션을 그런 곳에 보내고 싶지 않았습니다. 그래서 주말마다 션과 함께 할 놀이를 직접 개발하기로 마음먹었습니다.

처음에는 어떻게 놀아줘야 할지 막막했지만, 서점에서 육아 놀이 관련 책을 찾아보고, 유치원 선생님들의 자료를 참고하며 다양한 아이디어를 모았습니다. 그렇게 알게 된 놀이법을 션 맞춤형으로 변형했습니다. 쌀에 식용색소를 입혀 색색깔로 만들어 놀아보기도 하고, 풀을 쑤어 돗자리에 부어두고 물감을 풀어 션이 그 위에서 뒹굴게 한 적도 있습니다.

션의 반응은 폭발적이었습니다. 엄마표 놀이를 할 때마다 션의 웃음소리는 끊이지 않았고, 엄지척을 하며 "엄마 최고!"를 외쳤습니다.

엄마표 놀이로 키워진 창의성

션의 반응이 좋으니 점차 더 다양한 놀이법을 시도하게 되었습니다. 점심시간을 활용해 유치원과 어린이집에서 사용하는 놀이법을 조사하고, 이를 션에게 맞게 변형해 보았습니다. 놀이법에는 대부분 발달 목표가 있습니다. 하지만 실제로 션과 함께 놀아보니, 목표에 얽매일 필요가 없었습니다.

션이 원하는 대로 놀이를 진행했더니 더욱 창의적이고 독창적인 놀이로 발전했습니다. 놀이 주제는 언제나 션의 관심사에 맞춰졌고, 션의 의견을 반영하면서 놀이의 선순환이 이루어졌습니다. 놀이의 범위는 점차 확장되어 미술놀이, 독후활동, 과학놀이, 영어놀이 등으로 세분화되었습니다. 점차 이런 놀이가 션의 창의력과 상상력을 키운다는 사실을 깨닫게 되었습니다.

많은 사람들이 일도 하면서 아이와 놀아주느라 너무 힘들지 않냐고 물었지만, 저는 오히려 놀이를 통해 에너지를 얻었습니다. 태교로 뜨개질을 했을 때처럼, 창작의 과정은 커다란 위안과 스트레스 해소의 계기가 되었습니다. 엄마표 놀이를 통해 미술치료의 효과를 몸소 느낄 수 있었습니다.

기록의 힘

몇 년간 함께 했던 놀이 방법은 네이버 블로그 '깡지의 보물창고'에 차곡차곡 기록으로 남겼습니다. 션이 초등학교에 입학할 무렵, 그동안의 놀이법을 한 권의 책으로 엮어 『엄마표 생활놀이(21세기북스)』라는 이름으로 출간했습니다. 이 책은 한동안 베스트셀러로 자리 잡았습니다.

책이 출간되었을 때, 초보 엄마로 애쓴 지난 시간이 떠올라 뭉클했습니다. 다만, 션의 사진 속 얼굴을 가려달라고 요청했던 점은 조금 아쉽습니다. 아기 때 션의 모습이 담겨 있었다면 그 시절을 더 생생히 추억할 수 있었을 텐데 말입니다. 그래도 후회는 없습니다. 션의 사생활이 더 중요하다고 생각했기 때문입니다. 지금도 션의 허락이 있는 경우에만 블로그에 사진과 글을 공개하고 있습니다.

요즘도 육아일기를 기록하기 위해 블로그를 운영하는 부모님들이 많습니다. 육아일기를 쓰는 일은 엄마의 내면을 관리하고, 육아의 기쁨과 어려움을 돌아보는 소중한 시간이 될 수 있어 적극 추천합니다. 다만, 아이의 사생활을 어디까지 노출할지는 신중히 고민해 볼 것을 권합니다.

"아이와 함께하는 놀이는 아이에게는 상상력과 창의력을 키우는 밑거름이 되고, 엄마에게는 마음의 안식을 선물합니다."

8

엄마표 장난감, 창의력이 쑥쑥!

션은 장난감에 큰 흥미를 보이지 않는 아이였습니다. 그러나 특정한 관심사가 생길 때, 이를 장난감으로 만들어주면 무척 좋아했습니다. 션을 위해 만든 장난감 몇 가지를 소개합니다.

수학과 과학적 사고를 도와준 자판기 장난감

션은 길에서 자판기를 볼 때마다 발걸음을 멈출 정도로 자판기에 관심이 많았습니다. 길을 가다 자판기 음료를 채우기 위해 뚜껑이 열려 있으면, 매번 내부 구조를 유심히 관찰했습니다. 『21세기 학생백과』의 자판기 페이지는 너무 읽어서 너덜너덜해질 정도였습니다.

그러던 어느 날, 션이 직접 설계도를 그려와 자판기를 만들어 달라고 했습니다. 설계도라기보다는 통과 선이 연결된 구조물이 그려진 그림에 가까웠지만, 자판기에 대한 션의 흥미가 고스란히 담겨 있었습니다.

큰 종이박스를 구해 색지를 붙여 자판기 외관을 만들고, 플라스틱 병과 노끈 등을 활용해 내부를 제작했습니다. 덧셈과 뺄셈을 연습할 수 있도록 동전 투입구와 거스름돈 칸도 추가했습니다. 완성된 자판기 장난감으로 션과 역할놀이와 수학놀이를 하며 한동안 재미있게 놀았습니다.

인체에 대한 호기심을 채워준 병원 장난감

션이 두세 살 무렵, 인체와 병원에 깊이 빠져 있던 시기가 있었습니다. 매일 인체 그림을 그리고, 병원을 방문하는 것을 즐기던 션을 위해 레고와 가베를 활용해 종합병원을 만들어 주기로 했습니다.

션에게 "어떤 병원을 만들고 싶어?"라고 물었고, 안과, 치과, 내과 등 주요 공간을 함께 구상했습니다. 큰 작품이었기에 하루 종일 걸렸지만, 완성된 병원 장난감은 션의 마음에 쏙 들었습니다. 이 장난감은 몇 달 동안 션의 최고의 놀이감이 되어 주었습니다.

놀이가 키운 창의적 사고

엄마가 직접 장난감을 만들어줬던 영향인지, 션은 주변의 모든 물건을 활용해 상상놀이를 즐겼습니다. 방 곳곳에 색종이, 플라스틱, 여러 소품들을 활용해 자신만의 세계를 꾸몄습니다. 어른들이 눈에는 어수선해 보였지만, 션에게는 근사한 상상의 공간이었습니다. 한번은 우산 여러 개를 펼쳐 우산집을 만든 적이 있습니다. 션은 그 안에서 몇 달 동안 놀며 상상놀이를 했습니다. 우리 부부는 션이 싫증을 낼 때까지 그대로 두었고, 때로는 함께 역할놀이를 해 주었습니다.

션이 어린 시절에 즐겼던 놀이는 시간이 지나면서 창의력으로 이어졌습니다. 또한 글과 그림으로 자신의 생각을 표현하는 능력도 자연스럽게 키워졌습니다. 션이 초등학생 시절에는 모둠 활동에서 기획 능력을 발휘했고, 중 · 고등학생 시절에는 프로젝트 과제에서 두각을 드러냈습니다. 대학에 가서는 클럽의 로고, 홈페이지, 학술지를 제작하며 자신의 아이디어를 시각적으로 구현하는 데 능력을 발휘했습니다. 어린 시절의 놀이는 창의적 사고의 토대를 마련해 주었습니다.

"놀이는 상상하고 창조하는 아이로 성장하게 만듭니다."

9

그림으로 소통하기

션이 성인이 된 지금도 제가 가장 중요하게 생각하는 가치는 '소통'입니다. 장성한 아들과 엄마가 나눌 이야기가 뭐가 있을까 싶지만, 우리 모자는 다양한 주제로 대화를 나눕니다. '방구석 알쓸신잡'을 방불케 하는 잡학적인 대화부터, 친한 친구들끼리 나눌 법한 솔직한 대화까지 그 범위도 넓습니다. 이는 션이 아기 때부터 시작된 수많은 대화의 연장선입니다.

대화에서 가장 중요한 것은 '상대와 통하는 것'입니다. 단순히 듣는 것만으로는 부족합니다. 공감이 동반되어야 하고, 공감을 위해서는 상대를 이해하는 것이 필수입니다.

션이 어릴 때, 션에 대한 이해를 도와주었던 것이 바로 '그림'이었습니다.

아이들의 언어, 그림

아이들은 단순하고 투명해 보이지만, 표현이 서툴기 때문에 그들만의 독특한 방식으로 의사를 전달합니다. 이를 제대로 읽어내지 못하면 아이를 이해하는 폭이 좁아질 수밖에 없습니다. 션이 갓난아기였을 때, 『베이비 사인』이라는 책을 읽으며 아이들이 어떻게 소통하는지 배웠습니다.

책에 나오는 베이비 사인이 션의 반응과 정확히 맞아떨어지진 않았지만, 중요한 메시지는 이해했습니다. “아이가 주는 신호를 잘 감지하고, 반응하라.”

이 메시지를 가슴에 새기고, 션의 눈짓과 몸짓 하나하나에 적극적으로 반응하며 끊임없이 말을 걸었습니다. 션이 몇 개월 된 갓난아기였을 때도 신호를 따라 대화하려 노력했습니다. 같은 시기에 육아를 하던 친구가, 아기가 못 알아들을 텐데 무슨 말을 그렇게 많이 하느냐고 묻기도 했습니다. 오히려 저는 아이와 대화를 하지 않는 모습이 더 신기하게 느껴졌습니다.

션이 유아기로 접어들자 말문이 트였지만, 퇴근 후 짧은 시간 안에 션의 하루를 온전히 이해하는 것은 여전히 쉽지 않았습니다. 그러던 어느 날, 션에게 색연필과 스케치북을 사 주었는데, 그 후로 퇴근할 때마다 스케치북에 그림이 몇 장씩 그려져 있었습니다.

그림을 보며 “이건 뭐야?”라고 물으면, 션은 그림에 담긴 이야기를 봇물 터지듯 쏟아냈습니다. 션의 그림에는 그날 하루 동안, 보고 느끼고 상상한 것들이 고스란히 담겨 있었습니다. 이를 통해 저는 션이 무엇을 했고, 어디에 관심을 두고 있는지 알 수 있었습니다.

과학 영재 그림의 특징

과학과 기계에 관심이 많았던 션은 책에서 읽은 내용을 바탕으로 상상력을 펼쳐 기계의 설계도와 투시도를 즐겨 그렸습니다. 션의 그림 속 등장인물은 이름과 직업뿐 아니라 현재 상황까지 구체적으로 설정되어 있었고, 소품 하나하나에도 의미가 담겨 있었습니다.

션은 특정 주제에 몰두하며 자신만의 독창적인 그림 세계를 만들어 갔습니다. 시간이 지나면서 그림은 점차 작아지더니, 종이 한 장 안에 여러 컷의 그림으로 채워지기 시작했습니다. 칸이 작아지고 세밀한 표현이 많아지면서 그림 한 장을 완성하는 데 기본적으로 한 시간 이상 걸리곤 했습니다. 심지어 한 달 동안 그린 그림들이 하나의 스토리로 연결되기도 했습니다.

션의 표현력은 점차 풍부해졌습니다. 세 살 무렵에는 원근법을 적용하기 시작했고, 다섯 살 무렵에는 한 사물을 다양한 시선으로 본 그림으로 그려냈습니다. 션의 그림은 예술적 감각을 뽐내기보다는 머릿속에 떠오른 생각을 종이와 대화하듯 풀어낸 것이었습니다. 퇴근 후 션의 그림을 보며 하루의 이야기를 듣는 일은 제게도 큰 즐거움이었습니다. 이야기를 듣고 나서는, 그림 한쪽에 날짜와 그림에 대한 설명을 기록해 두었습니다.

션의 그림에는 몇 가지 특징이 있었습니다.

1. 때와 장소를 가리지 않는 표현 욕구

션이 언제 어디서나 그림을 그릴 수 있도록 외출할 때면 항상 그림도구를 챙겼습니다. 한번은, 전시장에서 영감이 떠올랐는지 바닥에 앉아 그림을 그리기도 했습니다.

2. 메모 대신 그림으로 기록

션은 책을 읽거나 공연을 본 뒤 떠오른 생각을 메모하듯 그림으로 표현했습니다. 이는 정보를 정리하고 오래 기억하는 훈련이 되었습니다.

3. 세밀한 표현

션은 섬세한 표현을 할 수 있는 연필 타입의 색연필을 선호했습니다. 이는 소근육 발달에 긍정적 영향을 미쳤습니다.

4. 스토리를 담은 창의적 그림

션의 그림에는 늘 이야기가 담겨 있었고, 설명 없이는 이해하기 어려운 경우도 많았습니다.

5. 몰입형 그림 그리기

특정 주제에 빠지면 일정 기간 동안 그 주제로만 집중하며 엄청난 양의 그림을 그렸습니다.

미술영재 아카데미의 경험

션이 점점 그림에 몰두하자, 이 재능이 미술적 소질인지 아니면 관찰력과 표현력이 뛰어난 과학적 재능인지 궁금해졌습니다. 그래서 미술영재를 육성하는 예술의 전당 '미술영재 아카데미'에 응시해 보기로 했습니다.

션은 포트폴리오와 실기, 면접을 차례로 통과하며 합격했습니다. 이때 기억나는 에피소드는 션의 포트폴리오가 심사위원들의 칭찬을 받았던 일입니다. 션의 모든 그림은 집에서 색연필로 그린 작품들이었고, 그림마다 날짜와 설명을 적어 두었습니다. 심사위원들은 면접 중 포트폴리오를 보며 '이게 바로 진정한 엄마의 역할'이라며 칭찬했다고 합니다.

미술영재들은 언어가 아닌 그림으로 자신을 표현하며, 발상을 언어보다 시각적으로 풀어내는 특성을 보입니다. 또한 세부적인 디테일에 강하고 판타지적 요소가 가미된 그림을 선호하는 경향이 많습니다. 션의 그림 역시 이와 유사한 특징을 가지고 있었기에, 아카데미의 교육 방식과 잘 맞았습니다. 아카데미에서는 기술보다 창의력과 개성을 키우는 교육을 강조했습니다. 덕분에 션은 자신의 생각을 더욱 자유롭게 표현하며 안목을 넓힐 수 있었습니다.

션이 초등학생이 될 무렵, 백중렬 교수님의 『창조적 미술영재(예경)』라는 책에 션의 그림이 실리기도 했습니다. 백 교수님은 션을 세계적 신경학자이자 화가인 카할에 비유했습니다. 션의 그림이 언어보다 시각적 표현을 통해 사고를 드러낸다는 점에서 카할과 닮아 있다고 평가했습니다.

흥미롭게도 션이 대학에서 관심을 가지는 분야는 뇌공학이며, 존경하는 과학자 중 한 명으로 카할을 꼽습니다. 션의 현재 링크드인의 배경사진이 카할의 그림이라는 것을 보면, 션과 카할의 인연은 특별하다는 생각이 듭니다.

"그림은 아이의 마음을 비추는 거울입니다."

10

영어책 1,000권 읽기의 힘

저희 세대는 영어와 애증의 관계를 맺고 있는 경우가 많습니다. 읽고 쓰기는 어느 정도 되지만, 입을 떼기가 어려운 세대입니다. 학창 시절 독해와 문법 위주의 영어를 배운 탓에, 토익 고득점자조차 영어로 말할 때는 자신감이 부족한 경우가 흔합니다. 저 역시 영어 시험 성적은 우수했지만, 막상 말해야 하는 상황에서는 주눅이 들곤 했습니다.

제가 근무했던 IBM은 글로벌 기업이라 영어를 접할 기회가 많았습니다. 기술 동향 문서나 참고 자료는 대부분 영어로 적혀 있었고, 외국인 강사가 진행하는 교육에서는 영어로 듣고 말하며 발표까지 해야 했습니다. IT 프로젝트를 주로 하다 보니 영어 회화를 쓸 일은 많지 않았지만, 유창한 영어 실력을 갖추면 IBM 미국 본사나 해외 지사에서 더 많은 기회를 잡을 수 있었습니다.

실제로 IBM 사내 포털 사이트에는 전 세계 IBM 채용 공고가 수시로 올라왔습니다. 제가 데이터 아키텍트로 성장했던 당시, 미국이나 유럽에서도 해당 직군에 대한 수요가 많았습니다. 그러나 영어에 대한 두려움 때문에 지원하지 못한 것이 지금도 아쉬움으로 남아 있습니다.

이후 영어 회화 학원을 다니면서 비로소 영어의 재미를 느꼈습니다. 회사에서 영어로 유창하게 말하고 싶다는 간절함 때문에 스트레스를 받았던 시절이 떠올랐습니다. 하지만 그때까지도 어린 션에게 영어를 가르칠 생각은 해본 적이 없었습니다. 당시 읽었던 육아책에는 영어 교육에 대한 언급이 거의 없었기 때문입니다.

엄마표 영어의 시작

션이 두세 살 무렵, 온라인 교육 카페에서는 많은 엄마들이 아이들에게 일찌감치 영어를 시키고 있었습니다. 어떤 가정에서는 영어뿐만 아니라 중국어까지 병행하기도 했습니다. 영어로 아이와 대화하는 엄마들의 모습을 보고 초보 엄마로서 부럽기도 했습니다. '이렇게 어린데, 벌써 영어를 시작해야 하는 걸까?'라는 고민이 커지자, 영어 교육 관련 책을 읽기 시작했습니다.

책 대부분은 모국어를 우선해야 한다고 강조하면서도, 10세 이전에 언어를 습득하면 효과가 크다는 연구도 함께 실려 있었습니다. 여러 자료를 검토한 끝에, 션은 언어 감각이 뛰어난 편이니 영어를 일찍 시작해도 괜찮겠다는 결론을 내렸습니다. 이미 한글을 떼고 책을 즐겨 읽고 있었기에 영어를 병행해도 무리가 없을 것 같았습니다.

저처럼 청소년기에 영어를 공부하면 모국어와의 간격을 좁히기 위해 많은 노력이 필요합니다. 반면, 어린 시절에 영어를 모국어와 비슷한 수준으로 익히면 두 언어가 서로 보완해 가며 성장할 수 있을 거라는 생각이 들었습니다.

일단 사교육 없이 제가 직접 영어를 가르쳐 보기로 했습니다. 엄밀히 말하면 '가르친다'기 보다 자연스럽게 '영어 환경'에 노출하는 것에 초점을 맞췄습니다. 션과 영어로 대화할 자신이 없었기에, 세 살 무렵부터 영어 노래를 들려주고 영어 동화책을 읽어주는 것으로 시작했습니다. 먼저 유아들이 좋아한다는 『노부영(노래로 배우는 영어) 시리즈』를 구입해 CD를 틀어주었습니다. 처음에는 션이 영어 노래를 듣기 싫어해 CD를 꺼버리곤 했지만, 며칠 지나자 익숙해지면서 더 이상 끄지 않고 즐겨 들었습니다.

이후 단계별 영어 동화책을 구입해 가장 쉬운 책부터 읽어주기 시작했습니다. 한글책은 이미 혼자서도 읽을 수 있었기에 영어 동화책을 집중적으로 읽어주었습니다. 영어 동화책을 읽어주는 것만으로는 부족하다 싶어 영어 CD도 활용했습니다. 낮 동안에는 영어 CD를 틀어주고, 퇴근 후에는 같은 내용을 담은 책을 읽어주는 방식으로 자연스럽게 영어에 노출시켰습니다.

영어책 1,000권 읽기 도전

션이 파닉스를 자연스럽게 익힌 다음부터는, 제가 책을 읽어주는 대신 션이 소리 내어 읽도록 했습니다. 짧은 문장으로 시작해 점차 긴 문장이 나오는 책으로 넘어갔고, 같은 책을 반복하기보다 다양한 시리즈를 접할 수 있도록 했습니다. 낮 동안에는 꾸준히 영어 CD를 틀어두었고, 제가 퇴근 후에는 션이 책을 읽도록 했습니다. 책이 점차 두꺼워지면서, 책 한 권을 끝까지 낭독하는 대신 한 챕터만 소리 내어 읽고 나머지 분량은 눈으로 읽는 방식으로 바꿨습니다. 이렇게 낭독의 부담을 줄여가며 꾸준히 독서량을 늘리는 데 중점을 두었습니다.

책을 읽으며 쓰기 연습도 병행했습니다. 책 제목, 작가 이름, 한 줄 소감을 적는 독서록을 만들고 매일 작성하게 했습니다. 처음에는 한두 단어만 적었지만, 시간이 지나면서 서너 줄, 네다섯 줄로 길어졌습니다.

션은 하루 평균 2~3권의 책을 읽으며 1년 반 만에 영어책 1,000권 읽기를 성공적으로 마쳤습니다. 낮에는 오디오로 듣고, 밤에는 책을 낭독하며 독서록을 쓰는 과정을 꾸준히 반복한 덕분입니다. 글쓰기에 익숙해진 이후에는 영어로 독후감과 일기를 쓰기 시작했습니다.

언어는 학습의 도구다

션에게 영어 환경을 만들어 주며 저는 언어의 본질에 대해 다시 생각하게 되었습니다. 영어, 한국어, 중국어와 같은 언어는 학문적 탐구로 접근하지 않는 이상, '지식과 정보를 이해하고 탐구하기 위한 도구'라고 생각했습니다. 프로그래밍 언어도 마찬가지입니다. 코딩의 핵심은 특정 언어를 잘 다루는 것이 아니라, 논리적 사고와 문제 해결 능력입니다. 따라서 영어를 공부 과목으로만 여길 것이 아니라, 정보를 탐색하고 새로운 지식을 확장하는 도구로 활용해야 한다는 생각이 들었습니다.

오늘날 AI와 번역 기술이 발달함으로 인해 언어 장벽이 점차 낮아지고 있지만, 언어를 깊이 이해하고 능숙하게 사용할 줄 아는 사람이 더 빠르고 섬세한 결과를 얻을 수 있습니다. 챗GPT만 해도 영어로 질문했을 때 더 풍부하고 정확한 답변을 제공합니다. AI 시대를 살아가기 위해서도 언어 능력은 필수입니다.

"집에서 CD를 틀어 주고 영어책을 읽어 준 것만으로도 영어를 잘하는 아이로 키울 수 있습니다."

11

엄마표 영어가 궁금해요

Q. 엄마가 영어를 못해도 되나요?

많은 엄마들이 "엄마표 영어를 하려면 엄마도 영어를 잘해야 하나요?" 또는 "워킹맘이라 시간이 없는데 엄마표 영어가 가능할까요?"라고 묻습니다.

엄마가 영어를 잘하지 않아도, 워킹맘이라 시간이 부족해도 엄마표 영어를 충분히 실천할 수 있습니다. 중요한 것은 아이에게 '생선을 잡아주는 것'이 아니라 '잡는 법'을 알려주는 데 있습니다. 엄마가 영어 환경을 조성해주는 역할만 잘하면, 아이와 영어로 대화하거나 문법을 직접 가르칠 필요는 없습니다.

워킹맘도 엄마표 영어를 실천할 수 있는 이유는 하루 종일 시간을 투자하지 않아도, 짧고 꾸준한 노출만으로도 충분한 효과를 볼 수 있기 때문입니다. 어린 영유아는 책, CD, DVD만으로도 자연스럽게 영어 환경을 만들어줄 수 있습니다.

여기서 중요한 점은 아이를 잘 관찰하는 것입니다. 아이가 관심을 보이는 주제가 생길 때, 그와 관련된 영어 자료를 활용하면 아이가 부담 없이 받아들일 수 있습니다.

Q. 어떻게 시작해야 할지 모르겠어요

많은 엄마들이 '어디서부터 시작해야 할지 모르겠다'고 말합니다. 저는 션에게 새로운 것을 접하게 할 때마다 늘 저 자신부터 공부를 시작했습니다. 어린아이들에게 영어를 일찍 접하게 하는 이유를 알고 싶어서, 도서관과 서점을 방문해 관련 책을 찾아 읽었습니다.

책은 단편적인 조언에 그치지 않고 체계적이며 신뢰할 수 있는 정보를 제공합니다. 특히 육아서를 통해 제가 미처 생각지 못했던 부분을 새롭게 깨닫기도 했습니다. 여러 책을 비교해 읽으면서, 어떤 방법이 저와 션에게 더 적합한지도 판단할 수 있었습니다. 예를 들어, '잠수네 카페'와 같은 온라인 커뮤니티를 참고하면서도 그곳에서 추천하는 책이나 방법을 다시 한번 교육 관련 서적과 비교하며 확인했습니다. 교육책에서는 종합적이고 깊이 있는 정보를 배웠고, 온라인 커뮤니티에서는 여러 엄마의 실제 경험과 시행착오를 통해 현실적인 팁을 얻을 수 있었습니다.

Q. 영어 유치원이나 학원을 보내야 하나요?

영어 유치원이나 학원이 반드시 필요한 것은 아닙니다. 하지만 아이의 필요와 가정 환경에 따라 고려해볼 수 있습니다.

션은 여섯 살 무렵 영어 유치원을 다니기 시작했습니다. 주된 이유는 '또래 친구들과의 소통'과 '영어로 말하기 연습'이 필요하다고 느꼈기 때문입니다.

처음에는 우려가 많았습니다. 이미 오래 다닌 아이들과 실력 차이가 클까 봐, 원어민 선생님의 수업에 잘 적응하지 못할까 봐 걱정되었습니다. 그러나 예상과 달리 션은 유치원을 즐겁게 다니며 영어 실력도 빠르게 향상

되었습니다. 유치원에서 진행된 주제 중심의 놀이형 학습은 션에게 큰 자극이 되었습니다.

물론 영어 유치원이 아니더라도 가정에서 책과 DVD를 활용해 꾸준히 영어를 노출시키면 충분히 대체할 수 있습니다. 중요한 것은 아이가 스트레스를 받지 않으면서, 언어를 재미있게 배울 수 있는 환경을 만드는 것입니다.

Q. 책 읽기가 영어 실력과 인지력 향상에 도움이 되나요?

책 읽기는 언어 습득뿐 아니라 사고력과 인지 능력 향상에도 큰 도움을 줍니다. 션이 영어 유치원에서 두각을 나타낼 수 있었던 이유 중 하나는, 이미 책을 통해 다양한 개념과 지식을 익혔기 때문입니다.

예를 들어, 유치원에서 '우주'라는 주제를 다룰 때, 단순히 'Earth'라는 단어만 배우는 데 그치지 않고, 지구와 우주의 개념을 놀이와 수업을 통해 탐구합니다. 션은 이미 책을 통해 우주와 지구에 대한 배경지식을 쌓았기 때문에 단어뿐만 아니라 관련 문장과 설명까지도 빠르게 이해할 수 있었습니다.

책을 통해 축적한 배경지식은 모국어와 영어 학습 모두에게 시너지를 냅니다. 영어로 배운 개념이 한국어로 반복되면서 이해가 심화되고, 반대로 모국어로 습득한 배경지식이 영어 학습에 가속도를 붙여주는 선순환 효과를 가져옵니다.

Q. DVD를 활용한 영어 노출이 효과적인가요? 자막은 꺼야 하나요?

DVD는 아이들이 영어를 재미있게 익히는 데 매우 효과적인 도구입니다. 특히 애니메이션과 같은 콘텐츠는 흥미를 유발해 자연스럽게 영어에 노출될 수 있도록 도와줍니다.

션에게도 DVD를 활용했습니다. 만약 특정 콘텐츠에 흥미를 보이지 않으면 바로 다른 애니메이션으로 바꿔가며 관심을 끌었습니다. 또한 영어 자막을 켜서 글과 소리를 연결시켰습니다.

일반적으로 성인이 영어 공부를 할 때는 자막 없이 듣기를 추천하는 경우가 많습니다. 하지만 션은 아직 영어를 읽지 못하는 단계였기에 자막을 활용하는 것이 더 적합하다고 판단했습니다. 자막을 통해 눈으로 익힌 단어가 귀로 듣는 발음과 연결되면서, 한글을 배울 때처럼 영어도 자연스럽게 흡수할 수 있었습니다.

네 살 무렵, 션이 가장 좋아했던 DVD인 〈고고의 영어모험〉을 틀어두고 곁에서 일을 하던 날이었습니다. 일에 집중하려고 음소거를 했더니 션이 영어 자막을 따라 읽기 시작했습니다. 짧은 문장이었지만, 영어를 읽는 모습을 보고 깜짝 놀랐습니다. 확인해 보니 파닉스를 저절로 익힌 것입니다. 그래서 이때부터 제가 영어책을 읽어주는 대신 션이 직접 읽기를 시작했습니다. 자막이 영어 읽기에 도움을 주었던 사례입니다.

Q. 1,000권 읽기를 재미있게 할 수 있는 방법이 있나요?

션이 1,000권째 읽은 책은 『해리포터』였습니다. 처음부터 1,000권을 목표로 삼았다면 실패했을지도 모릅니다. 그러나 하루에 한두 권씩 쌓아간 독서는 션에게 성취감을 주었고 결국 큰 목표를 달성할 수 있었습니다.

이 과정에서 션이 지루해하지 않도록 다양한 방법을 시도했습니다. 다음은 제가 효과를 본 방법들입니다.

1. 낭독을 녹음하기

션이 낭독할 때 녹음을 해 주었습니다. 요즘은 스마트폰 앱으로 간단히 녹음이 가능하지만, 당시에는 그 이전이므로 영어 학습용 기기를 활용했습니다. 션은 자신의 목소리를 녹음하고 듣는 것을 무척 신기해했습니다.

2. 책 목록 시트지 작성하기

엑셀로 책 목록 시트지를 만들어서 션이 읽은 책의 제목, 날짜, 작가 이름, 간단한 소감을 적게 했습니다. 하루 한 줄씩 기록하는 습관은 자연스럽게 글쓰기 연습이 되었고, 책 목록이 점점 쌓이는 것을 보며 성취감도 느꼈습니다.

3. 책나무 스티커 활용하기

커다란 종이에 포도송이 그림을 그려 벽에 걸어두고, 책을 읽을 때마다 스티커를 하나씩 붙이도록 했습니다. 간단한 방법이었지만 시각적인 동기부여 효과가 있었습니다.

4. 시리즈 책 택하기

책 읽기 초반에는 같은 작가의 시리즈 책을 주로 읽혔습니다. 작가가 주로 사용하는 표현과 단어가 반복되기 때문에, 션이 익숙함을 느끼도록 하여 새 책 읽는 부담을 줄어들었습니다.

5. 미리 오디오 파일 틀어주기

오늘 밤에 읽을 책의 오디오 파일을 낮에 미리 틀어두었습니다. 흘려듣기만 해두어도, 나중에 책을 읽을 때 내용을 더 쉽게 받아들일 수 있었습니다. 한번은 션이 "이 책을 읽은 적이 없는데, 왜 내용을 알고 있지?"라고 말한 적이 있었습니다.

6. 낭독 페이지 줄이기

한 줄짜리 책으로 시작해 점차 두꺼운 문고판으로 넘어갔습니다. 책이 두꺼워지자 책 전체를 낭독하기 어려워졌습니다. 이때부터는 한두 페이지만 낭독하고 나머지는 눈으로 읽게 했습니다. 점점 읽기에 재미를 붙이니 영어 실력도 자연스럽게 따라왔습니다.

Q. 매번 같은 글만 써요

책 목록을 작성하며 짧은 소감을 적는 것으로 시작했던 글쓰기가 점차 글량이 늘어나기 시작했습니다. 영어 글쓰기에 익숙해진 것 같아 션에게 영어 일기를 쓰도록 권했습니다. 초반에는 "오늘 ㅇㅇ를 했다."라는 단순한 내용만 적었습니다. "반드시 오늘 있었던 일이나 감정을 적지 않아도 된다."라고 말해 주었더니 션은 이야기를 만들어 보고 싶다며 하루 한 페이지씩 짧은 소설을 쓰기 시작했습니다. 2~3주가 지난 후 글을 완성하고 나서 'The 4 Swords with No Owner'라는 제목을 붙였습니다.

이 과정에서 션은 글쓰기의 재미를 느꼈고, 한글과 영어 글쓰기 둘 다 자신감을 가지게 되었습니다. 어린 시절 영어 글쓰기를 통해 얻은 자신감은 이후 여러 글쓰기 대회에서 두각을 드러내 수 있는 밑바탕이 되었습니다.

"엄마표 영어는 완벽한 영어 실력이 아니라, 꾸준히 영어 환경을 만들어 주는 노력에서 시작됩니다. 하루 한 권의 동화책, 한 줄의 글쓰기라도 꾸준히 이어지면 영어 실력은 물론 사고력과 표현력도 자라납니다."

12

엄마인! '나'도 소중하다

션이 초등학교에 입학하기 전까지 저는 저 자신을 돌보는 법을 전혀 알지 못했습니다. 젊었기에 가능했던 일이었지만, 당시 IT 컨설턴트로서의 삶은 개인적인 시간을 꿈꿀 수 없을 정도로 바빴습니다.

션이 어릴 때 다니던 IBM은 지금의 구글처럼 대학생들이 가장 입사하고 싶어 하는 회사 중 하나였습니다. 대부분의 국내 기업들이 주 6일 근무를 기본으로 하던 당시, IBM은 외국계 기업답게 주 5일 근무와 뛰어난 복지제도를 시행했습니다. 성별에 관계없이 능력에 따라 역할을 부여한다는 점 또한 매력적이었습니다. IT 산업이 꽃을 피우던 시기였던 만큼, IT 컨설턴트로서의 자부심도 컸습니다.

하지만 프로젝트 수행 방식에는 한계가 있었습니다. 프로젝트 특성상 본사가 아닌 고객사의 건물에서 근무해야 했고, 국내 기업의 근무 조건에 맞춰야 했습니다. 정해진 기간 내에 결과물을 내야 했기에 늘 긴장감과 스트레스 속에 살았습니다. 여기에 완벽주의와 책임감이 더해져 스스로를 일에 더욱 옭아매게 만들었습니다. 누구나 꺼리는 일조차 주저하지 않았고, 제 손에 들어온 일은 무조건 최선을 다했습니다.

그렇게 일만 바라보며 살던 중, 출산과 육아까지 더해지니 몸과 마음이 한계에 이르렀습니다. 일과 육아 모두를 완벽하게 병행하는 것은 현실적으로 불가능한 일이었습니다.

일과 육아의 기로에서

IT 컨설턴트는 프로젝트 단위로 일하기에, 프로젝트를 맡지 않으면 다른 조직으로 옮기거나 직업 자체를 바꿔야 했습니다. 경력 15년, 20년 선배들의 삶을 보며 더 깊은 고민에 빠졌습니다.

'지금은 업무 역량을 키우는 시기라 상관없지만, 앞으로도 이런 삶이 계속된다면 내 인생은 사무실에 갇혀 끝나는 건 아닐까?'라는 우려가 생겼습니다.

가장 힘들었던 점은 가족과 함께할 시간이 지나치게 부족하다는 사실이었습니다. 당시 사회 분위기는 일 중심적이었고, 맞벌이 부부나 워킹맘에 대한 지원이나 배려는 턱없이 부족했습니다. 일과 육아를 병행하며 션을 키우는 방법에 대한 고민은 날로 깊어졌습니다.

주변에서 롤모델을 찾으려 했지만, 일과 육아 모두에서 만족스러운 삶을 살아가는 사람은 찾기 어려웠습니다. 워킹맘 온라인 카페에서 위로를 받고자 했지만, 업무 강도에 대한 비교로 인해 자괴감만 커졌습니다. 그러던 어느날, 퇴직을 하지 않는 이상 다른 업종과의 비교가 의미 없음을 깨닫고, 당장의 업무와 육아에 집중하기로 했습니다.

시간을 효율적으로 사용하기

우선, 인생의 우선순위를 정했습니다. 션이 성장하는 동안에는 '업무 역량 강화'와 '육아'에 집중하고, 그 외 일은 단순화하기로 마음먹었습니다. 친구들과의 만남과 여가 활동은 미래의 언젠가로 잠시 미루고, 대신 하루 10분이라도 나만의 시간을 확보하기로 했습니다.

『아침형 인간』이라는 책을 읽은 뒤, 새벽 5시에 일어나기 시작했습니다. 퇴근 후 션과 놀아주고 집안 정리를 마치면 이미 새벽 시간이었지만, 몇 시에 잠들든 새벽 5시 기상 원칙을 지켰습니다. 태교와 션과의 놀이를 통해서 생산적이고 창의적 활동이 마음관리에 탁월한 효과가 있다는 것을 경험한 적이 있습니다. 그래서 새벽 시간을 활용해 독서, 글쓰기, 교육 자료 검색 등 하고 싶은 일들을 하나씩 시작했습니다. 이후 영어 공부, 달리기, 그림 그리기와 같은 새로운 취미도 차례로 추가했습니다.

오늘날 '미라클 모닝'이라고 불리는 습관을 저는 20년 넘게 꾸준히 실천해 온 셈입니다.

삶의 가지치기

육아와 업무에 집중하기 위해 생활 전반의 가지치기를 시작했습니다. 필요 없는 모임과 만남을 줄이고, 쇼핑은 모두 온라인으로 전환했습니다. 헤어숍에 가는 대신 스스로 머리를 손질을 하기 시작했습니다. TV 시청은 완전히 끊고, 출퇴근 시간에 책을 읽었습니다. 멀리 있는 친구들보다 눈앞의 가족과 동료들에게 더 집중했습니다.

그러나 여전히 고치지 못한 습관도 있었습니다. 오랜 시간 의자에 앉아

일하는 '의자중독'이 그중 하나입니다. IT 업계에서는 흔히 볼 수 있는 일이었고, 이로 인해 목이나 허리 디스크를 겪는 사람들이 많습니다. 저 역시 오랜 습관이라 지금도 고치지 못하고 있습니다.

뒤늦게 깨달은 교훈, 나 자신이 먼저다

30대 중반, 육아와 일을 병행하며 치열하게 살았던 시기를 돌아봅니다. 그 시절로 돌아간다면 저는 조금 천천히 걸어갈 것입니다. 50대가 되어 보니, 삶에서 가장 중요한 것은 '나 자신'임을 깨달았기 때문입니다.

새벽에 한두 시간 나만의 시간을 가진 것은 제 인생에서 가장 잘한 일이었습니다. 하지만 낮 동안에도 자신을 지나치게 몰아붙이며 살 필요는 없었습니다. 일도 육아도 분명 중요합니다. 그러나 나의 건강과 적당한 휴식 없이는 그 어떤 일도 제대로 해낼 수 없습니다. 그래서 저는 젊은 워킹맘에게 다음을 항상 강조합니다.

"나 자신이 가장 중요하다."

"일과 육아도 중요하지만, '나'를 잊어서는 안 됩니다. 나의 행복이 결국 아이와 가족의 행복으로 이어집니다."

13

육아와 일을 위한 커리어 변화

워킹맘으로 살아가는 동안 힘든 순간은 많았지만, 일을 완전히 관두겠다고 진지하게 고민해 본 적은 없었습니다. 30대와 40대 내내 '일의 가치'를 찾아가며 살아왔기 때문입니다.

'일하지 않는 나는 과연 어떤 의미를 가지며, 무엇을 할 수 있을까?'

션파는 아무것도 하지 않아도 괜찮다고 늘 위로해주었지만, 저 자신은 제 정체성에 대해 끊임없이 질문했습니다.

그 시점까지 저는 IT 컨설턴트로서의 역량을 충분히 쌓았다고 믿었습니다. 이해관계를 조율하고, 팀을 이끄는 리더십과 맡은 일을 끝까지 해내는 집요함도 갖추고 있었습니다. 하지만 여전히 가장 큰 고민은 일과 육아를 어떻게 병행하느냐는 문제였습니다. 일과 육아 모두 대충하고 싶은 마음은 없었기 때문에, 자는 시간을 줄여가며 하루하루를 버텼습니다.

그러면서도 '10년 후'의 제 모습이 계속 궁금했습니다.

'션이 자란 후, 나는 어떻게 살고 있을까?'

지금 변화를 주지 않으면 제 삶은 정해진 틀에 갇힌 채 흘러갈 것 같았습니다.

프리랜서 선언: 변화의 시작

결국 저는 과감히 사표를 던졌습니다. 모두가 부러워하는 회사에서 인정받으며 잘 나가던 상황에서의 퇴사는 많은 이들을 놀라게 했습니다. 제게 퇴사는 일을 멈추는 것이 아니라 '변화의 시작'이었습니다. 조직의 울타리 안에서 임원으로 성장하는 길 대신, 세상 속으로 나아가 제 가능성을 확인해보는 길을 택한 것입니다.

프리랜서로 전환한 첫 프로젝트는 성공적이었습니다. 다만, 일반적으로 생각하는 '프리랜서의 자유'와는 거리가 멀었습니다. IT업계에서 프리랜서는 회사 직원처럼 출근해 일을 하고, 월급 대신 계약금을 받는 방식이었습니다.

수입은 늘었을지 몰라도 프리랜서를 하는 동안 커리어에는 별다른 발전이 없었습니다. 조직에 있을 때는 새로운 정보와 교육을 접할 기회가 많습니다. 그러나 조직 바깥 세상은 모든 것을 스스로 찾아내야 했습니다. 자신의 커리어에 대한 지속적인 고찰을 하지 않는 이상, 프리랜서는 늘 제자리걸음을 할 수밖에 없습니다.

하지만 가족과 보내는 시간이 늘어난 것은 분명 큰 장점이었습니다. 행정 처리와 제안서 작성 같은 부가적인 업무에서 벗어나 프로젝트에만 집중할 수 있었습니다. 그것만으로도 마음의 여유가 생겨 션에게 조금이라도 더 많은 관심과 애정을 쏟을 수 있었습니다.

아이와 함께하는 절대적인 시간의 중요성

션은 말하지 않았지만, 늘 엄마를 그리워했습니다. 여섯 살 무렵, 프로젝트 후반부인 테스트 단계에서 일이 많아지자 션의 얼굴 보기가 힘들어져 야간조를 자청했습니다. 퇴근 후 션과 놀아주고 재운 뒤 자정에 다시 출근해서 밤을 새우는 힘든 스케줄이었습니다. 한 달 정도 이렇게 하니, 션은 더 자주 웃고 밝아졌습니다. 짧더라도 아이에게 집중해 주는 시간이 얼마나 중요한지 다시금 깨달은 경험이었습니다.

이 무렵, 션의 초등학교 입학을 앞두고, 더 나은 환경을 만들어주기 위해 분가를 결정했습니다. 당시 살던 집은 상업지구에 위치해 초등학교까지 거리가 멀고, 안전하지 않은 길을 지나야 했습니다. 학교와 가까운 안전한 동네로 이사한 뒤, 션의 초등학교 적응을 돕기 위해 잠시 일을 중단하기로 했습니다.

30대 중반이 되어서야 처음으로 대낮에 집에 머물 수 있었습니다. 이 시기에 저의 첫 책인 『엄마표 생활놀이』가 출간되었습니다. 션과 함께했던 놀이와 교육 방법을 기록해 블로그에 올렸던 글들이 많은 관심을 받았고, 이를 책으로 엮어 만든 결과물이었습니다. 션이 초등학교 입학했을 때 이 책을 저에게 선물로 주면서 스스로에게 이렇게 말했습니다. "그동안 정말 수고 많았다. 장하다."

션의 유아기를 되돌아보면, 회사를 떠나 프리랜서로 전환한 결정은 제 커리어를 멈추게 했지만, 션과 함께한 시간을 늘리고 더 풍성한 추억을 만들게 해준 선택이었습니다. 그래서 후회는 없습니다.

"일과 육아를 모두 놓을 수 없는 워킹맘이라면, 늘 완벽한 균형을 맞추기보다는 시기에 따라 자신과 가족에게 의미 있는 선택을 하는 것이 중요합니다. 제 과감한 선택은 훗날 새로운 가능성을 열어 주었습니다."

II

초등 시기

아이의 날개를 키우는 맞춤형 교육

“초등학교 시기는 아이가 자신의 흥미와 배움을 발견하며 성장의 기초를 다지는 시기입니다. 맞춤형 교육은 아이의 재능과 기질을 존중하며, 자기주도의 씨앗을 심어주는 동시에 세상과 연결되는 즐거운 여정을 만들어줍니다.”

14

이제는, 책만으로는 부족하다

션이 초등학교에 입학할 무렵, 저는 책만으로도 충분히 아이를 잘 키울 수 있다고 믿었습니다. 지금까지 육아책에서 배운 방식에 의존해 아이와의 시간을 행복하게 꾸려왔지만, 션이 초등학생이 되자 현실에서 부딪히는 새로운 고민들이 제 생각을 조금씩 흔들어 놓았습니다.

드라마 속 대치동 이야기와 현실

오래 전 방영된 드라마 〈아내의 자격〉은 강남 대치동 학원가를 배경으로 극성 엄마들과 자연주의 엄마를 다룹니다. 극 중 주인공 윤서래(김희애 분)는 아들을 책으로 키운 자연주의 낙천가로 '책만으로 충분하다'고 말했다가 대치동 엄마들에게 눈총을 받습니다. 윤서래의 아들이 유명 학원 원장 눈에 들어 엄마들의 질투를 받는 장면은 현실적이라며 화제가 되기도 했습니다. 이 드라마가 〈스카이캐슬〉처럼 사교육의 극단을 다루지는 않았지만, 드라마 초반의 대치동 학원가 풍경은 당시 많은 엄마들의 관심을 받았습니다.

윤서래가 주장한 책만으로 충분하다는 말은 저와 겹쳐 보였고, 이를 외면하는 드라마 속 대치동 엄마들의 태도가 현실에서 어떤 이유에서 비롯된 것인지 궁금해졌습니다. 대치동 엄마들이 정말 아무 생각 없이 남들 따라 학원에 의존하는지 의문도 들었습니다.

객관적 시선으로 내 아이 바라보기

저도 비슷한 경험을 한 적이 있습니다. 다행히 저는 엄마들로부터 솔직한 조언을 들을 수 있었습니다.

션이 초등학교 입학할 무렵, 1,000권의 영어책을 읽고 『해리포터』까지 읽게 되니 저도 모르게 약간의 자부심이 생겼습니다. 그러던 중 대치동에서 교육열이 높은 지인 A와 대화를 나눴습니다. 제가 "책으로 키웠는데, 앞으로도 그렇게 하면 되지 않을까요?"라고 묻자, A는 다음과 같이 조언했습니다.

"한국에서 영어 공부는 책만으로는 어려워요. 학원에서 레벨 테스트를 받아보세요. 어린아이를 둔 엄마들은 아이들을 과대평가하는 경우가 많아요. 학원에 가면 더 뛰어난 아이들도 많고, 엄마들의 다양한 교육 방법을 참고할 수 있어요."

또 다른 지인 B는 이렇게 말했습니다.

"저는 아이를 직접 가르칠 능력도 없고, 화부터 낼까 봐 엄마와 선생님 역할을 분리했어요. 엄마로서 역할은 아이와 소통하며 필요한 교육과 좋은 선생님을 찾아주는 것으로 정했어요."

이 두 사람과의 대화를 통해 제가 그동안 사교육에 대해 가지고 있던 선입견이 생각보다 크다는 사실을 깨달았습니다. 책으로 아이를 키우는 것도 좋지만, 아이의 성장에 필요한 다양한 방법과 시도를 무조건 배척해서는 안 된다는 것을 알게 된 것입니다. 또한 엄마로서의 역할에 대한 제 관점을 새롭게 바꾸어 주었습니다.

사교육 시장 속 엄마의 역할

지인들의 조언 덕분에 션을 좀더 객관적으로 바라보고, 필요한 자극을 주는 방향으로 사고를 전환할 수 있었습니다.

사교육 시장을 자세히 들여다보니, 극성 엄마로 불리는 분들도 자신의 아이를 잘 관찰하고 부족한 점을 찾아 메우기 위해 고심하고 있었습니다. 물론 과도한 정보와 경쟁 속에서 때로는 불필요한 걱정으로 아이를 학원에 내모는 경우도 있었습니다.

윤서래의 책만으로 충분하다는 말은 잘못된 것은 아닙니다. 그러나 드라마 속 대치동 엄마들은 더 다양한 방법으로 아이에게 최고의 교육법이 무엇인지 고심했을 것입니다. 이들에게는 책만으로 충분하다는 말이 오히려 편협한 사고로 보이거나, 세상 물정에 어두운 순진함으로 비쳤을 가능성도 있습니다.

아이를 키우는 방법에는 정답이 없습니다. 중요한 것은 아이를 객관적으로 바라보고, 상황에 맞게 적합한 환경과 자극을 제공하려는 노력입니다. 책만으로 부족하다면, 필요한 도움을 유연하게 받아들이는 것도 엄마로서의 성장 과정 중 하나입니다.

> "아이를 키우는 데 정답은 없습니다. 중요한 것은, 아이를 객관적으로 바라보고, 그에 맞는 환경과 자극을 제공하는 것이 부모의 진정한 역할이라는 점입니다."

15

워킹맘, 흔들리지 말자

저는 지금까지 근 30년 동안 일을 쉰 적이 거의 없습니다. 프로젝트 하나를 마치면 곧바로 다음 프로젝트를 준비하곤 했습니다. 딱 한 번, 의도적으로 쉬었던 시기가 있었는데, 바로 션이 초등학교에 입학했던 해였습니다. 그 10개월의 휴식은 단순한 쉼이 아니라, 일과 가정, 그리고 제 자신을 위한 중요한 전환점이었습니다.

10개월간의 휴식: 쉼표에서 시작된 결심

새로운 동네에 적응하고, 션의 학교생활을 챙기며, 다른 학부모들과의 관계를 쌓아가느라 분주한 나날을 보냈습니다. 결혼 후 줄곧 일을 하느라 집안일에는 익숙하지 않았기에 매 끼니를 챙기는 일은 저에게 큰 스트레스로 다가왔습니다. 다만, 정리정돈과 다림질은 좋아해서 주기적으로 집안 정리를 하며 마음을 비우기도 했습니다.

그러나 시간이 지나면서 공허감이 밀려오기 시작했습니다. 어느 날, 와이셔츠를 다리다가 문득 이런 생각이 들었습니다.

'내가 직접 다림질을 할 것이 아니라, 다림질할 돈을 버는 것이 더 효율적이지 않을까?'

하루를 돌아보니, 일을 쉰다고 해서 저를 위한 시간이 더 생긴 것도, 션에게 더 많은 정성을 쏟은 것도 아니었습니다. 일의 공백은 오히려 저를 좀이 쑤시게 했습니다.

션을 다 키운 지금에서야 비로소 좋아하는 것들을 찾고, 미래에 대한 새로운 꿈도 생겼지만, 당시에는 정신 없이 30대를 보내고 40대로 접어들던 시기였습니다.

그날, 다림질을 멈추고 다시 일을 해야겠다고 결심을 했습니다. 저에게 익숙하고 잘하는 일에 집중하는 것이 옳다고 판단한 것입니다. 그날 이후로 지금까지 컨설턴트로 현장을 뛰며 살아가고 있습니다.

워킹맘의 고민: 일을 계속할 것인가, 그만둘 것인가?

후배 워킹맘들이 종종 "일을 관두고 아이와 시간을 보내고 싶다."라고 말합니다. 그 선택도 충분히 존중합니다. 일을 관둬야 할 특별한 이유가 있다면, 그것이 최선일 것입니다. 저 역시 한때 그런 결정을 내렸으니까요.

하지만 선배맘들에게 계속 일하라는 조언을 들었던 것도 큰 영향을 주었습니다. 그 이유는 생각보다 현실적이었습니다. 아이를 키우다 보면 돈이 많이 들고, 갈수록 엄마가 해줄 일이 줄어들기 때문입니다. 처음에는 학원비를 줄이면 된다고 쉽게 생각했지만, 아이가 크면서 생활비와 교육비 외에도 노후 준비와 예기치 못한 병원비 등이 드는 현실을 알게 되었습니다.

무엇보다 한 사람의 수입으로 가정을 꾸려가기란 쉽지 않습니다. IMF 외환위기와 코로나19 같은 불확실성이 언제든 찾아올 수 있기 때문에 맞벌이는 서로의 든든한 버팀목이 될 수 있습니다.

워킹맘의 경제적 레버리지

『레버리지』의 저자 롭 무어는 "자신의 가치를 우선하고, 시간을 갉아먹는 일은 아웃소싱하라."라고 말합니다. 저 역시 요리와 다림질을 아웃소싱하고 제가 잘하는 일에 집중하는 것이 바로 제 삶의 레버리지라고 생각했습니다. 무어는 단순히 열심히 일하기만 할 것이 아니라, 스스로에게 진정으로 가치 있는 일을 찾고, 일을 통해 삶의 균형을 찾아야 한다고 강조합니다.

다행히도, 꾸준히 일하는 것은 '복리의 법칙'이 적용됩니다. 일을 오래 할수록 점차 효율적으로 일을 할 수 있어 수입이 자연스레 늘어납니다. 다만 전제조건은 자신에 대한 투자를 어느 정도 해야 한다는 점입니다.

'아이 키우며 일하느라 바빠 죽겠는데, 나에 대한 투자까지 하라고?'라는 생각이 들 수 있습니다. 하지만 자기 계발처럼 거창한 것이 아니더라도, 스스로 가치 있다고 믿는 일에 집중하다 보면 기회는 찾아옵니다.

일하는 엄마가 주는 긍정적인 영향

워킹맘에게 가장 큰 고민은 아이와 함께 보내는 절대 시간의 부족입니다. 그러나 시간이 지날수록 일하는 엄마가 줄 수 있는 긍정적 영향도 알게 되었습니다.

션은 초등학교 4학년 무렵부터 일하는 엄마를 자랑스러워했습니다. 지금까지도 션과 대화가 많은 이유는 제가 다양한 사회생활 경험을 통해 풍부한 화제를 제공하기 때문입니다. 또 하나 장점은 사회생활에서 익힌 '살아남는 법'을 자연스럽게 아이에게 전해줄 수 있다는 점입니다. 이는 학교나 책에서 배울 수 없는 인생 수업이 됩니다.

마라톤을 할 때 '사점(dead point)'이라는 고비를 넘기면 고통이 잦아들고 편안함이 찾아옵니다. 워킹맘의 삶도 비슷합니다. 버티고 대안을 찾아가다 보면 어느 순간 새로운 기회와 꿈이 생겨납니다.

30대와 40대는 특히나 바쁘고 고단한 시기입니다. 그러나 이 시기를 어떻게 활용하느냐에 따라 긴 커리어의 끝에서 '복리'처럼 늘어나는 결실을 누릴 수 있습니다. 중요한 것은 자신을 잊지 않고, 내가 잘하는 일을 지속하며 성장하는 것입니다.

선배맘들의 계속 일하라는 조언은 단순히 돈을 벌라는 의미를 넘어섭니다. 아이에게 자랑스러운 부모가 되는 것, 그리고 나 자신의 성취와 행복을 찾는 것을 모두 포함한 말이었습니다.

"일과 육아를 병행하는 것은 당연히 힘듭니다. 하지만 그 힘든 시기는 영원하지 않습니다."

16

홀로서기, 선생님들 덕분

다시 일을 시작하면서 느낀 점은, 몇 달 동안의 공백이 제 커리어에 전혀 영향을 미치지 않았다는 것입니다. 마치 주말을 보내고 월요일에 출근한 것과 같았습니다. 오히려 이 휴식기는 우리 가족이 문제를 함께 해결하는 법을 배우는 계기가 되었고, 가정과 일을 바라보는 시각에도 중요한 변화를 가져왔습니다.

쉼 없이 일했을 때는 사소한 문제도 모두 제가 엄마와 아내로서의 역할을 제대로 하지 못했기 때문이라고 자책하곤 했습니다. 그래서 일을 그만두면 가정의 모든 문제가 자연히 해결될 것이라고 믿었습니다. 하지만 막상 일을 쉬어보니 그런 문제는 많지 않았습니다. 다시 일을 시작한 뒤에는 오히려 일과 가정의 균형을 찾으며 문제를 해결해 나갈 수 있었습니다. 또한, 전에 비해, 일할 때와 집에 있을 때의 장점이 더욱 명확히 보이기 시작했습니다. 두 상황 모두 힘들게만 느껴졌던 이전과는 확연히 달라졌습니다.

션의 적응과 홀로서기의 시작

다시 시작한 프로젝트는 여러모로 운이 좋았습니다. 집과 가까운 곳이었고, 같은 아파트에 사는 분을 션의 돌봄 이모님으로 모실 수 있었습니다. 이모님은 3여 년 동안 저희 집을 돌보며 가사일을 거들어 주셨고, 덕분에 우리 부부는 숨통이 트이기 시작했습니다.

션은 제가 다시 일을 시작한 첫 달 동안 엄마의 부재를 힘들어했습니다. 학교를 마치고 집으로 오면 책을 읽거나 레고를 조립하며 적응하려 애쓰는 모습이 안타까워서 점심을 거르고 션의 하교를 마중 갔다가 사무실로 복귀했습니다. 석 달쯤 지나자 션은 점차 안정감을 되찾았고, 학교생활도 즐거워하기 시작했습니다.

한 번은 장난 삼아 "학교 관두라고 하면 어쩔래?"라고 물었더니, 션은 깜짝 놀라며 "이렇게 재미있는데 왜 관둬? 절대 안 돼!"라고 대답했습니다.

2학년이 되어 모둠 활동이 시작되자 션은 모둠장으로 뽑혔습니다. 한 달 뒤, 제가 "모둠장 역할 잘한 것 같아?"라고 묻자, 션은 자신감 있게 고개를 끄덕였습니다. 그래서 "그건 션이 잘한 것도 있지만, 친구들이 잘 도와준 덕분일 거야."라고 말해주었고, 그 말을 들은 션은 친구들에게 감사 카드를 만들어 갔습니다.

다음 달에는 가족 여행 때문에 션이 모둠장 선발에 참여하지 못했는데도 친구들이 다시 모둠장으로 뽑았다는 이야기를 들었습니다. 션이 학교에서 친구들과 잘 지내는 것 같아서 안심할 수 있었습니다.

박희숙 선생님과의 만남

션의 초등학교 2학년 시절, 저와 션의 가장 큰 행운은 박희숙 담임 선생님을 만난 것이었습니다. 상담주간에 선생님을 뵙고 거의 두 시간 동안 이야기를 나눴습니다. 션이 학교생활을 무던하게 잘하고 있다고 하시며, 친구처럼 여행이야기, 아이를 키우는 법 등 다양한 주제로 대화를 이어 나갔습니다. 대화 중 '어쩜 저렇게 아이들을 사랑할 수가 있을까?'라며 여러 차례 감탄했습니다.

상담 중 션이 엄마가 다시 일을 시작한 것을 불만스러워하는 것 같아 마음이 아프다는 말씀을 드렸습니다. 다음 날, 선생님은 션에게 "일하던 사람이 자기 아이를 위해 1년 가까이 일을 쉰다는 건 아무나 할 수 있는 결정이 아니야. 선생님도 그렇게 하지 못했어. 엄마는 션을 믿고, 션이 잘할 거라 확신했기 때문에 다시 일을 시작하신 거란다."라며 따뜻한 위로와 격려를 해주셨습니다.

2학년 마지막 날, 선생님은 션을 꼭 안아주시며 "이 다음에 훌륭한 사람이 되면 선생님에게 자장면 꼭 사줘."라고 하셨습니다. 션은 세상에서 가장 맛있는 자장면을 선생님께 대접하겠다고 약속했습니다.

학교와 가정, 그리고 선생님들의 역할

션은 학창 시절 대부분 좋은 선생님을 만났고, 저 역시 선생님들께 존경과 감사의 마음을 늘 가졌습니다. 하지만 요즘 교권과 관련된 사회적 문제를 접할 때마다 마음이 아프고 안타깝습니다.

『괴물 부모의 탄생』에서는 '괴물 부모'를 자녀를 과잉 보호하거나 권위적으로 대하는 부모로 정의합니다. 이런 부모들은 학교에서 자신의 아이'만'을 특별 대우해주기를 요구합니다. 그러나 가정에서는 '내 아이'일지 몰라도, 학교는 '우리 아이들'이 함께 성장해야 하는 곳입니다. 아이들이 학교에서 행복하려면, 선생님들이 자신의 직업을 단순한 '직(職)'이 아니라 소명을 담은 '업(業)'으로 여길 수 있도록 모두가 함께 힘을 모아야 합니다.

아이의 홀로서기를 하기 위해서는 많은 것이 필요하지만, 그중 선생님의 역할은 정말로 중요합니다. 션의 성장 과정에서 만난 선생님들은 학업뿐 아니라 삶의 중요한 가치를 알려주셨습니다. 저는 그 고마움을 늘 기억하기에, 선생님들에게 진심으로 존경과 감사를 보냅니다.

"가정은 아이의 뿌리가 되고, 학교는 아이의 날개가 됩니다. 그 중심에 선생님들이 계십니다."

17

엄마표 체험활동, 넓어진 세상

영유아 시기에는 제가 준비하고 도와주는 일이 많았지만, 초등학생이 되자 션은 스스로 많은 것을 할 수 있게 되었습니다. 종이, 색연필, 물감만 있어도 무언가를 오리고, 붙이고, 그리고, 쓰며 새로운 것을 만들어냈습니다. 창의력에 날개를 단 활동이 단발성 이벤트로 끝나지 않도록, 관련 주제의 책을 읽도록 유도하며 활동을 확장해 나갔습니다. 방과 후 수업이나 학교 과제도 단순히 제출에 그치지 않고, 가정에서 연계 활동으로 이어 나갔습니다. 이런 경험 덕분에 션의 사고방식도 자연스럽게 넓어졌습니다.

초등학생 고학년이 되어 모둠 활동이 본격화되자, 션은 주도적으로 모둠을 이끄는 역할을 맡았습니다. 이 시기는 아이디어가 풍부하고 또래 친구들과 잘 협력하는 아이들에게 리더 역할이 주어지곤 합니다. 리더십을 따로 교육하기보다, 자신의 생각을 구체화하고 표현하는 능력을 키워주는 것이 더 도움이 되는 시기입니다. 션은 중고등학교 시절을 거쳐 대학에서는 더 큰 스케일로 아이디어를 구체화하며 리더십을 발휘했습니다. 어릴 적 다양한 활동 경험이 내재화되어 이러한 변화가 가능했다고 생각합니다.

영유아 시절의 엄마표 놀이가 우리 모자에게 심리적 안정감을 주었다면,

초등학교 시절 함께한 다양한 체험활동은 제 삶에도 큰 활력을 주었습니다. 션과 웃으며 보낸 시간들은 업무 스트레스를 덜어주었고, 박제해두고 싶을 만큼 소중한 추억으로 차곡차곡 쌓여갔습니다.

다양한 체험, 넓어진 시야

션과 함께한 활동 중 특별히 기억에 남는 몇 가지를 소개하겠습니다.

1. 자연관찰보고서

달팽이, 강낭콩, 소라게 같은 곤충과 식물들을 집에서 키우며 주기적으로 관찰했습니다. 션은 그림과 글로 기록했고, 저는 사진을 출력해 주었습니다. 이렇게 쌓인 기록은 제법 두꺼운 '자연관찰보고서'가 되었습니다.

2. 과학실험보고서

명반 결정 만들기, 식초와 소다로 화산 분출 실험하기, 사이펀 실험 등 초등학생을 위한 실험 키트와 책을 활용했습니다. 실험 결과를 기록한 보고서를 모아 '과학실험보고서'로 엮었습니다.

3. 발명노트

일상의 불편함을 해결할 아이디어를 기록하며 발명노트를 만들었습니다. 통에 넣어둔 설탕이 굳지 않도록 뚜껑에 숟가락을 달아 저어주는 아이디어는 션의 발명대회 첫 수상작이 되기도 했습니다.

4. 미술관, 음악회, 여행 후기 활동집

미술 전시를 다녀온 뒤 화가의 생애를 다룬 책을 읽거나, 화가의 그림을 따라 그려보는 활동을 했습니다. 여행 후에는 지역의 역사와 문화를 조사하며 새로운 호기심을 키웠습니다.

5. 테마 탐방 입체북

특정 주제를 중심으로 탐방한 뒤 글과 그림으로 기록한 입체북을 만들었습니다. '정동 역사 탐방'에서는 근대사적 장소를 방문하며 스탬프 투어를 진행했고, '송파구 미술관 탐방'에서는 동네의 작은 미술관을 찾아다니며 작품을 감상했습니다.

6. 과학과 인문학으로 확장된 입체북

입체북 제작은 과학과 인문학 주제로 확장되었습니다. 예를 들자면, '민주주의'를 주제로 우리나라 정당의 역사를 조사하고, 선거장을 방문해 투표 과정도 체험했습니다. '세포와 염색체'를 주제로 현미경으로 세포를 관찰하고 유전자 변형의 문제점을 탐구하며 과학적 사고력을 키웠습니다.

7. 로봇보고서

방과 후 수업에서 로봇을 만들고 해체하는 과정을 반복하는 동안, 설계 도안을 기록했습니다. 창작 로봇 설계 도안이 쌓이면서 실력도 늘어나, 학교 대표로 로봇 대회에 나가 수상하기도 했습니다.

8. 수학일기

수학 관련 책을 읽고 문제를 푸는 데서 그치지 않고, 개념을 중심으로 수학일기를 작성했습니다. 『수학자가 들려주는 수학 이야기』 시리즈를 읽으며 이해한 개념들을 기록했습니다. 이 경험은 수학에 대한 흥미를 깊어지게 했고, 고등학생 때 수학 소논문을 쓰는 데에도 도움이 되었습니다.

엄마표 체험활동이 남긴 선물

이 모든 활동은 션의 관심사에 맞춰 진행되었으며, 체험과 책을 결합해 자연스럽게 션의 시야를 넓혔습니다. 무엇보다 이 과정에서 션의 생각을 더 잘 알게 되었고, 션에 대한 이해를 한층 깊게 할 수 있었습니다. 아이의 오늘은 어제와 다르다는 단순한 진리를 매일 확인하며, 션의 성장을 지켜보는 기쁨을 느꼈습니다.

고학년이 되어서도 체험과 여행은 계속되었지만, 학습 습관 형성에도 신경을 썼습니다. 션은 책상에 앉아 있다가도 난데없이 방을 뒤지거나, 엉뚱한 자세로 공부를 하기도 했습니다. 단순한 문제에서 실수를 하다가도 어려운 문제는 재미있게 풀었고, 새로운 것을 배울 때는 스폰지처럼 빠르게 흡수했습니다.

엄마표 체험활동을 하는 동안 션의 이런 성향과 기질을 일찍부터 파악할 수 있었습니다. 그 덕분에 션이 학습을 할 때 흥미를 잃지 않도록 적절히 자극했고, 그때 그때 적합한 지원을 해줄 수 있었습니다.

"가정에서의 체험활동은 엄마에게는 아이의 눈높이를 이해하게 하고, 아이에게는 세상을 바라보는 방법을 가르쳐 줍니다."

18

최고의 선물, 독서습관

션에게 새로운 것을 가르칠 때마다 저는 항상 스스로에게 물었습니다. "이게 꼭 필요할까?" 하지만 독서만큼은 예외였습니다. 독서는 이유를 따질 필요 없이 '무조건 해야 하는 것'이라고 생각했습니다. 저에게 독서는 배움의 도구를 넘어 '생활'이자 '습관'이었습니다. 부모가 줄 수 있는 최고의 선물은 바로 '독서습관'이라고 믿었습니다. 주변에서 책을 읽지 않는 사람들에게 그 이유를 물어보면 대부분 비슷한 답이 돌아왔습니다. 어릴 때 책과 친하지 않았고, 학창 시절 억지로 읽은 것이 전부였다고 말합니다. 부모님도 책을 가까이하지 않았다는 이야기도 자주 나왔습니다.

반면, 저는 어릴 때부터 늘 책이 가득한 환경에서 자랐습니다. 항상 책을 읽으시는 아버지의 모습은 저에게 자연스러운 본보기가 되었습니다. 책의 종류에도 제한이 없었습니다. 만화책이든 소설책이든, 마음껏 읽을 수 있었습니다. 심지어 시험 전날 또는 밥을 먹으면서 책을 읽어도 부모님께 제재받지 않았습니다. 저에게 독서는 숨 쉬고 밥 먹는 것처럼 너무나 자연스러운 일이었습니다. 이런 환경 덕분에 독서습관은 부모님이 저에게 물려준 가장 귀한 유산이 되었습니다. 그래서 저는 션에게도 독서의 즐거움과 습관을 물려주고 싶었습니다.

독서습관, 부모와 아이가 함께 만드는 시간

션의 책 읽기는 태어난 순간부터 시작되었습니다. 산후조리원을 나와 집에 돌아온 날, 그림책을 보여주며 책의 텍스트 대신 그림을 중심으로 이야기를 풀어가며 션과 교감을 나누었습니다.

퇴근 후 집에 오면 션은 제 다리에 매달리며 반가움을 표현했고, 자기 전에는 책을 읽어달라고 졸랐습니다. 책을 산더미처럼 쌓아두고 기다리는 션을 보며 피곤해도 하루도 빠짐없이 책을 읽어주었습니다. 새벽까지 이어지는 이 시간은 늘 소중했습니다. 이때만큼 아이와 책을 매개로 깊이 교감하는 시기는 없으니까요.

동네 도서관은 또 다른 특별한 공간이었습니다. 바쁜 일상에서 벗어나 나무와 책으로 둘러싸인 조용한 공간은 저와 션 모두에게 여유를 선물해 주었습니다. 어린 시절 부모님 손을 잡고 서점에 갔던 추억은 지금도 선명합니다. 그때마다 읽고 싶은 책을 골라보라고 하셨는데 마치 보물섬 같았습니다. 션도 책이 가득한 공간에서 책을 읽기도 하고 그림도 그리며 즐겼습니다.

도서관은 다양한 주제의 책을 만나며 새로운 흥미와 사고의 확장을 경험할 수 있는 공간이었습니다.

책을 통해 사고의 확장을 경험하다

처음에는 열정 넘치는 초보맘답게 단계별, 영역별 책을 골라 읽히며 아이를 위한 독서에 체계적으로 접근했습니다. 엄마들 사이에서 통용되던 책 목록을 따라 읽히며 "이 책을 읽으면 아이의 사고가 이만큼 자라겠지!"라는 기대감도 있었습니다. 실제로 다양한 주제의 책을 읽는 방식은 션의 인지적 발달에 많은 도움을 주었습니다.

그러나 시간이 지나면서 공식처럼 여겼던 책 읽기 방식은 자연스럽게 깨졌습니다. 션이 자라면서 스스로 읽고 싶은 책을 고르자, 오히려 더 큰 효과가 나타났습니다. 아이들은 좋아하는 것에 더욱 깊이 빠지고, 집중하기 때문입니다.

션이 초등학생이 되었을 때, 책장을 정리하며 그동안 구매했던 책들을 다시 살펴본 적이 있습니다. 자세히 들여다보니, 션에게 의미 있었던 책은 제가 골라준, 유행 따라 산 책이 아니었습니다. 션의 관심과 의식의 흐름을 따라 읽었던 책들이 션에게 깊은 영감을 주었습니다.

션이 우주에 관심을 가졌을 때 읽었던 우주 책은 사고의 확장에 큰 도움을 주었습니다. 거기에 한 발 더 나아가 망원경으로 달을 직접 관찰하고, 천체박물관, 우주박물관, 우주캠프를 방문하면서 책 속 우주 과학과 역사에 대해 제대로 이해하게 되었습니다. 이를 통해 냉전 시대의 미국과 소련이 우주 과학 경쟁에 미친 영향을 배웠고 관심사가 역사와 경제 분야로 확장되었습니다.

책 한 권으로 시작된 관심이 체험과 사고의 확장을 통해 더 깊이 있는 지식으로 발전한 것입니다. 활자로 적힌 것만이 책이 아니라, 한 가지 주제를 둘러싼 모든 경험이 책이 될 수 있었습니다.

독서습관, 아이에게 줄 수 있는 최고의 선물

션의 독서 패턴은 제 어린 시절과 닮아갔습니다. 특정 작가나 주제에 빠져들어 관련 책을 읽고, 이후 다른 주제로 옮겨가는 방식이었습니다. 한 주제를 깊이 탐구하며 지식이 연결되고 확장되는 경험은 독서의 가장 큰 장점입니다.

저 역시 한때 역사책에 깊이 빠져 있다가, 이후 미술에 관심을 가지며 관련 책을 탐독했던 적이 있습니다. 처음에는 대부분 내용이 낯설고 어려웠지만, 여러 권을 읽으면서 중복되는 정보가 많아지자 이해가 쉬워졌습니다. 같은 그림을 다른 시각에서 설명하는 내용을 발견할 때는 식견이 넓어지는 기분도 들었습니다.

독서량이 쌓이자 미술관 관람으로까지 이어졌고, 그림 한 장을 보면서도 과거에 읽었던 역사, 인물, 과학, 철학, 종교의 내용들이 서로 연결되는 것을 경험했습니다. 이후 어떤 분야의 책을 읽어도 같은 과정이 반복되었습니다. 한 우물을 깊이 파다 보니, 그 끝에서 다른 영역들과 접점을 이루는 것을 발견했습니다.

션도 어느 날 이렇게 말했습니다.

"엄마, 난 ㅇㅇ가 궁금해서 읽기 시작했는데, 여러 책을 읽다 보니 다 연결되네!" 이 말은 독서가 아이의 사고를 확장시키는 강력한 도구임을 다시 한번 확인시켜주었습니다.

"독서는 아이가 세상을 이해하고 자신의 사고를 확장할 수 있도록 돕는 가장 강력한 선물입니다. 책을 읽는 아이는 지식의 연결을 통해 깊이 있는 사고력을 키워갑니다."

19

엄마표 영어,
막을 내리다

아이들이 초등학교 1학년 때까지만 해도 놀이터에서 뛰어노는 모습을 볼 수 있었지만 2학년이 되면서 하나둘씩 학원으로 가기 시작했고, 생일 파티가 친구들과 노는 날을 대신하게 됐습니다. 초등학교 시절, 점차 아이들은 바쁜 스케줄 속에서 시간을 보내는 경우가 많아졌습니다.

션은 방과 후 수업이 끝나면 태권도장에 가거나 책을 읽으며 시간을 보냈습니다. 하지만 혼자 있는 시간이 길어지자 점차 힘들어하는 모습을 보였고, 저는 그 시간을 어떻게 채울지 고민하기 시작했습니다. 이때 선배맘들은 션이 영어를 잘하니 학원을 보내라고 조언해 주었습니다.

엄마표 영어에서 학원으로

영유아 시기에는 영어 CD와 책만으로 충분했지만, 션이 초등학생이 된 후에는 새로운 접근이 필요하다는 생각이 들었습니다. 사교육에 대한 부정적 선입견을 접고, 집에서 가까운 작은 학원을 찾아 주 2회 수업을 등록했습니다. 션은 학원에 다니며 친구들과 어울리는 것을 무척 즐거워했습니다.

션이 자라면서 유명 학원으로 옮길 수도 있었습니다. 그러나 친숙한 환경에서 심리적 안정을 유지하는 것이 더 효과적이라는 판단 아래, 초등학교 2학년부터 5학년까지 한곳에서 꾸준히 학습을 이어갔습니다. 워킹맘에게 학원은 단순히 배우는 곳 이상의 의미를 갖습니다. 아이들이 저녁 시간을 안전하게 보낼 수 있는 공간이기도 하기 때문입니다. 션도 마찬가지였습니다. 게다가 학원 수업은 단어 암기와 체계적인 학습법을 익히는 데 큰 도움이 되었습니다.

학원을 다니며 션은 영어 대회와 인증시험에 도전하기 시작했습니다. 대회가 끝나면 맛있는 음식을 먹거나 친구들과 어울리게 했더니 션은 대회 나가는 것을 특별 이벤트처럼 즐거워했습니다. 도전을 즐기는 션의 성향은 점점 뚜렷해져서 때로는 너무 많은 대회를 나가겠다고 해서 말린 적도 있었습니다. 대회 준비 과정에서 영어 실력이 크게 늘었고, 친구들과의 경쟁을 통해 자극도 받았습니다.

특히 초등학교 4학년 때 참여한 영어 디베이트 대회는 특별한 경험이었습니다. 디베이트는 순발력과 임기응변이 아니라, 방대한 배경지식, 논리적 사고력, 그리고 팀워크가 필요한 활동입니다. 상대방의 주장을 경청하고 허점을 찾아내며 논리적으로 반박하는 과정에서 '비판적 사고력(Critical Thinking)'을 발휘할 수 있습니다. 이 경험은 션의 영어 실력과 자신감을 크게 성장시키는 계기가 되었습니다.

6학년이 되면서 친구 관계도 넓어졌습니다. 사교성이 좋아 대회를 통해 알게 된 친구들과 자연스럽게 네트워크를 형성했습니다. 중학생이 되어 디베이트 대회를 준비할 때는, 작년 우승팀에게 직접 연락해 조언을 구하고, 그들의 연습 방식을 따라 하며 실력을 키워갔습니다.

엄마표 영어의 마무리

션은 초등학교 시절에도 여전히 좋아하는 것이 생기면 한동안 깊이 빠져들곤 했습니다. 초등학교 4학년 무렵에는 〈스타워즈〉에 큰 관심을 보였습니다. 저는 관련 백과사전, 도감, 레고를 사주고, 함께 영화를 보며 흥미를 더해주었습니다. 〈스타워즈〉 시리즈의 레고를 하나씩 모으면서 그 안의 피규어도 수집하기 시작했습니다. 그러다 어느새 제가 레고 카페에 가입해 정보를 찾아볼 정도로 션보다 더 깊이 빠져들기도 했습니다.

이번에도 역시나 책을 놓치지 않았습니다. 『스타워즈』 원서를 사주었더니 션은 재미있게 읽었습니다. 영어 학원을 다녔어도 여전히 집에서는 책을 중심으로 하는 엄마표 영어를 이어갔습니다.

중학생이 된 후, 션은 제주 국제학교에 진학했습니다. 외국에서 생활한 경험이 전혀 없었기에 처음에는 영어를 따라갈 수 있을지 걱정이 되었습니다. 그러나 입학 테스트 결과 이미 영어 실력이 최상위권이었습니다. 어린 시절부터 꾸준히 이어온 독서와 디베이트 경험 덕분이었습니다.

아마도 어릴 적 책 읽기가 없었다면 영어 실력은 지금보다 훨씬 부족했을 것입니다. 션의 영어 학습 여정은 엄마표 영어와 학원 수업, 대회 참가와 독서가 조화를 이루며 자연스럽게 완성되었습니다.

"영어는 흥미가 있어야 지속할 수 있습니다. 아이의 호기심을 존중하고, 적절한 환경을 제공할 때 배움은 자연스럽게 이루어집니다."

20

수학동화에서 시작한 엄마표 수학

수학은 아이마다 받아들이는 속도와 방식이 다릅니다. 어떤 아이는 학년에 맞춰 꾸준히 학습하는 것이 적합한 반면, 도전적이고 난이도 높은 과제를 즐기는 아이도 있습니다. 중요한 것은 내 아이의 스타일을 이해하고, 그에 맞는 방식으로 접근하는 것입니다. 단지 수학이 중요하다거나, 부모가 학창 시절 수학을 어려워했다는 이유로 어린 아이에게 강압적으로 수학을 시키는 것은 오히려 아이를 '수포자(수학을 포기하는 아이)'로 이끄는 지름길이 될 수 있습니다.

수학 공부를 시작한 계기: 『수학 귀신』

주변에서는 수학을 일찍 시작할수록 유리하다며 학원에 보내라는 조언이 많았습니다. 하지만 저는 이에 아랑곳하지 않고, 션에게 수학 동화책만 읽혔습니다. 문제집을 풀게 한 적도 없었습니다. 그러다 수학 공부를 시키기로 결심하게 된 계기는 바로 『수학 귀신』이라는 책 때문이었습니다.

션에게 꾸준히 수학 동화책을 읽히던 중, 베스트셀러인 『수학 귀신』을 건네주려 했습니다. 그런데 책의 내용을 살펴보니, 수학 기초가 없는 상태에서는 마치 외계어처럼 느껴질 것 같았습니다. 영유아용 수학 동화는 기초 개념을 쉽게 전달하지만, 아동용 수학 동화는 어느 정도 수학 개념이 잡혀 있어야 흥미를 느낄 수 있었습니다. 션이 수학 개념 없이 이 책을 읽는다면, 아마도 '흰 것은 종이요, 검은 것은 글씨로다'라며 책을 덮어버릴 가능성이 높았습니다. 그래서 『수학 귀신』을 이해할 수 있도록 수학 공부를 시작하도록 했고 기본 개념을 쌓는 데 초점을 맞췄습니다.

션은 기대 이상으로 수학을 흥미롭게 받아들였고, 진도도 빨라 자연스럽게 선행학습으로 이어졌습니다. 만약 문제집을 풀려보지 않았다면, 션이 수학에 재능이 있다는 사실을 좀 더 늦게 알았을 것입니다.

기초는 탄탄하게: 학습지로 워밍업

수학 공부를 시작하기 전에, 운동 전 워밍업처럼 학습지를 활용해 기본 연산 능력을 다지기로 했습니다. 수학에서 어려움을 겪는 주된 원인은 개념 이해 부족이 아니라, 반복 연산 훈련의 부족에서 비롯된다고 생각했기 때문입니다. 여기서 말하는 연산은 사칙연산부터 지수와 로그 함수, 나아가 미적분에 이르는 모든 연산 능력을 포괄합니다.

연산이 자유로워야 난이도 있는 사고력 문제를 풀 때 재미를 느낄 수 있습니다. 학습 진도를 나갈 때마다 연산 훈련이 되지 않아 문제 풀이 시간이 길어진다면, 수학에 대한 흥미를 잃기 쉽습니다. 그래서 학습 진도에 맞춰 한 박자 앞서 학습지로 연산을 훈련하는 전략을 세웠습니다. 학습지는 덧셈부터 고등학교 수학까지 이어지는 구성이었기에, 수학 전 과정의 연산 훈련에 적합했고 꾸준히 활용하기에도 좋았습니다.

예를 들어, 다음 주에 분수를 배울 예정이라면 이번 주에는 학습지로 분수 연산을 미리 연습하도록 했습니다. 션은 이미 사칙연산을 할 줄 알았지만, 가장 기본적인 더하기 1부터 시작하게 했습니다. 아주 쉬운 것부터 시작하면 학습지에 대한 부담을 덜고, 자신감을 키울 수 있을 것이라 판단했기 때문입니다. 문제를 빠르고 정확히 풀었다고 칭찬해 주었더니 션이 학습지를 재미있어했습니다.

학습지는 몇 달치 교재를 미리 많이 받아, 선생님 대신 제가 직접 진도를 관리했습니다. 학습 난이도가 올라가자 션도 점차 힘들어하기 시작했습니다. 그래서 매일 꾸준히 하되, 학습 시간을 짧게 조정하고, 다양한 보상으로 동기부여를 했습니다. 그 결과, 7개월 만에 초등과정을 마쳤고, 2년도 되지 않아 고등과정까지 빠르게 끝낼 수 있었습니다.

학습지의 반복 연산 효과에 대해 여러 의견이 있었지만, 저는 학습지가 수학의 기초훈련으로써 충분히 의미가 있다고 판단했습니다. 다만, 어린 아이의 경우 학습지 활동의 효과를 극대화하려면, 부모가 아이의 성향이나 특징에 맞춰 진도를 직접 관리하는 것이 좋다고 생각합니다.

선행학습, 꼭 필요한가?

수학 교육에서 늘 논란이 되는 주제 중 하나가 바로 '선행학습'입니다. 지금 돌이켜보면, 선행학습의 필요 여부 자체는 큰 고민거리가 아닙니다. 수학은 아이가 좋아하면 자연스럽게 하게 되고, 싫어하면 억지로 시킬 수 없기 때문입니다.

특히 선행학습은 아이의 수학적 재능이 있어야 가능하지, 부모가 억지로 시킨다고 되는 것이 아닙니다. '정석을 몇 바퀴 돌렸다'는 이야기를 듣곤 하지만, 자세히 들여다보면 아이가 공부한 게 아니라 선생님이 반복적으로 가르치는 경우가 많습니다. 아이가 주도적으로 공부한다면 그렇게 많이 반복하지 않아도 됩니다. 오히려 괜히 미리 시켜서 두세 번이나 배운 걸 또 배우게 하느니, 한 번 배울 때 제대로 공부하는 편이 낫습니다.

지나친 선행학습보다는 아이가 부담 없이 소화할 수 있는 수준에서 미리 조금씩 진도를 나가는 것이 더 효과적입니다. 아이들은 이미 접해본 내용에 대해 친숙함을 느끼기 때문에, 정규 수업에서도 이를 더욱 쉽게 이해하는 경향이 있습니다.

션의 경우, 초등학교 2학년 때 초등과정을, 3학년에 중등과정을, 4~5학년 때 고교과정을 선행했습니다. 기본 개념과 심화 문제집을 병행하며 공부했고 난이도 높은 문제를 푸는 것을 즐겼습니다.

물론 모든 개념이 매끄럽게 이해된 것은 아닙니다. 한 번은 이차방정식의 개념을 이해하지 못해 2시간 동안 천천히 설명한 적도 있습니다. 어린 나이에 빠르게 진도를 나가면 '구멍'이 생길 가능성도 있습니다. 하지만 션은 수학에 대한 흥미를 잃지 않았고, 서울교대 영재원과 각종 경시대회를 통해 실력을 다지며 재미를 이어갔습니다.

살아 있는 수학을 만나다

션은 초등학교 5학년 때 삼성동 코엑스에서 열린 세계 수학자 대회(ICM)에 참석하여 잊지 못할 경험을 했습니다. 122개국에서 5,217명의 수학자와 2만 명의 일반인이 모인 이 대규모 행사에서는, 필즈상 수상자인 세드릭 빌라니도 만나볼 수 있었습니다.

세계 수학자 대회가 우리나라에서 열린다는 사실을 알게 된 것은 순전히 우연이었습니다. 션이 즐겨 보던 과학 잡지에서 관련 기사를 접한 것이 계기였습니다. 당시 저는 필즈상이 무엇인지조차 잘 몰랐고, 학회에 참석해 본 적도 없었습니다. 일반인이나 초등학생이 참여할 수 있는지조차 알 수 없었지만, 션에게 좋은 경험이 될 것 같아 무작정 등록하기로 했습니다.

초등학생은 보호자와 함께 등록해야 했기에 저도 모든 행사에 참여했습니다. 환영식, 개막식, 대중 강연, 수학 영화 등 션이 최대한 많은 것을 경험하도록 했습니다. 필즈상 수상자인 세드릭 빌라니의 수상 장면을 직접 보고, 세계적인 수학자들에게 질문을 던져보며 션은 큰 자극을 받았습니다.

서로 다른 나라와 피부색을 가진 사람들이, 단지 수학이 좋아서 모여 강연을 듣고 질문하며 토론하는 모습은 제게도 신선한 충격이었습니다. 어렵고 지루하다고 여겨지는 수학이, 이들에겐 열정을 불태우는 대상이었습니다. 션도 언젠가 이들처럼 살아가면 좋겠다고 생각했습니다.

스스로 공부하는 수학

션은 초등학교 6학년 때 KMO(한국수학올림피아드)의 기본 개념을 익힌 후, 중학생이 되면서부터는 완전히 자율적으로 수학 공부를 이어갔습니다.

제주 국제학교 진학 후에는 교과 과정의 틀을 넘어서 자신이 좋아하는 수학 주제를 탐구했습니다. 또한 수학 선생님과의 토론을 통해 사고력을 키웠습니다. AMC, UKMT, AIME, SAT2, AP 등 다양한 수학 대회에도 꾸준히 도전하며 실력을 쌓아갔습니다. 스탠퍼드에 수학 전공으로 입학하게 되면서, 엄마표 수학으로 시작된 여정이 기대 이상의 결실을 맺었습니다.

"엄마표 수학은, 문제 풀이보다 아이가 수학의 재미와 가치를 스스로 발견하도록 돕는 과정이었습니다. 션은 이를 발판 삼아 끊임없이 새로운 영역에 도전했습니다."

(참고) UKMT (United Kingdom Mathematics Trust), AMC (American Math Competition), AIME (American Invitation Mathematics Exam), AP (Advanced Placement)

21

스스로 공부하는 법을 익히다

학창 시절, 제가 수학을 좋아했던 이유는 단순합니다. 암기가 필요 없고, 답을 찾아가는 과정이 명쾌했기 때문입니다. 제 수학 공부 방식은 개념을 익히고 문제를 푼 뒤, 모르는 부분을 찾아내 반복 학습하는 것이었습니다. 그래도 모르는 문제가 나오면 선생님에게 질문하기보다는 풀이를 보며 이해하려 노력했습니다. 틀린 문제는 며칠 후 다시 풀어보며 개념을 완전히 습득했습니다. 이 과정을 통해 수학 실력을 쌓을 수 있었고, 친구들의 질문에 답하며 다양한 문제를 접할 수 있었습니다.

고등학교 시절, 유명 학원에 다니는 친구들을 보며 저도 부모님께 학원에 보내달라고 한 적이 있었습니다. 강의실을 가득 메운 학생들 사이에서 수업을 듣는 경험이 새로웠지만, 일주일 만에 그만두었습니다. 문제를 직접 풀어야 내 것이 되는데, 강의를 듣는 동안에는 수동적으로 수업을 따라가기만 했기 때문에 학습 효과가 크지 않다고 판단했기 때문입니다.

수학: 직접 풀어야 내 것이 된다

수학 공부를 할 때 흔히 저지르는 실수는 선생님의 설명을 듣고 이해했다고 착각하는 것입니다. 따라서 시간이 지나 문제를 다시 풀어보면, 제대로 이해하지 못한 부분이 드러나곤 합니다.

특히 고등학교 수학 문제 중에는 특정 풀이 패턴을 따르는 문제가 많아, 수업 직후에는 쉽게 풀 수 있습니다. 하지만 시간이 지나면 풀이법이 기억나지 않아 막히는 일이 종종 생깁니다. 따라서 하루나 이틀 뒤에 같은 문제를 다시 풀어보며 반복 학습을 하는 것이 필요합니다.

혼자서 수학을 효과적으로 공부하려면, 새로운 개념을 읽고 기본 문제를 푼 뒤, 어려운 연습문제에 도전해 보는 것이 좋습니다. 이해가 어려운 경우에는 답지의 풀이를 참고하며 논리를 파악하려 노력해야 합니다. 이렇게 궁리한 후에도 해결되지 않는 부분만 선생님께 질문하는 습관을 들이면, 논리적 사고력과 문제 해결 능력을 크게 향상시킬 수 있습니다.

진정한 학습: 습(習)을 통한 내재화

'학습(學習)'의 '학(學)'은 비교적 쉽게 이루어질 수 있습니다. 좋은 선생님과 적절한 자료만 있다면 누구나 배울 수 있기 때문입니다. 하지만 진짜 어려운 것은 '습(習)'입니다. 배운 것을 자기 것으로 만드는 반복 연습과 훈련이 반드시 필요합니다. 틀린 문제를 일정 시간이 지난 후 다시 풀어보는 과정을 통해 자신이 어떤 부분을 이해하지 못했는지, 그리고 필요한 학습 방법이 무엇인지 점검할 수 있습니다.

엄마표 수학을 할 때 션에게 수학을 직접 가르쳐 준 적이 거의 없습니다. 션이 『수학의 정석』으로 공부했을 때도 스스로 개념을 익히고 문제를 풀도록 했습니다. 막히는 부분이 있으면 답지를 참고하게 했고, 그래도 이해가

안 되는 부분만 선생님에게 질문하라고 했습니다. 선생님에게 지나치게 의존하지 않고 스스로 해결하는 습관을 들이기 위해서입니다. 이런 방식은 수학 공부에만 국한하지 않고, 모든 과목에 걸쳐 자기주도 학습을 가능하게 했습니다. 배움과 반복을 통한 내재화는 장기적으로 사회생활에서 마주하게 될 다양한 문제 해결 능력의 기초가 되기도 합니다.

자기주도 학습의 씨앗을 뿌리다

이러한 학습 습관 덕분에 션은 중고등학생 시절 학원 없이도 스스로 공부하는 저력을 키울 수 있었습니다. 이 경험은 시험 성적을 올리는 데만 그치지 않았습니다. 션은 공부에서뿐 아니라 다양한 분야에서 자기주도적인 태도를 익혔고, 이를 바탕으로 자신만의 길을 개척해 나갔습니다.

"진정한 학습은 '학(學)'보다 '습(習)'에서 시작됩니다. 아이가 스스로 고민하고 문제를 해결하며 자신의 것으로 만드는 것이 엄마표 교육의 핵심입니다."

22

꼼꼼하게 따져서 배우게 하자

영어의 중요성은 제가 누구보다 잘 알고 있었습니다. 션에게 어릴 때부터 영어를 접하게 해준 이유는, 영어가 더 넓은 세상을 두려움 없이 이해하고 자유롭게 소통할 수 있게 도와주는 강력한 도구라고 믿었기 때문입니다. 그래서 학교 성적이나 취업이라는 실용적 목적보다, 션의 가능성을 열어줄 수 있는 창문이라는 점에 더 집중했습니다.

그러던 어느날, 주변을 둘러보니 다른 아이들은 영어 외에도 다양한 활동을 하고 있었습니다. 영어와 수학은 기본이고, 독서와 글쓰기, 피아노나 바이올린 같은 악기 연주, 미술, 운동 등을 접하고 있었습니다. 모든 활동을 따라 하다가는 '황새 따라가다 뱁새 가랑이 찢어진다'는 속담처럼 무리일 것 같았습니다. 그래서 저는 우선순위부터 정하기로 했습니다. '지금 하지 않으면 나중에 후회할 것이 무엇일까?'를 먼저 고민했습니다.

어릴 때 운동은 평생 친구

션이 초등학교 저학년이었을 때, 태권도장과 영어 학원 두 곳만 다녔습니다. 제가 어릴 때 워낙 운동을 못했기 때문에, 션이 운동만큼은 친숙해지길 바랐습니다. 션도 저처럼 앉아서 몰두하는 것을 좋아하는 아이였으나, 태권도는 순발력보다 반복 훈련을 통해 정확한 동작을 익히는 운동이라 잘 맞을 것이라고 생각했습니다.

이사를 와서 친구가 없던 션은 태권도장에서 동네 친구와 학교 친구를 사귀었고, 태권도장은 자연스럽게 사교의 장이 되었습니다. 꾸준히 태권도를 하며, 중학교 입학 즈음에는 4품을 취득했습니다. 7~8년이라는 긴 기간이 주는 꾸준함의 가치를 배울 수 있었습니다.

이후에도 수영, 스케이트, 축구, 배드민턴, 탁구 등 돌아가며 다양한 운동을 경험하게 했습니다. 이러한 경험은 션이 지금까지도 생활 속에서 운동을 즐길 수 있게 해주었습니다.

악기, 필요한 이유는?

악기는 어릴 때부터 배워야 한다는 이야기를 자주 들었습니다. 이유를 물었더니, "학교 수행평가에 유리해서.", "멋있으니까.", "지금 안 하면 나중엔 못 배워서."와 같은 대답들이 돌아왔습니다. 어떤 분은 음악이 정서적으로 좋은 영향을 준다며, 아들이 고등학생이 되어 공부하다가 스트레스를 풀 때 피아노를 친다고 하셨습니다. 모두 일리가 있는 말이었지만, 제게 와 닿는 답은 아니었습니다.

그래서 질문의 대상을 바꿔보기로 했습니다. 성인이 되어도 악기를 취미로 즐기는 분에게 직접 물어보았습니다. 그분은 악기 연주는 힐링이자 행복이라며, 바쁜 일상 속에서 연주를 통해 삶의 활력을 찾는다고 하셨습니다. 그리고 어릴 때 잠시라도 악기를 접해본 아이는 성인이 되어 배우고 싶을 때 두려움 없이 시작할 수 있다는 이야기도 해주었습니다.

악기를 고를 때는 재능뿐 아니라 아이의 성향까지 고려해야 한다는 말도 인상 깊었습니다. 예를 들어, 섬세하고 예민한 기질의 아이에게 바이올린은 그런 성향을 더 강화시킬 수 있다고 했습니다.

고민 끝에, 션은 미술에 더 재능과 흥미를 보였기에 악기는 기초만 경험하기로 했습니다. 피아노를 기본 악기로 배우고, 첼로나 클라리넷 같은 악기는 잠시 배우는 것으로 마무리했습니다. 션은 악기 연주보다는 음악 듣는 것을 더 즐겼습니다.

미술과 수학, 엄마의 고민

션은 어릴 때부터 미술에 재능을 보였습니다. 학원을 따로 다니지 않았음에도, 펜으로 습작을 하며 뛰어난 실력을 보였습니다. 그래서 가끔 션이 미술 전공을 선택했다면 어떤 길을 걸었을까 하는 생각을 했습니다.

초등학교에 입학한 후, 저를 가장 혼란스럽게 만든 것은 '수학'이었습니다. 선배맘들은 수학이 입시에서 결정적인 역할을 한다고 입을 모았습니다. 그런데 저는 유아기 동안 션에게 수학을 가르치지 않았습니다. 션이 나름대로 수학적 감각을 가지고 있다고 생각했기 때문에, 굳이 어린 나이에 서두르지 않았던 것입니다.

그러나 반복적으로 수학 공부의 필요성을 들으며, 도대체 왜 수학을 일찍 시작해야 하는지 궁금해졌습니다. 관련 책을 통해 교육과정과 입시의 흐름을 이해하고 나서야, 수학을 일찍 시작해야 깊이 있는 학습이 가능하다는 사실을 알게 되었습니다. 그때부터 엄마표 수학을 시작하며, 수학의 재미를 알 수 있도록 했습니다.

끊임없이 등장하는 엄마표 학습

션이 초등학교 저학년일 때는 짧게 배우는 활동에 긍정적으로 참여했습니다. 친구들과 어울리며 다양한 경험을 하게 해주고 싶었고, 션도 이를 즐겼습니다. 그러나 장기적으로 해야 할 활동에 대해서는 신중히 고민했습니다.

션이 흥미를 잃지 않도록 아이의 기질에 맞춘 효과적인 방법을 찾기 위해 노력했고, 저 자신이 충분히 납득한 뒤에야 션에게 "해볼래?"라고 물었습니다. 이렇게 시작된 활동은 대부분 엄마표로 진행되었고, 션이 흥미를 가지고 지속할 수 있었습니다.

"긴 호흡이 필요한 분야는 충분히 알아본 뒤, 아이의 기질에 맞춰 신중히 선택하세요. 재능과 흥미를 함께 키울 수 있습니다."

23

알고 있다는 착각에서 벗어나자

많은 사람들이 문서를 작성할 때 부담을 느껴 기존 자료를 짜깁기하거나 간단히 수정하는 방식으로 작업을 끝내곤 합니다. 이런 문서는 작성자조차 내용을 제대로 이해하지 못해 프레젠테이션 중 질문을 받으면 제대로 답하지 못하는 상황을 초래하기도 합니다.

저는 항상 '빈' 파워포인트 문서에서 작업을 시작합니다. 다른 자료의 좋은 문구나 이미지를 참고하더라도 복사하지 않고, 문서의 구성, 내용, 디자인을 처음부터 스스로 만들어갑니다. 이렇게 수고를 마다하지 않는 이유는 문서를 처음부터 끝까지 완전히 이해하고, 일관된 스토리라인을 구성하기 위해서입니다. 문서를 직접 작성하다 보면 단어 하나를 선택할 때도 읽는 이들의 관점에서 고민하게 됩니다. 이러한 과정은 문서의 완성도를 높여줍니다. 이는 단지 문서 작성뿐 아니라 공부나 독서에도 동일하게 적용됩니다.

독서: 읽었다는 착각에서 벗어나기

많은 사람들이 책을 읽으면서 내용을 곱씹거나 자신의 것으로 만드는 과정을 생략합니다. 책을 덮으며 "좋은 내용이네.", "어렵네.", "별로네."라고 간단히 펑하기만 하고 내용을 되짚어 보지 않는다면, 시간이 지난 후 기억에 남는 것은 '읽었다'는 만족감뿐입니다.

이 문제를 해결하려면 리뷰를 작성하는 습관을 들이는 것이 좋습니다. 책에서 얻은 교훈이나 인사이트를 단 한 줄이라도 정리하면, 알고 있다는 착각에서 벗어날 수 있습니다. 이 과정을 통해 책의 내용을 명확히 이해하지 못했음을 깨닫고, 자신의 생각을 정리할 기회를 얻게 됩니다.

좋은 구절을 따라 쓰는 것도 효과적입니다. 글의 의미를 곱씹으며, 희미했던 내용이 점차 자기 것으로 내재화되는 과정을 경험할 수 있습니다. 특히 자기계발서라면 책에서 배운 내용을 하나라도 실천해 보는 것이 중요합니다. 작은 행동으로 옮기기만 해도 독서의 효과는 배가 됩니다.

'아이를 돕지 않는 것'이 '최상의 돕는 방법'

다른 사례를 한 가지 들어보겠습니다. 동료 한 분이 고등학생 자녀의 공부 방법을 두고 아내와 논쟁한 적이 있습니다. 아이의 공부량이 많아지자, 아내는 옆집 엄마와 과목을 나눠 인강을 듣고, 요약한 내용을 아이에게 가르쳐 주고 있었습니다. 아내는 아이의 공부 시간을 효율적으로 사용하려는 의도였지만, 남편은 아이 스스로 해야 할 공부를 엄마가 대신해주는 잘못된 방식이라고 지적했습니다.

모든 과목을 엄마가 공부할 게 아니라면, 이런 방식은 끝까지 유지하기 어렵습니다. 아이가 배워야 할 건 '지식' 그 자체가 아니라 '지식을 습득해 나가는 과정'입니다. 요약된 정보만 주는 방식은 아이가 대학과 사회에서 마주할 학습량과 업무량을 스스로 처리하지 못하게 만듭니다.

공부량이 많아질 때 처음에는 당황할 수 있지만, 아이는 스스로 해결하는 과정을 통해 자기 통제능력과 예측 능력을 키웁니다. 이 과정에서 자신의 강점과 약점을 파악하며, 이에 맞는 학습 계획을 세우는 힘을 기르게 됩니다.

요약할 줄 아는 힘

오늘날 우리는 넘쳐나는 정보 속에 살고 있습니다. 유튜브나 챗GPT에서 제공하는 요약 정보는 빠르게 이해할 수 있으나 금세 잊히는 단점이 있습니다. 학습에서 중요한 것은 '스스로 요약할 줄 아는 힘'입니다.

정보를 분석하고 이해하는 경험이 축적될 때 비로소 자신만의 요약 능력이 생깁니다. 익숙해지는 데는 시간이 걸리지만, 이 과정은 새로운 도전을 감당할 수 있는 기초 체력을 길러줍니다. 그 결과, 점차 빠르게 배우고 적응하는 자신감을 얻게 됩니다. 스스로 학습하는 법을 익히는 것은 평생을 좌우할 자기주도 능력을 심어주는 일입니다. 이러한 과정을 통해 아이는 혼자 설 수 있는 준비를 갖추게 됩니다.

"아이에게 줄 수 있는 가장 큰 선물은 스스로 배우고 요약하며 문제를 해결하는 능력을 키워주는 것입니다. 이것이 평생을 좌우할 자기주도 학습의 시작이 됩니다."

24

게임도 같이하는 이상한 엄마

제가 '이상적인 엄마'인지 '이상한 엄마'인지 헷갈릴 때가 있습니다. 션이 좋아하는 것이 생기면 저도 함께 관심을 가지면서 여러 체험을 함께했으니 '이상적인 엄마'처럼 보이기도 합니다. 하지만 흔히 엄마들이 기피하는 것조차 즐기는 제 모습을 보면, '이상한 엄마' 같다는 생각이 들기도 합니다.

함께 빠져든 게임과 레고

션이 초등학교 3학년 무렵, 주말 숙제를 마치고 일정 시간만 게임을 하는 규칙을 정했습니다. 이때 션이 흥미를 가진 게임은 '드래곤빌리지'였습니다. 평소 게임에 큰 관심이 없던 션이 재미있어하자 저도 궁금해서 함께 해봤습니다. 다행히 아이의 정서에 해롭지 않은 게임이었기에 허용했습니다. 션은 주중에는 게임을 하지 못하니, 제가 대신 게임을 해서 레벨을 올려주길 바랐습니다. 저는 흔쾌히 션의 부탁을 들어주며 게임을 시작했습니다.

게임에 대한 정보를 얻기 위해 드래곤빌리지 네이버카페에 가입했습니다. 그러다가 게임 홈페이지에서 게임 캐릭터와 배경 이미지를 캡처해 파워포인트로 '드래곤빌리지 백과사전'을 만들어 주었습니다. 션은 물론 친구들까지 큰 호응을 보였고, 게임 관련 커뮤니티에 올리자 반응이 뜨거웠습니다. 심지어 캐릭터 공모전에 그림을 출품하거나, 복잡한 드래곤 종이접기를 만들어주기도 했습니다. 그러던 어느 날, 게임 회사에서 공식 캐릭터 백과사전을 출간하면서, 엄마표 게임 백과사전은 자연스럽게 업그레이드를 멈추게 되었습니다.

드래곤빌리지에 대한 관심이 저물 무렵, 션은 '레고 스타워즈' 시리즈를 좋아했습니다. 이번에도 스타워즈 레고 시리즈를 모으기 위해, 온라인 레고 카페를 가입했습니다. 레고 스타워즈 시리즈는 박스 하나에 등장인물의 피규어가 1~3개씩 들어 있었습니다. 희귀 피규어를 찾아 다니며 션과 함께 '레고 사냥'을 다녔고, 어느 순간 저 자신이 피규어 모으는 재미에 빠져들기도 했습니다. 지금은 레고를 정리했지만, 그때 모았던 피규어들은 여전히 저희 가족의 소중한 추억이 되어 커다란 레고 선박 안에 빼곡히 자리를 지키고 있습니다.

핵심은 아이와 공감하기

이런 일이 반복되다 보니, '이상한 엄마' 같기도 하고, '이상적인 엄마' 같기도 하다고 말한 것입니다. 아이가 좋아하는 것이 생길 때, 학업에 방해된다는 이유로 말리지 않고 함께했던 경험은 션과의 소통에 큰 도움이 되었습니다. 션은 게임과 '스타워즈'를 좋아한 것처럼 자라면서 순차적으로 양자역학, 수학공식, 통계 모델링, 코딩에 빠져들었습니다. 그때마다 션은 저에게 설명을 해 주었습니다. 대학생이 된 지금도 관심 있는 것이 생기면 전화로 한 시간 이상 신이 나서 이야기해 줍니다. 이제는 대부분 이해하기 어려운 내용이지만, 그냥 듣고만 있어도 션은 좋아합니다.

엄마들과 만나면, 아이와 대화가 점점 줄어들다가 사춘기에는 방문을 닫고 들어가 아예 말을 하지 않는다며 하소연합니다. 그 후 조금 나아져도 대화는 일상적인 수준에서 그친다며 한숨을 쉽니다. 그럴 때마다 묻습니다.

"아이가 뭐 좋아해요?"

놀랍게도 대답을 들은 적이 드뭅니다. 한 번쯤은 아이의 관심사에 적극적인 관심을 가지는 태도가 필요합니다. 아이가 좋아하는 것을 함께 즐기며 공감하는 노력이 아이와의 관계를 깊게 만들어 줍니다.

게임 이야기 후담

'게임'은 부모들에게 가장 큰 걱정거리 중 하나입니다. 초등학생 때는 부모의 통제가 가능하지만, 중고등학생이 되면 상황이 달라집니다. 션은 드래곤빌리지를 잠깐 즐긴 시기를 제외하면 게임에 큰 흥미를 보이지 않았습니다. 그 이유는 게임을 무조건 통제하려 하지 않았고, 적정한 수준으로 즐길 수 있도록 했기 때문입니다. 무엇보다 늘 션의 관심사에 함께 집중해 주었습니다. 게임에서의 경험을 션의 관심사를 확장하는 재료로 활용했기에, 션은 게임 자체에 오래 머물 이유가 없었습니다. 무엇보다 함께 있을 때 더 재미있는 것들이 많아 게임의 유혹에 빠질 기회 자체가 없었다고 봅니다.

하지만 중학생 때 제주 국제학교로 진학하면서 상황이 달라졌습니다. 기숙사 생활을 하며 자신의 노트북을 사용하게 되자 자연스럽게 게임을 접했습니다. 몇 개월 후, 션은 게임을 완전히 손에서 놓았습니다. 친구들의 게임 실력이 너무 뛰어나 따라잡을 수 없다는 것을 깨닫고 흥미를 잃었기 때문입니다. 아이들은 잘해야 흥미를 가지고 지속할 동기가 생기게 됩니다.

고등학생이 되면서 바쁜 일상 속에서 자연스레 게임과 멀어졌고, 대학생이 된 후에도 게임보다는 수학과 뇌공학 같은 분야에 빠져들었습니다. 션은 게임 대신, "수학이 아름다워", "뇌공학이 아름다워."라는 말을 자주 합니다.

"게임은 무조건 막을 것이 아니라 약속으로 다뤄야 합니다. 아이와 공감하고, 게임을 넘어설 수 있는 새로운 흥미를 키워주세요."

25

도전을 즐기는 아이 만드는 법

사람마다 성향은 다양합니다. 어떤 사람은 행동력이 빠르고, 또 어떤 사람은 신중하게 고민하며 결정을 내립니다. 저는 행동파에 가까운 성격입니다. 해야겠다고 생각하거나, 판단이 서지 않을 때에도 '일단 시작하자'는 마음으로 움직입니다. 시작하기 전에 너무 많은 고민을 하면 시간만 낭비되기 쉽습니다. 오히려 시작한 뒤, '어떻게 하면 더 잘할까'에 집중하는 편이 결과가 더 좋았습니다. 하지만 주변에는 의사결정을 앞두고 과도하게 고민만 하다 시간을 흘려보내는 경우도 많습니다. 아이들 역시 마찬가지입니다.

도전을 가로막는 마음의 장벽

아이들이 새로운 일에 도전하지 못하는 이유는 대부분 마음속 두려움에서 비롯됩니다. "잘하지 못하면 어쩌지?", "결과가 나쁘면 실망스러울 거야." 같은 생각이 발목을 잡는 것입니다. 또래 친구들이 이미 잘하는 모습을 보며 스스로 비교하고, 어차피 노력해도 따라잡을 수 없다며 시작을 하기 전에 포기하기도 합니다.

이럴 때 부모의 역할이 중요합니다. 아이가 도전할 용기를 낼 수 있도록 끊임없이 격려하고, 작은 성공을 통해 자신감을 키워줘야 합니다. 많은 부모가 "우리 아이는 뭐든지 안 하려고 해요."라고 말합니다. 그러나 먼저 '왜 안 하려고 할까?'를 관찰해야 합니다. 동시에 부모 스스로에게도 질문해야 합니다. "내가 아이 입장이라면 과연 하고 싶을까?"

도전의 즐거움 어떻게 만들어질까?

션은 초등학교 저학년 시절부터 대회와 시험에 꾸준히 도전해 왔습니다. 처음에는 션이 해낼 수 있을 만한 대회를 골라 준비 과정을 도왔습니다. 아이들은 자신이 잘한다고 느낄 때 재미를 느끼기 때문에, 준비 과정에서의 작은 성공 경험이 중요했습니다. 바로 이 '준비 과정'이 실력 향상에 큰 기여를 했습니다.

헨리 뢰디거의 『어떻게 공부할 것인가』에서는 어렵게 배울수록 학습효과가 높고, 이를 극대화하는 방법으로 시험이나 대회를 추천합니다. 션도 이런 과정을 통해 도전의 즐거움을 배웠습니다.

션은 도전을 좋아했지만, 때때로 지나치게 많은 일에 손을 대기도 했습니다. 누군가 "이거 해볼래?"라고 물으면 바로 "응!"이라고 대답했고, "같이 하자."는 제안에 무조건 "좋아."라고 했습니다. 처음에는 그저 두었지만, 시간이 지나며 너무 많은 일을 벌여 일정을 소화하기 힘들어하는 모습을 보기도 했습니다.

션이 도전을 좋아하게 된 데는 다음과 같은 세 가지 요인이 있었습니다.

1. 어린 시절 가벼운 대회에서 작은 성취를 맛본 경험

2. 욕심나는 대회의 경우, 준비 과정을 통해 성장을 배운 경험

3. 결과에 대한 부모의 관대함

처음에는 실패와 좌절이 있었지만, 션은 대회 준비 과정 속에서 실력을 키웠고, 성공의 기쁨을 맛보았습니다. 이러한 경험들이 쌓이면서 션은 대회를 게임처럼 즐기게 되었습니다. 실패를 두려워하지 않고, 결과에 상관없이 과정을 즐길 줄 아는 태도를 키운 것입니다.

흔히들 '재능'이 있어야 도전할 수 있다고 말합니다. 하지만 오랜 세월 지켜온 바로는 그렇지 않습니다. 가장 좋은 건, 하루라도 '일찍' 시작하는 것입니다. 일찍 시작하면 세월이 주는 힘으로 우위를 선점하는 경우가 많습니다. 그렇다고 나중에 시작하는 아이들에게 기회가 없는 것은 아닙니다. 이 경우에는 '꾸준함'이야말로 가장 큰 힘이 됩니다.

꾸준함의 사례: 디베이트, 통계, 그리고 국제 모델링 대회

션의 꾸준함은 디베이트, 통계 대회, 국제 모델링 대회에서 찾아볼 수 있습니다. 도전의 첫걸음을 내딛을 때마다 시행착오를 겪었지만, 꾸준히 노력하여 마침내 놀라운 성과를 이루어냈습니다.

션은 초등학교 4학년 무렵에 디베이트를 경험한 적이 있습니다. 이후 KMO 준비 때문에 디베이트를 중단했다가 중학생 때부터 다시 도전하며 본격적인 성장을 시작했습니다. 첫 대회에서는 본선에서 아쉽게 떨어졌지만, 그 후 모든 국내 디베이트 대회에서 우승을 거머쥐었고, 국제 대회에서

도 뛰어난 성과를 거두었습니다.

션은 대회를 준비하는 동안, 전 세계 디베이트 동영상을 반복해 보며 자신만의 스타일을 만들어갔습니다. 좋아하는 디베이터의 발언을 모두 외울 정도로 열정적이었습니다. 여행 중에도, 심지어 샤워 중에도 디베이트 영상을 들으며 준비를 멈추지 않았습니다.

통계 대회에서는 처음 몇 번은 지역 예선에서 떨어졌지만, 꾸준히 도전하며 은상, 금상, 대상을 받기에 이르렀습니다. 마침내 국제 통계 대회에서 2위를 차지하며 꾸준함의 저력을 보여주었습니다.

대회를 거듭할수록 션은 주제 선정부터 발표 준비까지 한층 깊이 고민하며 실력을 쌓아 갔습니다. 대회 측에서도 "한번 상을 타면 다시 도전 안 하는데 기특한 학생이에요."라고 말할 정도였습니다. 처음 시작했을 때 자꾸 떨어져서 나는 안 된다며 더 이상 도전하지 않았다면, 이후 영광은 맛보지 못했을 것입니다.

수학 소논문 대회인 국제 수학 모델링 대회(IMMC)의 첫 도전은 엉망이었습니다. 팀의 의견은 모이지 않았고 제출 날짜를 넘겨 너덜너덜한 상태로 끝났습니다. 하지만 다음 해, 션은 팀을 새롭게 꾸려 치열하게 준비 끝에, 2년 연속 한국대표로 선발되었고 국제 대회에서 3위를 차지했습니다.

부모의 역할: 결과보다 과정을 응원하기

션이 수학, 영어시험 등 수많은 대회에 도전하는 동안, 제가 지킨 원칙은 '결과에 대해 전혀 아무 말을 하지 않는다'는 것이었습니다. 결과가 좋지 않아도 "괜찮아, 과정에서 배운 게 있다면 된 거야."라며 격려했습니다. 이 원칙 덕분에 션은 결과보다 과정을 통해 배움의 가치를 중시하게 되었고, 새로운 도전을 두려워하지 않고 자신감을 키울 수 있었습니다.

도전을 통해 얻는 부수적인 이점은 다음과 같습니다.

1. 객관적인 관점 확보

대회에서 만난 뛰어난 참가자들을 보며 자신의 실력을 객관적으로 돌아보게 됩니다. 이를 통해 자신의 장점과 약점을 명확하게 이해하게 됩니다.

2. 실력 급부상

대회 준비 과정에서 단기간 집중적으로 실력을 끌어올릴 기회를 얻습니다.

3. 새로운 커뮤니티 형성

대회에서 만난 친구들과의 네트워크를 통해 더 많은 도전을 계획하게 됩니다. 서로의 경험과 정보를 공유할 수 있습니다.

4. 꿈과 적성 발견

어려운 과제를 해결하는 과정에서 자신의 적성과 미래의 꿈을 고민할 기회를 가집니다.

션은 초등학생 때부터 다양한 대회와 시험을 통해 성취감과 실패를 동시에 경험하며, 꾸준함의 힘을 체험했습니다. 이런 경험은 션이 대학에서도 낯선 도전에 두려워하지 않고, 즐길 줄 아는 사람으로 성장하는 밑거름이 되었습니다.

"도전은 아이에게 자신감을 심어주는 최고의 선물입니다. 과정을 통해 배우고 성장하는 즐거움을 깨달을 때, 아이는 자신의 한계를 넘어 더 큰 세상으로 나아갑니다."

26

작은 성공의 함정, 우월감

아이들이 자신감을 키우는 방법으로 작은 도전을 통해 성취감을 맛보게 하는 것은 매우 효과적입니다. 예를 들어, 이번 달 동화책 10권 읽기, 일주일에 일기 세 편 쓰기, 매일 줄넘기하기 같은 과제들이 그렇습니다. 이런 작은 성취를 통해 아이들은 '할 수 있다'는 자신감을 점차 쌓아갑니다.

또래보다 앞서가는 모습을 보이며 대회나 시험에서 두각을 드러내는 아이들도 있습니다. 초등학교 시절에는 성취의 격차가 도드라져 보이기도 하고, 영재원 입학이나 대회 수상을 통해 부모들 사이에서 '잘하는 아이'로 인정받는 경우도 많습니다. 이러한 성공이 중고등학교까지 이어지면 명문대 진학 가능성도 높아지곤 합니다.

그러나 성공의 연속이 항상 자신감만을 키우는 것은 아닙니다. 때로는 아이뿐만 아니라 부모까지도 우월감에 빠지게 할 수 있습니다. '내 아이는 다르다'는 생각이 슬그머니 자리 잡는 순간, 겸손은 멀어지고 자신과 아이를 객관적으로 바라보지 못하게 됩니다.

저 역시 션을 키우며 주변의 부러움을 받는 부모 중 하나였습니다. 하지만 저와 션을 냉정하게 바라볼 수 있었던 계기는 '성공이 아니라 실패'였습니다.

첫 실패, 값진 경험으로 남다

션이 처음으로 실패를 경험한 것은 서울교대 영재원 첫 도전에서 불합격했을 때였습니다. 이전까지 션은 어디서든 합격과 상을 경험해 왔기에, 저와 주변 모두 결과를 낙관했습니다. "션이 합격하지 못하면 누가 합격하겠어?"라는 말까지 들었으니, 합격을 당연하게 여겼습니다.

그러나 결과는 불합격이었고, 어깨에 힘이 한껏 들어가 있었던 초보 엄마인 저에게 큰 충격이었습니다. 정작 션은 담담했지만, 저는 며칠간 그 여파에서 벗어나지 못했습니다. 이 일을 통해 비로소 제가 상당히 자만했음을 깨달았습니다. 더불어 불합격에 대한 주변의 시선을 크게 의식했다는 사실도 알게 되었습니다.

돌이켜보면, 당시 영재원 불합격은 정말 사소한 일이었습니다. 그러나 그때는 엄청난 일처럼 느껴졌습니다. 이를 계기로 제 욕심과 타인의 시선을 다시 돌아보게 만들었습니다. 그때부터 자만심, 타인의 시선을 덜어내는 훈련을 시작했습니다. 또한 결과보다는 과정을 중요하게 여기는 마음가짐을 가지고자 노력했습니다.

션은 다음 해 교대 영재원에 재도전했고, 이번에는 합격했습니다. 그런데 흥미로운 점은 저의 태도 변화였습니다. 첫 도전 때는 결과 발표일을 손꼽아 기다렸지만, 두 번째 도전에서는 발표일조차 잊고 있었습니다. 발표 소식을 접했을 때도 "이번에는 운이 좋았네."라며 담담히 넘겼습니다. 마침내 결과보다 과정에 더 큰 의미를 둘 수 있게 된 것입니다.

과정의 즐거움을 배우다

교대 영재원의 실패 이후 션은 더 큰 도전에 나섰고, 실패와 성공을 반복하며 과정을 진심으로 즐겼습니다. 저도 그 즐거움에 기꺼이 동참하며, 도전 자체를 응원하는 데 초점을 맞추었습니다. 션이 좋은 결과를 기대할 때마다 "결과가 좋지 않아도 괜찮아, 다음에 또 도전하면 돼."라고 계속 말해주었습니다.

션은 고등학생이 되어서도 바쁜 일정 속에서 도전을 멈추지 않았습니다. 최종적으로 션의 드림스쿨인 스탠퍼드에 합격했지만, 제게 가장 기억에 남는 도전은 여전히 '교대 영재원 첫 불합격' 경험입니다. 그 실패가 없었다면, 저는 여전히 '겉으로 겸손한 척하는 우월주의'에 빠져 있었을지도 모릅니다.

실패가 주는 진정한 선물

나이가 들수록 우리는 실패를 피하고 안정적인 길을 추구합니다. 그래서 저는 아이가 어릴수록 실패 경험을 더 많이 해보는 것이 중요하다고 생각합니다. 성공 경험은 지금 당장 목표로 향하는 지름길이 될 수 있지만, 실패 경험은 자신을 돌아보고 내면을 단단히 다지는 기회를 제공합니다. 실패는 돌아가는 것처럼 보여도, 장기적으로 보면 더 큰 성장을 위한 체력을 키워줍니다.

실패의 원인이 나 자신이 아닌 환경에 있을 수도 있다는 것, 성공이 내 능력만이 아니라 운에 기인할 수도 있다는 것도 일찍 깨달을수록 좋습니다. 이런 깨달음이야말로 진정한 자존감을 키우는 밑거름이 됩니다.

물론 준비 없는 도전으로 실패를 반복하는 것은 의미가 없습니다. 그러나 목표를 향해 최선을 다했음에도 실패한 경험은 더 큰 배움과 성장을 가져옵니다. '작은 성공'과 '큰 실패'를 통해 겸손을 배우고, 과정의 가치를 깨닫는 아이로 커가는 것이야말로 부모가 줄 수 있는 가장 값진 선물입니다.

"작은 성공은 자신감을 키워주고, 실패는 겸손과 내면의 강인함을 가르쳐줍니다."

27

학원 대신 제주로 보낸 사연

션이 중학생이 되기 전 어느 날이었습니다. 션의 초등학교를 마무리하며 앞으로 어떤 학업 방향을 잡아야 할지 고민하기 시작했습니다. 마침 학원가에서 예비 중학생 학부모를 대상으로 한 설명회가 열렸고, 엄마들 사이에서 인기가 높다는 영어 학원의 설명회에 참석해 보았습니다.

설명회에서 들은 내용을 요약하면 다음과 같았습니다. "대학에 가기 위해서는 선택과 집중이 필요합니다. 영어 회화는 입시에 도움이 되지 않으니 더 이상 할 필요가 없으며, 대학에 가서 배워도 충분합니다." 대신 독해와 문법 중심으로 학습해야 한다며 제시한 예시 문제는 "다음 문장 중 틀린 부분은 몇 군데일까요?" 같은 문제였습니다. 이 문제들은 얼마나 아는지를 평가하기보다, 누가 실수를 하지 않느냐에 초점이 맞춰져 있었습니다.

설명회를 마치고 돌아오는 길에 마음이 답답했습니다. 영어 교육이 제가 학창 시절 경험했던 방식과 하나도 달라지지 않았다는 사실이 실망스러웠습니다. 십수 년을 영어를 배워도 영어로 말 한마디 제대로 하지 못했던 과거가 떠올랐습니다. 사회에서 진짜 필요한 능력이 입시에서는 철저히 배제된 채, 여전히 같은 방식으로 아이들을 옭아매고 있는 현실이 마음을 무겁게 했습니다.

그날 밤, 머릿속에 떠오른 질문은 단순했습니다. "잘하는 것을 더 잘하게 하고, 좋아하는 것을 더 좋아하게 만들어줄 수 있는 환경에서 션이 공부할 수 있다면 얼마나 좋을까?" 그동안 읽어왔던 이상적인 육아서와 교육 책들의 영향일지도 모르겠습니다. 앞으로 6년 동안 국내 대학 입시에 맞춘 교육을 제대로 지원할 자신이 없어졌습니다.

현실적 고민 앞에서, 부모로서의 선택

션은 호기심이 많고 탐구를 즐기며 창의력이 풍부한 아이입니다. 좋아하는 주제에 깊이 몰두하는 성향이 강했지만, 단순 암기나 반복 학습은 싫어했습니다. 저는 이런 션의 기질이 국내 입시 중심 교육에서는 단점으로 작용할 가능성이 높다고 느꼈습니다. 실수를 줄이고 정답을 맞히는 데 초점이 맞춰진 국내 평가 방식에서는 션의 장점이 빛을 발하지 못할 것 같았습니다.

더구나, 초등학교 저학년 시절 책과 체험, 여행으로 행복했던 시간들이 고학년이 되며 영재원과 학원 중심의 경쟁으로 바뀌자, 저도 점점 지쳐갔습니다. 정작 션은 친구들과의 학습을 즐겼지만, 저는 겉으로 웃으면서도 속으로는 계속 "이건 아닌데…."라는 생각을 반복했습니다. 전업맘들의 정성스러운 지원을 보며 상대적 박탈감을 느낀 적도 많았습니다. 워킹맘으로 최선을 다하고 있다 믿었지만, 션이 혼자 견뎌야 했을 외로움과 부족함을 떠올리면 마음이 무거워졌습니다.

제주로 방향을 전환하다

그날 밤, 션파와 진지한 대화를 나눴습니다. 션파는 이전에 한 번 제안했던 제주 국제학교를 다시 고려해 보자고 했습니다. 당시에는 영재고나 자사고를 목표로 삼고 있어 크게 귀 기울이지 않았지만, 그날은 달랐습니다. 입시 중심 국내 교육과정에서 벗어나, 션이 창의력과 독창성을 발휘할 수 있는 환경을 주는 것도 괜찮겠다는 생각이 들었습니다.

물론 고민도 많았습니다. 만만치 않은 학비도 문제였고, 국내 대학을 목표로 한다면 국제학교 진학이 과연 옳은 선택일까 하는 망설임도 있었습니다. 하지만 션의 기질을 고려했을 때, 국내 입시보다 해외 대학을 목표로 시야를 넓히는 것이 더 적합하다는 결론에 이르렀습니다. 국내 대학은 제한된 선택지 속에서 학교의 기준에 아이가 맞춰야 하는 구조라면, 해외 대학은 다양한 옵션 속에서 션의 기질과 강점에 맞는 학교를 선택할 수 있을 것 같았습니다.

고등학교 때 무리 없이 국제 커리큘럼을 따라가려면, 중학교 때부터 미리 적응하며 시행착오를 겪는 것이 낫겠다고 판단했습니다. 결국 션파와 저는 션을 중학교 입학과 동시에 제주 국제학교로 보내기로 결심했습니다.

고민의 흔적과 결단의 이유

우리 부부가 이렇게 중대한 결정을 빠르게 내릴 수 있었던 이유는, 명문대에 대한 욕심은 없었고, 오로지 '션이 좋아하는 것을 하며 살았으면 좋겠다'는 생각이 일치했기 때문입니다.

이 결정은 즉흥적으로 보일지 모르지만, 사실 몇 년간 이어진 제 내적 질문의 결과였습니다. '이게 과연 최선인가? 다른 길은 없는가?'라는 물음은 항상 제 마음속에 자리 잡고 있었습니다. 이 길이 아니라고 해서 저 길이 정답일 리 없습니다. 하지만 우리 가족의 기질을 고려했을 때, 경쟁과 압박이 심한 길을 걷게 되는 것은 불편한 일이 더 많을 것이 분명했습니다.

학원 설명회는 단지 방아쇠 역할을 했을 뿐입니다. 물이 가득 찬 컵에 마지막 한 방울이 더해져 넘친 것처럼, 어느 날 난데없이 IBM을 박차고 나온 것처럼, 션을 제주로 보내기로 한 결정도 그렇게 내려졌습니다.

만약 제주 국제학교를 선택하지 하지 않았다면

해외 유학이나 제주 국제학교에 보내고 싶어도 쉽게 결정하지 못하는 가장 큰 이유는 경제적인 부담일 것입니다. 저희 역시 비싼 교육비가 가장 먼저 떠올랐습니다. 하지만 만약 제주 국제학교를 선택하지 않았더라도 다른 대안을 찾으려 노력했을 것입니다.

중요한 것은 아이에게 잘 맞는 환경에 짧게라도 노출시켜 보는 경험입니다. 그래서 그동안 저렴한 비용으로 해외에서 공부할 수 있는 교환학생 프로그램이나 국가에서 지원하는 해외 견학 프로그램도 조사해 왔습니다.

션이 스탠퍼드에 다니며 한국 교육청 지원으로 실리콘밸리 견학 프로그램에 참여한 중고등학생들을 만난 적이 있습니다. 학생들의 견학 기간은 2주도 채 되지 않았지만, 이 학생들의 눈빛이 달라졌다고 말해 주었습니다. 방학 동안 교환학생으로 온 국내 대학생들 역시 세상을 바라보는 시야가 넓어졌다고 이야기하며 돌아갔다고 합니다.

비싼 돈을 들이지 않더라도, 아이들에게 넓은 세상을 보여줄 기회는 분명히 있습니다.

"아이에게 더 나은 길을 찾아주는 것은 부모의 가장 큰 고민입니다. 정답은 부모의 마음속에 있습니다."

28

새로운 시작, 제주 국제학교

션을 제주 국제학교에 보내기로 결심한 후, 구체적인 계획을 세우기 시작했습니다. 당시 제주에는 영국의 NLCS Jeju(노스런던컬리지에잇스쿨), 제주시가 설립한 KIS(한국국제학교), 캐나다의 브랭섬홀 아시아, 이렇게 세 개의 국제학교가 있었습니다. 브랭섬홀 아시아는 여학교였기에(현재는 남녀공학으로 변경), 션은 NLCS와 KIS 중 하나를 선택해야 했습니다.

션의 기질과 영국식 커리큘럼의 강점을 고려해 NLCS를 선택했지만, 이미 여름에 정시입학 선발은 끝난 상황이었고, 12월에 수시 시험만 남아 있었습니다. 정시는 서울에서 시험을 볼 수 있었으나, 수시는 제주에서만 가능했습니다. 어떤 시험을 보는지, 시험 수준은 어떤지 제대로 알아볼 새도 없이 우리는 급히 제주행 비행기에 올랐습니다.

예상치 못한 빠른 진행

션은 여러 대회와 시험에서 이미 실력을 인정받은 터라 입학에는 큰 문제가 없으리라 생각했습니다. 그러나 전형 과정은 예상을 뛰어넘는 속도로 진행되었습니다. 며칠 사이에 입학 테스트, 학교 투어, 학교 설명회를 모두 참여했습니다. 모든 일이 두서없이 진행되었지만, 션파와 제가 번갈아 가며 하나씩 해결해 나갔습니다.

입학 테스트에 합격하자마자 학교 측으로부터 예치금 납부 안내를 받았습니다. 주어진 기한은 단 이틀. 결정을 서둘러야 한다는 압박감이 커서 두통과 몸살까지 찾아왔습니다. 충분히 고민할 시간이 있었다면 더 여유롭게 결정했을 텐데, 등 떠밀리듯 모든 일을 처리해야 했습니다.

당시에는 국제학교에 대한 정보가 지금처럼 많지 않았고, 물어볼 곳도 없었습니다. 결국 불안한 마음을 안고 션의 NLCS 입학을 최종 결정했습니다. 션 역시 어리둥절했지만, 이내 받아들였습니다. 정보 부족 속에서 내린 결정은 무모해 보였지만, 동시에 용감했습니다.

주변의 반응

션의 제주행이 알려지자 반응은 극명하게 나뉘었습니다. 직장 동료들은 "션에게 좋은 기회가 될 것 같다."라며 응원했지만, 엄마들 사이에서는 묘한 분위기가 감돌았습니다. "왜?"라는 의문이 깔려 있었고, 어떤 션의 친구는 션이 사고를 쳤냐는 농담까지 했습니다. 그만큼 당시 션의 행보는 당시 기준으로 파격적으로 보였던 것입니다.

한 엄마와 대화 중, 농담 삼아 "제주로 유배 보내는 것도 아닌데 반응이 왜 이럴까요?"라고 했더니, 그분은 "한국에서는 학연과 지연이 중요하잖아요. 무조건 서울대죠."라고 답했습니다. 이 말에 수긍하려는 순간 저는 멈칫했습니다. 그동안 사회생활을 하며 '직장인'으로는 학연과 지연의 중요성을 크게 느끼지 못했는데, '엄마'로서는 이 말을 당연하게 받아들이려 해서였습니다.

션의 제주행에 대해 엄마들보다는 이제 막 유학 경험이 있는 신입사원이 나을 것 같아서 함께 티타임을 가졌습니다. 외고를 거쳐 1년 동안 추가로 준비해서 미국에 있는 대학으로 진학한 후, 다시 귀국해 취업을 한 케이스였습니다. 국내 교육을 받았으나 이렇게 해외로 방향을 틀게 된 경우 어떤 장단점이 있는지에 대해 자신과 친구들의 경험과 생각을 함께 말해 달라고 부탁했습니다.

신입사원은 비교적 이른 나이에 무엇이든 스스로 해야 하니, 자기결정권이 일찍 생긴다고 답했습니다. 또한 자신의 무대를 한국에만 한정하지 않는 만큼, 기회가 무궁무진하다고 덧붙였습니다. 경험을 더 쌓은 뒤 다시 해외로 나가 일할 계획이라는 포부도 밝혔습니다. 결론적으로, 자신이 해외 대학을 선택한 것이 잘한 결정이었다고 말해주었습니다. 이 말을 듣고 나니 션이 새로운 교육환경에서는 '평가를 위한 공부'가 아니라 '써먹을 수 있는 공부'를 할 수 있을 것이라는 기대감이 생겼습니다.

드디어 제주

NLCS 입학은 8월로 예정되어 있었고, 션에게는 반년이라는 시간이 남아 있었습니다. 저는 션에게 이 시간을 충분히 즐기라고 했습니다. 션은 배드민턴, 수영, 디베이트, 독서를 하며 여유로운 시간을 보냈고, 가족 여행과 체험 활동도 이어갔습니다.

저는 션이 떠났을 때의 공허감을 방지하기 위해 새벽 영어 학원에 등록하며 바쁜 일정을 만들었습니다. 예상과 달리, 션이 제주로 간 후 저는 씩씩하게 일상을 꾸려갔습니다. 예전에는 야근을 하면 집에 있을 션을 걱정했지만, 이제는 안전한 기숙사에서 생활하는 션을 생각하며 부담 없이 일을 할 수 있었습니다.

션과는 매일 5분 이상 통화하기로 약속했습니다. 션이 가끔 잊기도 했지만, 점차 습관이 되었고, 하고 싶은 이야기가 많을 때는 1시간 넘게 통화하기도 했습니다. 어릴 때부터 대화가 많았기에, 떨어져 있어도 거리감이 느껴지지 않았습니다.

그렇게 션의 제주 생활이 시작되었고, 우리 가족은 또 한 번 변화를 맞이했습니다.

"변화를 두려워하지 마세요. 아이를 위한 새로운 시작은, 때로 부모와 아이 모두를 성장하게 만듭니다."

29

엄마도 도전한다 : 회사 설립

IBM을 떠나 프리랜서로 활동하면서, 저는 글로벌 회사의 타이틀 없이도 제 역량을 발휘할 수 있을지 스스로 시험해 보고 싶었습니다. 몇 개의 프로젝트를 수행하며, 어떤 소속이든 상관없이 제가 만족할 만한 수준으로 일할 수 있다는 자신감을 얻었습니다. 이미 검증된 경험과 실력을 바탕으로, 사람들이 어려워하는 커뮤니케이션과 프레젠테이션에서도 강점을 발휘하며 컨설턴트로서의 입지를 다질 수 있었습니다.

션이 초등학교 고학년이 되자, 저도 업무적으로 새로운 도전에 나설 여유가 생겼습니다. 그전까지는 프리랜서로 제한된 계약 속에서 일했지만, 이제는 더 큰 무대에서 제 가치를 펼치고 싶었습니다. 그러던 중 마음이 잘 맞는 동료 몇 명과 함께 법인을 설립하기로 결심했습니다. 더 큰 꿈을 이루기 위한 출발점이었습니다.

위임의 중요성: 함께 일할 때 생기는 시너지

마이클 하얏트의 『초생산성』에서는 '일의 위임'에 대해 이렇게 설명합니다. 일이 많아도 남에게 맡기지 못하고 직접 처리하려는 사람들은, 장기적으로 보면 비효율적일 수밖에 없다는 것입니다. "일을 위임하면 더 많은 시간을 확보할 수 있으므로, 자신이 꼭 해야 할 일과 그렇지 않은 일을 명확히 구분해야 한다."라고 조언합니다.

제가 본 워커홀릭들은 대체로 일을 완벽하게 해내고 싶어 했습니다. 이들은 남에게 일을 맡겨도 결과물에 만족하지 못하거나, 속도 면에서 자신이 직접 처리하는 것이 더 빠르다고 여깁니다. 저 역시 그런 성향이 강했습니다.

그러나 능력 있는 동료들과 팀을 이뤄 일하면서, 위임의 가치를 깨달았습니다. 각자의 전문성과 기술이 조화를 이루며 시너지를 발휘했고, 저 역시 좋아하고 잘하는 일에 더 집중할 수 있었습니다. 팀원들에게 다른 업무를 맡기니 생산성도 몇 배로 높아졌습니다.

이 과정을 통해 우리는 틈새시장을 겨냥한 새로운 컨설팅 서비스를 런칭했습니다. 이 서비스는 고객들에게 좋은 반응을 얻었고, 팀의 협업과 위임이 얼마나 중요한지 실감할 수 있었습니다.

엄마도 자기주도 삶에 도전한다

션이 제주 국제학교에 진학하기 직전, 저는 법인을 설립하며 제 삶에도 새로운 장을 열었습니다. 션이 새로운 환경에서 도전을 시작하는 동안, 저 역시 제 일에서 새로운 길을 개척하기 시작했습니다. 직접 영업하고 계약을 체결하며 프로젝트를 수행하는 과정은 쉽지 않았지만, 새로운 역량을 발휘해야 하는 도전을 즐겁게 받아들였습니다.

"실력이 최고의 영업이다."라는 믿음으로 일했고, 고객들은 그 가치를 알아봐 주었습니다. 프로젝트를 성공적으로 수행하며 회사는 점점 뿌리를 내려갔습니다.

션이 제주에서 자신의 길을 개척하는 동안, 저도 제 꿈을 향해 한 걸음씩 나아갔고, 션파 역시 자신만의 삶을 가꾸었습니다. 우리 가족은 각자 자신의 목표를 향해 걸어가기 시작했습니다. 이런 도전은 하루아침에 성과가 나오는 것이 아니기에, 이제부터는 긴 호흡에 익숙해지기로 했습니다.

제 삶에서 실천한 자기주도적 태도는 션에게도 자연스럽게 전해졌습니다. 스스로 선택하고, 스스로 계획하며, 스스로 책임지는 삶의 가치를 실현하는 모습은 션에게 또 다른 배움의 기회가 되었습니다.

"부모가 꿈을 이루기 위해 노력하는 모습은, 아이에게 가장 강력한 동기부여가 됩니다."

중고등 시기

복리로 불어나는 자기주도 학습의 힘

"중고등학교 시기는 자기주도 학습을 통해 작은 성과들이 모여 큰 결실로 이어지는 시기입니다. 부모는 지원자로서 아이가 목표를 설정하고 도전하는 법을 배우도록 돕습니다. 복리처럼 쌓이는 노력과 경험은 자신감을 키우고, 삶과 학습 전반에서 주도적으로 나아갈 힘을 만들어줍니다."

30

운동으로 배운 자신감

아이와 떨어져 지내면 아이의 빈자리를 느끼는 시점은 가족마다 다르다고 합니다. 션파는 션이 제주로 간 직후부터 보고 싶다고 했고, 저는 시간이 한참 지나서야 그리움을 느꼈습니다. 션파와 저는 주중엔 각자 자신의 일을 하니 평소와 다를 바 없었습니다. 그러나 주말이 되어 션 없이 둘만 마주앉게 되자 마치 아이를 다 키운 노부부의 삶을 미리 경험하는 것 같았습니다. 그러다 점점 둘만 함께 보내는 시간을 다양한 방식으로 즐기게 되었습니다. 일반적으로 은퇴를 하고 나서야 부부가 함께 시간을 보내기 시작하는 데 저희 부부는 10년 이상 일찍 그 생활을 시작해 보는 행운을 누리게 되었습니다.

난데없는 운동 열정

저희 부부가 션이 없는 생활을 적응하는 동안, 션도 기숙사 생활에 적응하면서 매일 낯선 모습을 보여주었습니다. 션은 날렵하고 운동을 잘할 것 같은 체형이었지만, 실제로는 저를 닮아 운동 신경이 부족한 편이어서 운동 잘하는 친구들을 은근히 부러워했습니다. 태권도를 꾸준히 해서 4품까지 따긴 했지만, 운동을 즐기거나 자신 있어 하는 아이는 아니었습니다.

그러던 션이 NLCS 입학 후 이렇게 말했습니다. "새 친구들은 내가 운동 못하는 걸 모를 테니, 이제 운동 잘하는 사람으로 보이고 싶어."

처음에는 달리기로 시작했습니다. 학교의 장거리 달리기 대회에서 하위권이었지만 꾸준히 노력한 끝에 이듬해에는 30위, 그 다음 해에는 15위 안에 들었습니다. 평소 좋아했던 배드민턴은 방과 후 수업으로 이어졌고, 농구에도 도전해 학교 대표선수로 활약했습니다.

운동 능력이 점차 좋아지자 헬스도 시작했습니다. 동영상을 보고 따라 하는 동안 션의 체형은 점점 변해갔습니다. 방학 동안도 예외는 없었습니다. 여름방학에 집으로 돌아와서도 매일 같이 운동을 했습니다.

고등학생이 되자 운동을 하던 집요함을 공부로 돌렸습니다. 꿈이 정해지자, 운동할 때처럼 온 힘을 다해 달렸습니다. 그러면서도 고3이 될 때까지 매일 1시간씩 운동을 놓지 않았습니다. "오늘 놓친 끼니는 다시 먹을 수 없듯, 오늘 놓친 운동은 다시는 못한다."라는 말을 하며 오밤중이라도 나가 체력을 단련했습니다.

모자 갈등

하지만 이 과정이 순조롭지 않았습니다. 가장 큰 문제는 저와의 갈등이었습니다. NLCS 첫 2년 동안 션은 공부는 뒷전이고 친구들과 어울리며 운동에 몰두하길래, 체육특기자 학교에 다니는 줄 알았습니다. 학교 수업, 방과 후 수업, 주말 일정까지 모두 운동으로 채운 것도 부족해 매일 밤 9시까지 운동장과 체육관에서 시간을 보냈습니다.

션과 연락하려 해도 운동하러 나가 깜깜무소식이었습니다. 한참 자라는 나이에 과도한 운동을 매일 하다 보니, 아침에 일어나기는 더욱 힘들어졌고 수업시간에 졸기 일쑤였습니다.

서울에 있는 션의 친구들은 모두 학업에 매진하는데, 션은 공부는 신경 쓰지 않고 운동에만 집중하다 보니 걱정이 되었습니다. 적당히 하라고 해도 전혀 듣지를 않아서, '이러려고 션을 제주도로 보냈나.'라는 회의감도 들었습니다.

1년이 지난 후, 더 이상 잔소리를 했다가는 모자 관계를 돌이킬 수 없을 것 같아서 "그래, 션이 좋은 대학 가는 건 포기하자."라고 생각을 하기로 했습니다. 이때부터 마음이 편해졌습니다. 잔소리를 멈추고 션을 지켜보기로 하자, 그동안 보이지 않았던 션의 변화가 제대로 보이기 시작했습니다.

선한 영향력: 엄마도 운동을 시작하다

션의 집요함에 저도 두 손 두 발을 다 들던 어느 날, 저에게도 변화가 생겼습니다. 저는 학창 시절 체력장 만점을 받지 못한 유일한 학생이었고, '나는 운동을 못하는 사람'이라는 생각이 뿌리 깊이 박힌 채 평생을 살았습니다. 그런데 션의 변화를 보며 이런 생각이 들었습니다.

'나도 한번 해 볼까?'

운동신경이 없던 션이 변하는 모습을 보니, 왠지 저도 할 수 있을 것 같았습니다. 지금까지 재능이 없다면 아무리 노력해도 안 된다고 믿고 살았습니다. 그런데 션이 운동하는 것을 한 해, 두 해 지켜보며 제 생각이 잘못되었다는 것을 알게 되었습니다.

헬스장에 등록해 PT를 시작했습니다. 잘하려는 마음은 없었고, 꾸준히 하는 것을 목표로 삼았습니다. 퇴근 후 시간을 쪼개 운동하며 점차 운동이 즐거움으로 바뀌기 시작했습니다. 마르기만 했던 몸에 근육이 붙고, 지구력이 길러졌습니다. 학창 시절, 스스로를 운동 못 하는 사람이라 단정 짓고 아무런 시도조차 하지 않았던 제가 40대 후반이 되어서야 비로소 뭐든 하면 된다는 경험을 했습니다.

운동은 제 삶의 큰 전환점이 되었습니다. 꾸준히 도전한 끝에 바디프로필을 두 번이나 찍고, 10km 마라톤에 네 번 참가했으며, 서울 둘레길과 제주 올레길도 완주했습니다. 운동이 준 자신감은 다른 영역에서도 두려움을 덜어내는 힘이 되었습니다.

운동을 하면서 제가 얻은 가장 큰 교훈은 '안 해서 못하는 것'과 '재능이 없어 못하는 것'의 차이를 알게 된 것입니다.

1. 꾸준함은 모든 것을 바꾼다

타고난 재능이 없더라도 꾸준히 노력하면, 잘하지는 못해도 즐길 수 있습니다.

2. 가장 못하던 분야에 도전할 때 얻는 성취감이 더 크다

운동은 제게 '무엇이든 할 수 있다'는 자신감을 주었고, 새로운 일을 시작할 때 두려움을 덜어내어 주었습니다.

션은 운동을 통해 성취감을 배우고, 자신만의 리듬으로 만들었습니다. 그 사이 저는 '실패를 두려워하지 말고 시도'하라고 진심으로 격려할 수 있었습니다.

"아이의 변화가 낯설거나 갈등이 생길 때, 잠시 아이의 시각으로 세상을 바라보고 기다려 주세요. 그 변화에는 분명한 이유가 있답니다."

31

성향과 기질, 그리고 팀

부모는 아이의 성격과 성향에 대해 늘 걱정합니다. 너무 활발하면 나댄다는 소리를 듣지 않을까 염려하고, 너무 내성적이면 남들과 잘 어울리지 못할까 고민합니다. 이런 부모의 마음은 충분히 이해됩니다. 하지만 사회생활을 오래 하다 보니, 그런 걱정이 그다지 필요하지 않다는 것을 알게 되었습니다.

사회가 원하는 것은 완벽한 사람이 아니다

처음 직장생활을 시작했을 때는 "사회생활하기 힘들겠다." 싶은 동료들을 보기도 했습니다. 하지만 시간이 지나고 보니 조직에서 필요한 사람은 '완벽한 사람'이 아니었습니다. 필요한 역량과 기본적인 배려심만 있다면, 성격이 다소 특별해도 함께 협력하며 문제를 해결하는 모습을 자주 보았습니다.

성향과 기질은 쉽게 바뀌지 않지만, 사람들은 시간이 지나면서 자연스럽게 서로를 이해하고 타협하는 법을 배웁니다. 어울리기 어려워 보이는 성격도 사회라는 큰 틀 속에서 적응하며 자신의 자리와 역할을 찾아갑니다.

결국, 우리는 평생에 걸쳐 인간관계를 배우며 살아가는 것입니다. 완벽하지 않아도 괜찮습니다. 중요한 것은 다양한 사람과 함께하며 조화를 이루는 능력을 키우는 것입니다.

아이에게 다양한 경험을 선물하라

부모의 입장에서는 내 아이가 어디를 가도 문제없이 잘 적응하길 바라지만, 이런 바람이 학창 시절에 완성되길 기대하는 것은 무리입니다. 직접 겪으며 배우는 것도 있습니다. 사회적 지능을 다듬는 데는 시간이 필요하며, 다양한 경험이 이를 가능하게 합니다.

여러 기업에서 프로젝트를 경험한 끝에, 기업마다 직원들의 성향이 비슷하다는 사실을 깨달았습니다. 이는 기업의 인재상에 맞는 직원을 선발했기 때문만이 아니라, 조직 문화와 교육 효과가 반영된 결과이기도 합니다. 결국, 사람들은 조직에 적응해 나가면서 각자 조금씩 변화해 갑니다.

사회생활을 할 때, 특히 팀워크에서 훌륭한 리더를 만나는 것은 매우 중요합니다. 훌륭한 리더는 멤버들의 장점과 단점을 빨리 캐치해서 장점을 극대화하고 단점을 보완해 줍니다. 리더에 따라 멤버들이 발휘하는 역량이 크게 달라지는 경우도 있습니다.

세상에 불필요한 사람은 없습니다. 중요한 것은 각자가 적시적소에 있느냐입니다. 다소 독특한 성격을 가진 사람이나 트러블 메이커처럼 보이는 사람도 자신에게 적합한 역할을 맡으면 놀라운 능력을 발휘할 수 있습니다. 그래서 좋은 리더는 팀의 성공에 결정적인 역할을 합니다. 물론, 훌륭한 리더를 만나는 일이 쉽지 않기 때문에, 대다수 사람은 팀 내에서 각자의 방식으로 역할을 보완하며 함께 일합니다. 자신의 성향과 장단점을 빠르게 파악하면, 자신에게 맞는 길을 일찍 찾아 갈 수 있습니다.

이런 맥락에서 아이들이 학교에서 모둠 활동, 팀 활동, 동아리 활동을 경험하는 것을 중요하게 여겼습니다. 저는 션이 실력 좋고 배려심 많은 아이들로 구성된 '좋은 팀'에만 있기를 바라지 않았습니다. 좋은 팀에서만 활동하면 아이가 나중에 예상치 못한 상황에서 대처능력이 부족할 수 있기 때문입니다.

다양한 성향의 친구들과 어울리며 여러 상황과 갈등을 겪는 경험은, 성인이 되었을 때 융통성 있는 행동을 가능하게 만듭니다. 또한 예상치 못한 순간에 자신의 숨겨진 능력을 발휘하는 계기가 되기도 합니다. 이런 경험들이 쌓일수록 리더십 역시 자연스럽게 배우고 발전시킬 수 있습니다.

현명한 리더십은 훈련으로 만들어진다

션이 동아리나 모둠 활동에서 팀원 관리의 어려움을 겪을 때, 사회생활 경험을 바탕으로 조언을 해 주었습니다. 자기 주장이 강한 팀원이 결속력을 방해할 때는 다음과 같이 알려 주었습니다.

· 먼저, 그 친구의 장점을 찾아 인정하고 신뢰를 보여라.

· 다음으로, 그 친구에게 어울리는 역할을 맡기고, 미팅 전에 협조를 구해라.

팀워크의 핵심은 서로의 장단점을 이해하고 조화를 이루는 것입니다. 션은 이런 과정을 통해 팀을 이끄는 법을 배웠고, 시간이 지나면서 리더의 소양을 익혀 나갔습니다.

'자리가 사람을 만든다'는 말처럼, 리더 역할을 맡으면 자연스럽게 책임감 있는 행동을 하게 되는 경우가 많습니다. 처음에는 '능력이 있으니 그 자리를 맡았겠지.'라고 생각했지만, 리더의 자리에 오르면 행동이 변화하는 모습을 보며 이 말을 신뢰하게 되었습니다.

학창 시절에 여러 역할을 맡아 보는 것은 의미가 있습니다. 리더 역할이 귀찮고 힘든 일이라고 생각할 수도 있지만, 예상보다 많은 것을 배우고 얻는 기회가 됩니다.

걱정보다 믿음을

아이를 걱정하기보다는, 부모인 우리부터 어떻게 잘 살지 고민하는 편이 낫습니다. 나이가 들수록 부모는 자신의 경험에 근거해 섣부른 판단을 하거나 변화를 거부하는 경향이 생깁니다. 하지만 아이들은 자라면서, 사회생활을 하면서, 각자의 방식대로 잘 살아가는 방법을 찾아갑니다. 부모가 해야 할 일은 그 과정을 믿고 기다려 주는 것입니다.

"아이들은 각자의 방식으로 성장합니다. 걱정하기보다 믿고 기다리며 세상을 스스로 경험할 기회를 주어야 합니다."

32

청소년 아들과의 대화의 기술

엄마와 아들 사이에 대화가 많다는 것은 흔치 않은 일입니다. 설령 대화가 이루어진다 해도, 아들은 자기 하고 싶은 말만 하고, 엄마는 듣고 싶은 이야기를 듣지 못하는 경우가 많습니다. 그래서 아들을 둔 엄마들은 같은 반 여학생 엄마를 통해 자녀의 소식을 듣는 일이 종종 있습니다.

사춘기가 오면 아들은 입을 꾹 다물고 자기 방에 틀어박혀 두더지처럼 지내고, 정신없이 입시를 치르고 나면 어느새 스무 살 성인이 되어 있습니다. 이 시점에 이르면 엄마와 아들이 속마음을 나누기란 더욱 어려워집니다.

다행히 우리 모자는 일상적인 이야기는 물론이고, 꿈, 비전, 가치관부터 역사, 정치, 사회, 과학, 수학, IT에 이르기까지 대화의 주제가 끝이 없습니다. 그동안 다양한 주제에 대해 책을 읽어온 덕분에 대화가 더 풍부해졌습니다.

한번은 션이 친구네 가족과 식사를 함께 하고 와서 "엄마, 우리 가족이 다른 집보다 대화가 많은 편 같아."라고 말하기도 했습니다. 저도 주변에서 "아들과 대화가 잘 통해서 부럽다."는 이야기를 자주 듣습니다. 어떤 엄마들은 "아들과 무슨 말을 해야 할지조차 모르겠다."라며 신기해하기도 합니다.

가족과의 대화도 노력해야 한다

가족 사이에도 대화를 위한 노력이 필요합니다. 션과 지금까지 재미있게 대화를 이어 온 것은 하루아침에 이루어진 것이 아닙니다. 말을 못하던 영아 시절부터, 반항기가 많은 10대를 지나, 성인이 된 지금까지, 션의 발달 단계에 맞춰 적절한 대화 상대가 되어주려 애쓴 덕분입니다.

고비도 있었습니다. 션이 중학생이 되어 제주에 간 직후 사춘기가 시작되었습니다. 이전까지 우리 모자는 도란도란 재미있게 이야기를 나누었지만, 어느 순간 션의 사소한 행동도 거슬리게 느껴졌고, 잔소리도 부쩍 늘어갔습니다.

그러던 어느 날, 학교 엄마들과 이야기하던 중 너나 없이 '아들과 대화가 거의 없다'는 말을 듣고 정신이 번쩍 들었습니다. 돌아보니 저 역시 션과 '주고받는 말'만 하고 있었던 것입니다. 그렇지 않아도 서로 떨어져 살아서 얼굴을 자주 보지 못하는 상황에서 잔소리만 하다 보면 아예 대화 자체가 단절될 것 같다는 위기감이 들었습니다.

그때부터 저는 션과 관계 회복을 최우선으로 삼고, 몇 가지 원칙을 세웠습니다.

아들과의 대화를 위한 5가지 원칙

1. 터무니없이 들려도 바로 반박하지 않기

션과 대화를 하다 보면 서로 자기 주장을 하며 감정이 격해질 때가 있었습니다. 션은 자신의 이야기를 엄마가 안 들어준다고 생각했고, 저는 션이 고집을 피운다고 생각했습니다. 이럴 때 "네가 어려서 몰라서 그래."라며 부모의 생각을 강요하면 아이는 “엄마, 아빠와는 말이 안 통해.”라며 마음의 문을 닫아버립니다.

처음에는 션이 사춘기 반항을 한다고 생각했지만, 되짚어보니 고집이라고 생각했던 션의 주장이 일리가 있는 경우가 많았습니다. 오히려 제가 고정관념에 사로잡혀 있었음을 깨닫는 기회가 되었습니다.

그때부터는 션의 말에 반박하고 싶어도 일단 입을 다물고 두세 번 생각을 거듭한 후, 션의 입장을 충분히 고려하며 이야기하려 노력했습니다.

2. 아이가 이야기할 때는 하던 일을 멈추고 경청하기

우리도 대화를 나눌 때 상대방이 핸드폰을 만지작거리거나 건성으로 듣는다면, 더 이상 대화를 이어가고 싶은 마음이 사라집니다. 아이들도 마찬가지입니다.

션이 “내 이야기부터 들어줘.”, “조언하지 말고 공감만 해 줘.”라고 여러 차례 말했을 때, 제 태도를 돌아보게 되었습니다.

이후, 션이 이야기를 시작하면 하던 일을 멈추고 눈을 맞추며 중간에 끼어들지 않으려 애쓰기 시작했습니다. 이러한 변화로 대화가 진정성 있게 변했습니다.

3. 친구에 대해 안 좋은 소리를 하지 않기

청소년기 아이들은 또래 집단의 영향을 크게 받습니다. 이 시기에 친구에 대해 부정적으로 이야기하면, 아이는 마치 자신이 비난받는 것처럼 느끼기도 합니다.

션은 다양한 스펙트럼의 친구들과 어울렸고, 저는 어떤 친구를 만나든 간섭하지 않았습니다. 제가 평생 션을 따라다니며 친구를 만들어 줄 수도 없고, 션도 다양한 사람을 겪어봐야 향후 사람과 관계를 더 원숙하게 맺을 수 있을 것 같았기 때문입니다.

제가 친구 관계에 간섭하지 않으니 션도 친구 이야기를 스스럼없이 해 주었습니다. 이를 통해 자연스럽게 아이의 시선으로 친구들을 바라볼 수 있게 되었습니다. 부모들의 우려와 달리, 장난기 많고 학교 성적이 낮은 친구들도 충분히 사랑스럽고 생각이 깊었습니다.

4. 혹시 이성친구를 만나도 아무 소리 하지 말자

자녀가 이성친구를 만나는 문제는 부모들에게 민감한 주제입니다.

동료 한 분이, 아들이 취업 준비만 해도 바쁜데 여자친구를 사귄다고 걱정을 하셨습니다. 입 밖에 내지는 않았으나 제 생각은 달랐습니다. 20대 후반 아들에게 취업부터 하고 이성교제를 하라고 하면 서른이 될 때까지 아무도 만나지 말라는 말과 다를 바 없습니다. 그러다 갑자기 "쟤는 언제 여자친구 사귀고, 언제 결혼하지?", "좋은 사람 만나야 할 텐데…."라는 걱정으로 이어집니다. 부모들이 이성을 만날 기회를 주지 않고, 미래를 위한 준비부터 하라고 했으면서요.

성인 자녀를 둔 부모도 이런 상황이니, 중고등학생 자녀가 이성교제를 한다고 하면 말리는 부모들이 대부분입니다. 저는 션이 여자친구를 사귀게 되면 반대하지 않겠다고 생각해 왔습니다. "학생이 무슨 여자친구야.", "쓸데없는 짓하지 말고 공부나 해."라고 말해버리면 앞으로 누구를 만나 건 입을 꾹 닫을 것 같기도 했습니다.

션이 중학생 때 처음 여자친구가 생겼을 때, 저는 특별히 신경을 쓰지 않았습니다. 그러자 션은 스스럼없이 여자친구 이야기를 했습니다. 나중에 션이 하는 말이, "친구들은 여자친구가 생기면 부모님 몰래 만나야 한다고 하던데, 엄마는 신경 안 쓰는 거 같아서 솔직하게 말했어."라고 털어놓았습니다.

이성교제를 들킨 친구들은 감시와 통제를 받았지만, 전 오히려 이야기를 잘 들어주니 모자관계가 이전보다 더 좋아졌습니다. 이 일은 예민한 사춘기 시절에 '우리 엄마는 무조건 내 편'이라는 믿음을 가지도록 했습니다.

5. 잔소리는 절대 하지 말자

자기계발서와 육아서는 해야 할 행동에 대해 수십 가지를 나열합니다. 저는 반대로 하지 말아야 할 행동 중 딱 한 가지만 골라봤습니다. 그게 바로 '잔소리'입니다. 저도 션이 매일같이 운동을 하는 것 때문에 잔소리를 숱하게 해 보았으나 아무런 소용이 없었습니다. 오히려 부모의 권위를 해치고 관계만 나빠졌습니다.

대부분 잔소리는 작은 행동에 대한 지적에서 시작됩니다. 이런 행동은 무의식적으로 하는 경우가 많습니다. 아무리 사소해도 버릇처럼 나오는 행동을 고치려면 엄청난 의지와 에너지가 필요합니다. 잔소리를 듣는다고 해서 쉽게 고쳐지는 것이 아닙니다. 만약 고쳐졌다면, 그것은 잔소리가 아닌 적절한 훈계나 대화 덕분일 것입니다. 같은 말을 여러 번 반복했는데도 고쳐지지 않는다면, 방법을 바꿔야 합니다. 강도를 높여봤자 반발감만 생깁니다. "저번에도 하지 말라고 그랬지.", "몇 번을 말하니." 같은 말을 반복하고 있다면 아이의 귀는 이미 닫혔다고 보는 게 맞습니다.

"잔소리를 하지 말자."가 "모두 눈감아 주자."를 의미하는 것이 아닙니다. 훈계하는 말보다 다른 '긍정적인 대안'을 찾는 것이 훨씬 낫습니다. 아이가 자라며 새로운 실수나 어설프게 행동하는 것은 자연스러운 일입니다. 처음 해 보는데 능숙하게 하기를 바라는 것이 더 어색합니다.

잔소리를 하는 것도 버릇입니다. 평소 잔소리를 자주 하다 보면 훈계가 버릇이 되어, 아이의 말을 끝까지 듣지 않고 자꾸 참견하게 됩니다. 이렇게 되면 아이는 대화를 나눴다고 생각하지 않고, 잔소리의 연장으로 느낍니다.

아이가 고쳤으면 하는 행동, 아이에게 해 주고 싶은 조언이 있다면 적절한 타이밍과 방법을 찾기 전까지는 기다리는 것이 좋습니다.

"잔소리는 소탐대실의 전형입니다. 사소한 행동을 말로 지적하면 진정성 있는 대화를 놓치게 됩니다. 몸으로 배우는 아이들도 많으니, 잠시 시행착오를 겪도록 내버려 두는 것도 좋은 방법입니다."

33

굿바이 사춘기

션이 NLCS에 입학한 첫해는 완전한 자유를 만끽하며 친구들과 어울려 놀고, 운동에 푹 빠져 지냈습니다. 이전과는 너무 달라진 모습에 저는 솔직히 당황했습니다. 학업에는 전혀 관심이 없어 보이는 션의 모습에 '괜히 제주도로 보낸 건 아닐까?'라는 후회와 함께 좋은 대학에 보내고 싶다는 부모로서의 욕심을 마주하게 되었습니다.

제 욕심을 솔직히 인정하고 나니 반성도 할 수 있었고, 비로소 션의 진짜 행복을 바랄 수 있게 되었습니다. 잔소리를 하면 관계만 악화될 것 같아, 션의 이야기를 들어주고 션이 흥미를 가지는 일에 응원하기로 했습니다. 한동안 애쓴 덕분에 션과의 관계는 예전보다 더 깊어졌고, 다시금 서로의 속마음을 진솔하게 나누는 사이가 되었습니다.

어느날 끝난 사춘기

중학교 2학년 어느 날, 션은 거짓말처럼 하루아침에 이전의 모범생으로 돌아왔습니다. 마치 집 나간 아들이 돌아온 것처럼요. 전 과목에서 최고 성적을 기록하며, 교내에서도 리더십을 발휘하기 시작했습니다.

션은 학업에 관심이 없던 기간에도 수학 경시대회, 디베이트 대회, 통계 대회 등 좋아하던 대회는 꾸준히 참가해왔습니다. 홈스테이 선생님에 따르면 션이 실컷 운동하거나 놀다가도 저녁이 되면 수학문제를 푼다며 신기해하셨습니다. 알고 보니, 션은 학교 공부 대신, 자신이 흥미를 느끼는 주제를 탐구하며 인터넷과 책을 통해 답을 찾는 활동을 즐기고 있었습니다.

갑작스러운 변화의 이유를 물었더니, 션은 이렇게 말했습니다.

"미국 입시는 중3부터 4년 동안의 과정을 살펴보잖아. 지금부터 준비하지 않으면 나중에 후회할 것 같았어. 게다가 엄마가 공부하라는 말을 전혀 안 하니까, 나라도 신경 써야겠다는 생각이 들었어."

하지만 이 변화의 배경에는 몇 가지 중요한 이유가 있었습니다.

첫 번째는 새 학년이 시작되면서 모든 선생님이 바뀌어, 모범생 이미지를 새롭게 심을 수 있는 계기가 되었습니다. 두 번째는 학년 대표를 맡으면서 주변의 기대와 지지를 받기 시작했습니다. 세 번째는 SAT와 디베이트 대회라는 도전 과제를 통해 단기 목표를 설정할 수 있었습니다. 네 번째는 친하게 지낸 학생회 선배들의 멋진 모습을 닮고 싶어서입니다.

션뿐만 아니라 함께 어울리던 친구들 모두 비슷한 시기에 학업에 집중하기 시작했습니다. 이때부터 션은 학업, 동아리 활동, 대회, 봉사까지 스스로 관리하며 성실히 챙기기 시작했습니다. 제가 해 줄 수 있는 일은 그저 격려하고 응원하는 것뿐이었습니다.

션의 목표와 현실

어느 날 션이 전화로 하소연을 했습니다. "엄마, 하고 싶은 것도, 잘하고 싶은 것도 많아서 챙길 게 너무 많아. 스탠퍼드에 가려면 대회, 활동, 봉사까지 완벽하게 해야 하니까 눈코 뜰 새가 없어." 그러면서 농담 반 진담 반으로 이렇게 말했습니다. "그때 왜 공부를 시키지 않았어? 때려서라도 공부하게 했어야지!"

저는 말을 물가로 끌고 갈 수는 있어도 물을 먹일 수는 없다 생각했습니다. 마음에 없는 공부를 억지로 시키는 건 시간 낭비라고 생각해서 션을 학원에 보낼 생각도 하지 않았습니다. 억지로 시킨 공부는 본 게임을 시작하기도 전에 아이를 지치게 할 뿐이니까요. 그래서 이렇게 말해주었습니다. "이제부터 시작해도 늦지 않아."

하지만 션은 높은 목표를 세운 후, 꿈을 구체화하다 보니 답답해 했습니다. 션이 매사에 너무 열심히 하다 보니 저는 오히려 쉬엄쉬엄해도 된다고 말해주었습니다. "대회나 시험 준비가 벅차면 다음 기회를 기다려도 돼."

그러나 션은 이렇게 답했습니다. "지금 제대로 하지 못해서 다음 기회를 노리게 되면 해야 할 일이 계속 누적돼서 더 힘들어지잖아. 목표를 하향 조정하게 될 수도 있고."

션은 쉬어가는 대신, 자신의 방향을 더욱 명확히 설정했습니다.

잘 사는 것의 의미

션이 어느 날 '잘 살고 싶다'고 말하길래, 잘 산다는 게 어떤 의미냐고 물어보았습니다. 션은 '높은 성취'를 뜻한다고 답했습니다.

저는 잘 사는 것의 의미를 결과보다 과정에서 찾기 때문에 션에게 이렇게 말했습니다. "지금까지 잘해 왔고, 앞으로도 잘할 거야. 무엇보다 너는 이미 잘 살고 있어."

션의 사춘기 동안 저는 '잔소리' 대신 '기다림'을 선택했고, 션과의 소통과 관계를 최우선으로 두었습니다. 다행히 기다림은, 션이 스스로의 힘으로 날아오르는 준비를 마칠 수 있도록 도왔습니다.

> **"아이와 좋은 관계를 유지하면, 사춘기는 조용히 지나갑니다. 그 시기에 아이는 스스로 날아오를 준비를 마치게 됩니다."**

34

실력을 쌓고 싶다면, 풍덩 비법

새로운 일을 시작할 때, 사람마다 접근 방식은 다릅니다. 철저히 계획을 세우고 준비를 마친 후 시작하는 사람도 있고, 일단 실행부터 하고 보는 사람도 있습니다. 또는 가볍게 경험해 보며 시행착오를 줄이는 사람도 있습니다. 저는 마음먹으면 바로 행동에 옮기는 편입니다. 일단 시작하면 작심삼일로 끝나지 않도록 그 일을 최우선으로 두고 매일 꾸준히 하려고 노력합니다. 새롭게 시작한 일이 익숙해지면 기존의 일과를 조정해 자연스럽게 하루 루틴에 녹아들게 합니다.

초반 몰입의 중요성

운동을 처음 시작할 때도 같은 방식을 적용했습니다. 첫 한 달 동안은 업무 외 시간의 최우선순위에 운동을 두었습니다. 가급적이면 퇴근 후 하루 30분이라도 헬스장에 가서 몸을 움직였습니다. 평생 하지 않던 운동을 시작하니 처음에는 피곤하고 힘들었습니다. 하지만 한 달쯤 지나니 익숙해졌고, 이후에는 운동 비중을 줄이고 중단했던 다른 일들을 다시 시작할 수 있었습니다.

영어 공부, 요리, 독서, 리뷰 쓰기 등 새로운 활동에 도전할 때도 동일한 방법을 사용했습니다. 초반에 한 가지 활동에 몰입한 후, 점차 일상의 균형을 회복하는 방식이었습니다.

이 방법은 업무에서도 효과적입니다. 새로운 IT 프로젝트를 시작할 때는 처음 2~3개월 동안 프로젝트에만 몰입합니다. IT 기술뿐 아니라 기업의 비즈니스 특성과 고객의 요구사항 등 새로 익혀야 할 것들이 많기 때문입니다. 초반 몰입으로 프로젝트의 큰 그림을 그려두면, 이후에는 축적된 지식과 경험을 바탕으로 훨씬 효과적으로 일할 수 있습니다. 또한 예상치 못한 리스크에도 미리 대응할 수 있는 여유가 생깁니다.

초반 몰입 기간 동안에는 독서나 운동 같은 개인 취미도 잠시 미루어둡니다. 새로 시작하는 일이 익숙해지기 전까지는 에너지가 많이 필요하기 때문입니다. 여러 일을 동시에 진행하려고 하면 속도가 느려지고 퀄리티도 떨어지기 쉽습니다. 하지만 초반 몰입을 통해 궤도에 오른 후에는 여러 일을 동시에 처리하더라도 충분히 해낼 수 있습니다.

션에게 적용한 풍덩 비법

뇌 근육이든 몸 근육이든, 처음 시작할 때는 한 가지에만 집중하는 것이 가장 효과적입니다. 초반 몰입이 지속성을 만들어내는 중요한 원동력이 되기 때문입니다. 처음 일주일은 어렵고 힘들지만, 2주가 지나면 익숙해지고, 3주 차쯤 되면 그 일을 하지 않으면 찜찜한 기분이 들기 시작합니다. 이 단계에 도달하면 자연스럽게 지속성을 유지할 수 있습니다.

션은 좋아하는 일이 생기면 몰입하는 경향이 강한 편입니다. 션이 좋아하는 분야뿐 아니라 학습에서도 이 방식을 적용하자 놀라운 효과를 확인할 수 있었습니다.

예를 들어, 수학 공부를 시작할 때는 수학에만 집중하도록 하고 다른 활동의 부담을 덜어주었습니다. 초반 몰입 기간을 충분히 두었고, 나머지 시간에는 션이 무엇을 하든 자유롭게 두었습니다. 션의 생활 자체가 부담이 없어야 학습의 지속성이 생길 수 있기 때문입니다. 수학 실력이 궤도에 오른 후에는 다른 활동들과 균형을 맞출 수 있도록 유도했습니다.

디베이트를 시작할 때도 같은 방식을 적용했습니다. 초반에는 디베이트에만 몰입할 수 있도록 환경을 만들어 주었고, 션이 흥미를 느끼고 실력을 쌓은 후에는 다른 활동과 병행하도록 도왔습니다.

새로운 활동을 시작하거나 실력을 높이고 싶을 때, 특정 기간 동안 풍덩 빠질 수 있게 한 가지에 집중하도록 돕는 방식은 어릴수록 더욱 효과적입니다. 아이들은 자신감과 재미가 없으면 하기 싫어하기 때문에, 초반에 충분히 몰입할 시간을 주는 것이 중요합니다. 이후 실력이 자리를 잡으면 다시 균형 있는 일과로 돌아갈 수 있도록 조정하면 됩니다.

풍덩 비법의 효과

션이 중학생이 되자, 제 도움 없이도 스스로 이 방법을 적용하기 시작했습니다. 잘하고 싶은 것이 생기면, 다른 건 신경 쓰지 않고 한 가지에 몰입했습니다. 중학생부터는 한 가지에만 집중하는 방식이 위험하지 않을까 염려되기도 했습니다. 그러나 션은 자신 있는 과목이나 활동을 하나씩 늘려나갔고, 고등학교 졸업 때까지 이 패턴을 반복하며 좋은 결과를 얻었습니다.

무엇이든 하루 10분이라도 꾸준히 하는 것이 중요합니다. 하지만 초반에 짧고 굵게 몰입하면, 재미와 습관이 형성되어 지속성을 유지하기 훨씬 쉬워집니다. 많은 사람들이 새로운 일을 시작했다가 중도에 포기하는 이유는 재미를 느끼기도 전에 다른 우선순위에 밀리기 때문입니다. 아직 익숙하지 않은 상태에서 여러 일을 병행하면 산만해져 실력이 빨리 늘지 않습니다.

부모도 새로운 도전해 보기

부모가 직접 새로운 도전에 나서보는 것도 아이를 이해하는 데 큰 도움이 됩니다. 과거에 풍덩 빠져본 경험이 없다면, 골프, 독서, 그림 등 한 가지를 정해 3주 정도 매일 시도해 보기를 권합니다. 그 과정에서 최소 한 번은 재미와 성취를 느끼는 순간을 경험하게 됩니다. 이 단계를 넘기면 이후에는 저절로 굴러가게 됩니다.

부모가 새로운 것을 도전해 보면, 배우는 과정이 얼마나 힘들고 어려운지 깨닫게 됩니다. 이를 통해 아이들의 학습 과정에서 겪는 고충을 더 잘 이해할 수 있습니다.

부모는 흔히 자신의 학창 시절을 기준으로 아이를 평가합니다. "나는 예전에 이걸 쉽게 했는데 왜 못하지?" 혹은 "이만큼 지원했는데 왜 결과가 안 나오지?"라는 생각을 하곤 합니다. 그러나 부모가 가진 학창 시절에 대한 기억은 대개 왜곡되어 있거나 이상화된 경우가 많습니다. 자신의 과거와 비교하며 아이를 탓하기보다는, 아이가 새로운 도전에서 재미와 성취를 느낄 수 있도록 도와주는 것이 더 중요합니다.

풍덩 비법은 초반 몰입을 통해 재미와 성취를 느끼게 하고, 이후 지속성을 유지할 수 있도록 돕습니다. 이 방법은 아이에게만 적용할 것이 아니라 부모도 함께 도전해 본다면 교육 효과는 배가 될 것입니다.

"초반 몰입은 실력 향상의 시작을 알리는 예고편입니다. 한 가지에 깊이 빠져본 경험은 지속적인 성장을 이끄는 원동력이 됩니다."

35

자기주도 수학을 하다

션을 제주로 보내기로 결심하면서 가장 먼저 KMO(한국수학올림피아드) 준비를 중단시켰습니다. 션은 계속 공부하고 싶어 했지만, 제가 오히려 단호하게 반대했습니다. 션이 수학에 재능이 있고 수학을 좋아한다는 것은 알고 있었습니다. 하지만 KMO 준비를 위해 끝없는 문제 풀이에 몰두하며 가족 간의 대화 시간이 사라지는 것이 못마땅했습니다.

물론 수학에서 문제 풀이 연습은 중요합니다. 하지만 어린 나이에 KMO를 준비하려면 학업에 모든 것을 올인해야 하고, 많은 희생을 감수해야 합니다. 저는 '왜 이 어린 나이에 KMO를 준비해야 할까?'라는 질문을 스스로에게 던졌고, 답은 간단했습니다. 최상위권 학생들의 길을 그대로 따르며 션에게 적합한 방향인지 깊이 고민하지 않았던 것입니다.

션은 수학에만 몰두하기에는 관심이 넓은 아이였습니다. 션의 성향을 고려했을 때, KMO 준비는 독서, 디베이트, 체육 활동, 그리고 스스로 사고하는 시간을 빼앗아 득보다는 실이 더 많아 보였습니다. 그래서 중학생 1학년의 봄을 독서, 디베이트, 수영, 배드민턴 등 다양한 활동으로 채웠고, 가족 여행도 자주 다녔습니다.

국제학교에 입학한 후, 션은 방학 때 가끔 KMO 문제집을 꺼내 들며 이렇게 말하곤 했습니다. "엄마, 오랜만에 풀어보니까 정말 재미있어!" 고된 공부라고 생각했던 KMO 문제도 션에게는 놀이처럼 느껴졌던 모양입니다.

자기주도 수학의 시작

KMO 준비를 중단한 후, 션은 수학 공부에 여유를 가지게 되었습니다. 그 덕분에 중학생 1학년과 2학년 여름방학 동안 독학으로 미적분 과정을 마칠 수 있었습니다. 이후, 션은 수학을 더욱 깊이 탐구하기 시작하며, 자기주도 학습 능력을 키웠습니다.

KMO 준비를 중단한 결정을 후회한 적도 있었습니다. 수학과 과학에 올인하기를 꺼려 그 길을 중단시켰지만, 션이 결국 수학 전공을 선택하며 다시 수학 경시대회에 나가게 되었기 때문입니다.

이렇게 되니, KMO 준비를 중단했던 결정은 이성적 판단보다는 감정에 치우친 선택이었다는 것을 인정하게 되었습니다. 충분히 고민하지 않고 감정적으로 결정을 내리면 후회할 일이 생긴다는 사실을 다시금 배웠습니다.

적극적으로 수학 환경에 뛰어들다

1. 문제 풀 때 실수 줄이기

션은 중학생 시절 문제를 풀 때 종종 실수를 하곤 했습니다. 특이하게도 쉬운 문제에서 실수가 있었지만, 난이도가 높거나 변별력 있는 문제에서는 좋은 성적을 받았습니다. 그러다 보니, 학교 시험이 어려울수록 다른 학생들의 성적은 하락했지만, 션의 점수는 큰 변동이 없었고, 이로 인해 다른 학생들과의 격차가 더 벌어지곤 했습니다.

처음에는 '실수도 실력'이라며 바로잡아야 한다고 생각했습니다. 하지만 관찰 결과 션은 쉬운 문제에서 방심하는 한편, 도전적인 문제 앞에서는 집중력을 발휘했습니다.

시험이 끝난 후 션은 "오늘 시험 진짜 잘 봤어!"라고 자신만만해하다가 의외로 낮은 점수를 받기도 하고, "오늘 너무 못 봤어."라며 의기소침했지만 높은 점수를 받는 경우도 있었습니다. 그래서 션에게 시험 결과보다, '자신이 뭘 알고, 뭘 모르는지' 인식하는 '메타인지'를 기르는 것이 중요하다고 조언했습니다.

2. 국제 수학 대회

션은 어릴 때부터 다양한 대회에 참가하며 도전을 즐겼습니다. 대회 준비 과정에서 실력을 쌓고, 비슷한 관심사를 가진 친구들과 교류하며 긍정적 자극을 받을 수 있었습니다.

수학과 과학 경시대회에서 만난 친구들은 주로 영재고나 과고에 진학했고, 봉사나 영어 디베이트 대회에서 만난 친구들은 자사고나 외고에 진학하는 경우가 많았습니다. 입시가 가까워질수록 시간의 중요성을 깨달으며 준비 없이 무작정 대회에 도전만 하는 행동은 지양하게 되었습니다.

국제학교로 진학한 후, 션은 미국의 AMC(미국수학경시대회)와 영국의 UKMT(영국수학경시대회)에 도전했습니다. 그동안 쌓아온 실력 덕분에 여러 국제수학경시대회에서 우수한 성적을 거두었습니다. 특히 UKMT에서는 매년 Top 50 Prize를 수상했습니다.

AMC는 답만으로 채점하는 반면, UKMT는 풀이 과정을 중요시합니다. 답이 틀려도 논리적인 풀이 과정을 보여주면 점수를 받을 수 있습니다. 션은 이를 통해 수학적 사고를 더 깊이 있게 만들어 갔습니다.

AMC와 UKMT 모두 고득점을 받게 되면 다음 레벨의 시험을 볼 수 있습니다. 미국 경시도 AMC – AIME – MOP 순서로 이어지는 단계적 구조로, 최종적으로 KMO와 같은 길로 이어지게 됩니다.

3. 국제학교의 수학 교육

수학은 논리의 언어로, 나라별로 기본 원리는 다르지 않지만 배우는 순서와 방식에는 차이가 있습니다. 한국 수학은 나선형 교육과정을 따라 학년별로 점진적으로 확장하는 방식을 채택하고 있는 반면, 미국과 영국 수학은 계통적으로 배우는 특징이 있습니다. 이로 인해 특정 학년을 기준으로 비교하면 서로 겹치는 부분이 적어 보일 수 있지만, 고등학교 과정을 마칠 무렵에는 대부분 내용이 겹치게 됩니다. 특히 한국 수학에서 수1, 2까지 진도를 나가면, 미국이나 영국 수학을 수월하게 따라갈 수 있는 기반이 마련됩니다.

션은 NLCS에서 풀이 과정을 중시하는 교육을 받으며 논리적 사고와 문제를 기술하는 능력을 키웠습니다. 이러한 접근법은 실수를 줄이는 데도 도움이 되었고, 하나의 문제를 다각도로 탐구하며 해결책을 고민하는 과정에서 사고력도 크게 성장했습니다.

또한 SAT1 Math, SAT2 Math 2C, AP Calculus BC를 일찌감치 준비하며 국제 입시에서도 경쟁력을 갖추었습니다. 모든 과정이 독학으로 이루어졌기에 IB 과정에서도 수학이 전혀 문제가 되지 않았고, 다른 과목에서도 비슷한 방식으로 공부할 수 있게 되었습니다.

4. 자기주도 수학의 결과

션은 수학을 공부할 때 순전히 호기심에서 출발해 꼬리에 꼬리를 무는 방식으로 진행되었습니다. 학습 범위는 고등학교 과정을 넘어 대학 과정까지 자연스럽게 확장되었습니다.

수학 대회에 꾸준히 참가하며 실력을 다졌고, 션만의 창의적인 수학 활동도 주목받았습니다. 이 모든 것이 션이 수학 자체를 진심으로 사랑했기 때문에 가능했습니다. 결국 션은 스탠퍼드뿐만 아니라 케임브리지, 컬럼비아 등 세계 유수 대학의 수학과에 동시 합격할 수 있었습니다.

"어릴 때 형성된 공부 습관은 평생의 자기주도 학습으로 이어집니다. 느리더라도 아이가 스스로 공부하는 법을 배울 수 있도록 도와주세요. 지식을 가르치는 것보다 중요한 것은 배우는 방법을 알려주는 것입니다."

36

수학 캠프를 통한 자극

아이가 좋아하는 분야가 있다면, 더 넓은 무대를 경험하도록 기회를 주는 것이 중요합니다. 비슷한 관심사를 가진 친구들로부터 긍정적인 자극을 받고 한 단계 성장할 수 있는 계기가 되기 때문입니다.

션이 중학교 3학년 때, Awesome Math 캠프에 참가하게 된 것도 그런 이유에서 였습니다. 코로나19 팬데믹이 닥치기 전이었기에, 션에게는 대면으로 이루어진 처음이자 마지막 캠프가 되었습니다.

이 캠프에 참가하기 위해서는 지원서, 자기소개서, 추천서와 함께 테스트를 통과해야 했습니다. 준비를 도와주는 학원도 있다고 들었으나, 저는 모든 준비 과정을 션이 스스로 해내도록 했습니다. 이 경험은 훗날 대한민국 인재상이나 대학 에세이 작성 등에서 션이 혼자서도 해낼 수 있는 기초가 되었습니다.

수학을 대하는 태도가 바뀌다

3주간의 캠프는 션에게 수학에 대한 자신감을 심어주었고, 수학을 대하는 태도를 진지하게 바꾸어 주었습니다. 한국에서는 흔히 수학 실력을 평가할 때 ‘어디까지 진도를 나갔는지’, ‘유명 학원을 다니는지’, ‘어느 대회에서 몇 등을 했는지’ 같은 외적인 성과를 기준으로 삼습니다.

하지만 이 캠프에서는 전혀 다르게 접근했습니다. ‘어떤 수학자와 증명을 좋아하는지’, ‘어떤 수학책을 읽어봤는지’와 같은 주제로 대화가 이어졌습니다.

션은 캠프에서 만난 학생들이 학원도 없고 수학교재가 풍부하지 않은 환경에서 맨땅에 헤딩해 가며 공부한 모습에 감명을 받았습니다. 룸메이트 중 한 명은 존경하는 수학 선생님을 만나기 위해 매주 3시간을 차로 이동했다고 했습니다.

캠프 기간 동안 학생들은 수학 이야기를 끊임없이 나누었습니다. 캠프 마지막 날 수학책을 판매하자 학생들은 너무 좋아했고, 션도 몇 권을 사와서 소중히 간직했습니다.

캠프를 통한 자극

Awesome Math 캠프는 레벨 테스트를 통해 학생들을 수준별 반으로 나눕니다. 션은 수학 실력이 높은 반에 배정되어 USAMO(미국수학올림피아드) 멤버들과 IMO(국제수학올림피아드) 수상자들과 함께 수업을 듣게 되었습니다. 이들과 함께 수업하며 심리적 위축감 없이 어려운 문제에 도전하는 법을 익혔다고 합니다.

‘어느 정도 실력을 쌓아야 캠프에서 효과를 볼 수 있느냐’는 질문에, 션은 이렇게 답했습니다.

“수준별로 수업이 진행되기 때문에 각자 자신에게 맞는 학습을 할 수 있어. 하지만 너무 내성적이거나 반사회적 성향이 강한 학생은 캠프 생활이 어려울 수 있어. 이번 캠프에서 14살 천재급 학생이 있었는데 수학 실력은 물론이고 사회성도 좋아서 어린 나이라고 믿기 어려울 정도였어. 옆에서 아이들이 게임을 하고 놀아도 자기 할 일을 찾아서 할 아이였지. 이 친구는 특별한 경우이고, 최소 9학년 이상이 되면 자기 할 일을 스스로 챙길 줄 알기 때문에 걱정할 필요는 없어.

중요한 건 같은 나라 학생들끼리만 어울리지 않는 거야. 나는 여기서 수학 지식도 배웠지만, 외국 친구들을 사귀면서 수학뿐 아니라 다양한 문화적 자극을 받았거든."

캠프가 남긴 교훈

과거 IMF 시절은 위기였지만, 어떤 이에게는 더 나은 기회를 잡을 수 있는 시기이기도 했습니다. 당시 이직 제안을 받은 사람들은 두 가지 반응을 보였습니다.

1. 새로운 도전을 기회로 받아들인 사람들
2. 잘할 수 있을지에 대한 우려로 현 상황에 머물며 안전을 택한 사람들

두 선택 모두 장단점이 있겠지만, 아이를 첫 번째 유형으로 키우고 싶다면 어릴 때부터 다양한 자극을 받을 수 있는 환경을 제공해 주는 것이 좋습니다.

션은 외부 환경의 영향을 크게 받는 성향이라, 기회가 있을 때마다 '잘하

는 그룹'에 던져 넣었습니다. 처음에는 의기소침해 보일지라도, 시간이 지나면 긍정적으로 발전할 것을 알았기 때문입니다.

션은 제 자리에 머물기만 한 적도 있고, 눈부시게 성장을 한 적도 있습니다. 때로는 션이 "그때 왜 열심히 하지 않았을까?"라고 말하는 걸 보면 '자신의 부족함을 알아차리는 메타인지가 키워졌구나.'라는 생각을 합니다.

저는 좋은 자극을 받을 수 있는 환경에 아이를 들여놓는 것까지가 부모의 몫이라고 생각합니다. 그 이후는 아이들끼리 스스로 만들어 가기 때문에, 부모의 손길은 더 이상 필요 없습니다.

이번 캠프에서도 션은 좋은 자극을 통해 성장했습니다. 캠프에서 헤어지고 나서도 같은 반 친구들과 때때로 연락을 주고받으며 서로의 소식을 나누었습니다. 이 친구들 대부분은 스탠퍼드, 하버드, MIT 등 세계적인 명문대에 진학했으며, 션이 언급한 어린 천재 소년은 16세에 대학에 조기 입학했다고 합니다.

션은 지금도 그때를 더 넓은 세상에 발을 내디딘 첫 순간으로 기억합니다.

"아이를 더 넓은 세상으로 내보내세요. 부모의 역할은 환경을 열어주는 데까지입니다. 그 이후는 아이가 스스로 만들어갑니다."

37

자기주도 학습의 기술

션이 대학생이 된 후 코딩에 푹 빠졌다는 소식을 전해왔습니다. 수업은 어렵지 않냐고 묻자, 션은 이렇게 답했습니다. "엄마한테 잘 배워서 어떻게 공부하는지 아니까 걱정 마." 순간 갸우뚱했습니다. '내가 가르친 게 있었나?'라는 생각이 들었습니다.

이야기를 들어보니, 초등학생과 중학생 시절, 가끔 학습 습관에 대해 해준 조언을 말하는 것이었습니다. 지나가는 말로 한 이야기들이었지만, 제주에서 6년간 혼자 공부하던 션에게는 학습법의 작은 씨앗이 되었던 모양입니다.

션에게 어릴 때 가르친 학습법은 단순했습니다. 딱 세 가지 원칙만을 강조했을 뿐입니다.

첫 번째 원칙, 모르는 문제는 바로 묻지 말고, 스스로 고민해 보기

아이들은 문제를 풀다 막히면 선생님이나 부모에게 쉽사리 도움을 요청하는 경우가 많습니다. 션도 초등학교 4, 5학년 때 『수학의 정석』을 공부하며, 조금만 막히면 바로 질문을 하려고 했습니다. 그래서 다음과 같이 알려

주었습니다.

· 모르는 문제가 나오면 교재 앞부분의 개념을 다시 읽어볼 것
· 그래도 풀리지 않으면 풀이집을 참고하며 스스로 이해하려 노력할 것
· 이 단계를 거쳐도 도저히 풀리지 않는다면, 그때 도움을 요청할 것

이 방법을 강조한 이유는 간단합니다. 누군가의 설명을 들을 때는 쉽게 이해한 것처럼 느껴지지만, 실제로는 안다고 착각할 수 있어서입니다. 스스로 고민하고 답을 찾아내는 과정을 통해 자신이 무엇을 모르는지 깨닫고, 개념을 정확히 이해해야만 진정한 학습이 이루어집니다. 이러한 경험이 쌓여야 어떤 공부를 하든 혼자 해낼 수 있는 내공이 만들어집니다.

두 번째 원칙, 이해한 문제를 다시 풀어보기

풀이 과정을 읽고 이해했다고 끝내는 아이들이 많습니다. 하지만 직접 다시 풀어보면 막히는 부분이 나올 수 있습니다. 특히 시간이 지난 후 다시 문제를 풀어보는 것도 중요합니다. 풀이 과정을 읽고 바로 문제를 다시 풀면 기억에 의존해 답을 낼 가능성이 높습니다.

션은 학습 흡수력이 좋았지만, 어린 나이에 선행학습을 했던 탓에 개념을 완벽히 소화했다고 보기 어려웠습니다. 그래서 틀린 문제는 시간을 두고 다시 풀도록 유도했습니다. 특히 SAT에서 Math 파트는 실수를 했다가는 고득점에 크게 영향을 미칩니다. 그래서 이를 공부할 때는 틀린 문제를 모아 오답 노트를 만들고, 이를 반복해 실수를 줄이는 연습을 했습니다.

중요한 것은, 수학 과정을 '몇 바퀴를 돌렸는가'가 아니라, 아이가 정말로 개념을 이해하고 있는지 확인하는 것입니다. 진도에만 신경 쓰지 말고, 아이의 이해도를 꾸준히 관찰하는 것이 핵심입니다.

세 번째 원칙, 문제 풀이 과정을 논리적으로 작성하기

션이 UKMT(영국수학경시대회)를 볼 때였습니다. 이 대회의 특징은 풀이 과정이 점수에 반영된다는 점이었습니다. 답이 맞아도 풀이 과정이 생략되면 점수가 깎이는 대회였습니다. 션은 머릿속에서 계산을 빠르게 끝내고 풀이 과정을 생략하는 습관이 있었기 때문에, 대회 준비를 하며 풀이 과정을 논리적으로 쓰는 훈련이 필요했습니다. 아울러, 대회마다 특징과 취지가 있으므로 거기 맞춰서 준비하지 않으면 실력과 관계없이 좋은 결과를 얻을 수 없다고 알려주었습니다. 문제 풀이 과정에서 어떤 부분을 조심해야 할지, 그리고 반드시 써야 할 부분이 무엇인지 알 수 없었기 때문에, 다음과 같은 방법으로 연습해 보라고 조언했습니다.

- 기출문제를 풀며 풀이 과정을 직접 써보기
- 답지의 풀이 과정과 비교하며 빠진 부분을 찾아내기
- 특히, 논리적인 연결어(예: '왜냐하면', '그러므로')를 놓치지 않도록 체크하기

답지의 풀이 과정과 비교하여 빠진 부분을 채워 넣는 훈련을 몇 번 하자, 션은 자신의 풀이법에서 부족한 점을 발견하고 개선할 수 있었습니다. 이후 션은 풀이 과정을 깔끔하게 작성하는 법을 터득했습니다. 그 결과, 매년

UKMT에서 최고 상인 Top 50에 오르며, 더 높은 단계인 BMO(영국수학올림피아드)까지 진출하게 되었습니다.

자기주도 학습의 성과

기본에 충실한 자기주도 학습법은 점차 빛을 발했습니다. 혼자서 학습하는 습관과 문제를 해결하는 태도는 꾸준히 실적으로 이어졌습니다. 션은 다양한 대회에서 실적을 쌓으며 자신감을 키워갔습니다.

· 통계 활용 대회 대상

· 국제 통계 활용 대회 2등

· 영국 UKMT Top 50, BMO 진출

· 미국 AMC 고득점/AIME Qualifier

· 국제 수학 모델링 대회 (IMMC) 3등

· 한국 KMO 1차 통과 및 가을학기 통신강좌 대상자

대학에 입학한 후에도 션은 이 학습법 덕분에 새로운 분야에서 스스로 공부해 나갈 수 있었습니다. 주어진 과제를 해결하는 수준을 넘어, 문제를 분석하고 답을 찾아내는 방식으로 이어진 덕분입니다.

션의 자기주도 학습 여정은 작은 가르침에서 시작된 '스스로 고민하고, 다시 풀어보고, 논리적으로 정리하는 습관' 덕분에 가능했습니다. 단순한 원칙이지만, 아이가 혼자서도 더 큰 성장을 이루어낼 수 있는 초석이 되었습니다.

"자기주도 학습은 문제를 스스로 해결하려는 태도에서 시작됩니다. 작은 습관이 아이를 자율적으로 성장할 수 있는 사람으로 이끌어줍니다."

38

디베이트로 키운 논리적 사고

션이 디베이트를 처음 접한 것은 초등학교 4학년 때였습니다. 당시 디베이트는 초창기 단계라 참가자가 많지 않았습니다. 그 덕분에 션은 초등부 참가자 중 어린 나이임에도 불구하고 좋은 성과를 거둘 수 있었습니다. 하지만 더 중요한 것은, 션과 친구들이 디베이트의 매력에 푹 빠지게 된 것이었습니다.

이후 션은 교대 영재원에서 수학과 과학 공부에 집중하게 되었습니다. 저는 과도한 부담이 될 것을 우려해서 디베이트를 중단하자고 설득했습니다. 션은 계속하고 싶어 했지만, 모든 활동을 병행하기엔 무리가 있어 오랫동안 말렸습니다.

영어 학원과 디베이트를 중단한지 1년 반이 훌쩍 지났습니다. 션의 중학교 1학년 여름, 국제학교 입학을 앞두고 스피킹 실력을 키우기 위해 디베이트 대회에 나가기로 했습니다. 이때 어릴 때 느꼈던 디베이트 열정이 되살아났습니다. 이후 션은 여름마다 디베이트 대회에 참가하며 본격적으로 디베이트에 몰입하기 시작했습니다.

디베이트의 핵심: 논리와 배경지식

디베이트에서 중요한 것은 말을 잘하는 능력이 아니라 논리적인 사고입니다. 논리를 제대로 구성하려면 풍부한 배경지식이 필수적이며, 이는 단기간에 쌓을 수 없습니다.

션은 독서, 학교 수업, 뉴스, 그리고 SAT 지문 등 다양한 자원을 활용해 배경지식을 쌓았습니다. 이런 노력은 관련 없어 보였던 정보들을 서로 연결하며 논리적인 디베이트 케이스 작성에 큰 도움이 되었습니다.

션의 디베이트 실력이 급격히 성장한 계기는 중학교 2학년 여름 대회 준비 기간이었습니다. 디베이트가 활성화되지 않은 제주에서 활동하다 보니 팀원 간 실력 차이로 어려움을 겪기도 했습니다. 하지만 션은 자신만의 방식으로 꾸준히 실력을 키웠습니다. 이때 션은 모든 자투리 시간을 활용해 디베이트 연습에 몰두했습니다. 늘 중얼거리며 연습했고, 가족 여행 중에도 디베이트 영상을 찾아 반복적으로 시청하며 마음에 드는 디베이터의 방식을 따라 했습니다. 샤워를 하면서까지 연습할 정도로 열정적이었습니다. 이렇게 꾸준히 쌓은 노력은 어느 순간 컵의 물이 차올라 넘치는 것처럼 눈에 보이는 실력으로 나타났습니다. 그 결과 주요 대회마다 결승에 오르고, 늘 Best Speaker 상을 받을 만큼 성장했습니다.

디베이트를 배우는 방법과 전략

1. 디베이트는 빨리 시작할수록 좋다

디베이트는 빠른 시작이 유리합니다. 하지만 너무 어릴 때보다는 독서를 통해 배경지식을 쌓은 뒤 시작하는 것이 효과적입니다. 어느 정도 영어로 말할 수 있다면, 초등학교 4학년 무렵 시작하는 것이 이상적입니다. 이 시기에 시작하면 초등학교 5~6학년에 대회를 즐길 수 있을 만큼 실력을 쌓게 됩니다.

더 늦게 시작하더라도 상관없지만 바로 중학생이 되므로 다른 학업 때문에 디베이트에 본격적으로 몰입하지 못한 채 포기하게 될 가능성이 높습니다.

2. 빠른 시작의 장점

디베이트는 시사, 과학, 정치, 경제 등 다양한 주제를 포함합니다. 따라서 어린 시절부터 경험하면 선입견 없이 폭넓은 주제를 탐구할 수 있습니다.

· 학업에 대한 거부감 감소

새로운 정보를 접하며, 추후 학업 과정에서 어려운 주제에 대한 두려움을 줄여줍니다.

· 심리적 위축감 극복

과거에 뛰어난 성적을 낸 팀과 경쟁할 때 심리적인 압박을 느끼기 쉽습니다. 어릴 때부터 실전 경험을 쌓아 자신감을 키워두면 이러한 부담을 덜 수 있습니다.

· 네트워킹 기회

초반에 좋은 성과를 내면 실력 있는 팀원들과의 연을 맺거나 우수한 코치와의 기회를 얻을 가능성이 높아집니다.

3. 첫 대회는 겨울 디베이트를 노리자

초보자는 겨울 디베이트 대회가 적합합니다.

- **겨울 대회**

  겨울 대회는 참가 규모가 작고 경쟁 강도가 낮아, 실전 경험을 쌓기에 적합합니다.

- **여름 대회**

  반면, 여름 대회는 숙련된 디베이터들이 대거 참여하므로, 충분한 준비 후 참가하는 것이 바람직합니다.

따라서 겨울 대회에서 경험을 쌓고, 여름 대회에서는 자신감을 가지고 도전하도록 계획을 세우는 것이 이상적입니다.

4. 팀워크의 중요성

디베이트는 혼자만 잘해서 되는 활동이 아닙니다. 좋은 실력을 가진 아이들과 팀을 이루는 것도 중요하지만, 팀워크가 더 중요합니다. 팀원과의 협력과 의견 조율이 팀의 승패를 좌우합니다. 그런 면에서 디베이트는 스포츠와 상당히 유사합니다.

디베이트의 효과와 한계

디베이트는 논리적 사고뿐 아니라 글쓰기, 발표, 연설, 인터뷰 등 다양한 영역에서 큰 효과를 발휘합니다. 디베이트만으로 모든 능력이 길러지는 것은 아니겠지만, 션의 경우 션의 여러 재능에 날개를 달아준 것은 분명합니다. 그러나 우리나라 입시 체계에서 디베이트는 큰 도움이 되지 않으므로 고등학생이 되면 우선순위에서 밀려나기 쉽습니다.

하지만 저는 션이 좋아한다면 입시와 상관없이 지원하겠다는 원칙을 세웠습니다. 한 가지를 오래 하면 자신도 모르게 깨닫게 되는 통찰과 자신감이 생기기 때문입니다. 션은 디베이트를 통해 얻은 자신감과 실력을 성장의 밑거름으로 삼았고, 미국 입시에도 긍정적인 영향을 미쳤습니다.

"좋아하는 일에 깊이 몰입하면, 노력은 반드시 성과로 이어집니다. 디베이트는 션에게 논리적 사고를 키워준 놀이터이자 자신감을 심어준 소중한 경험의 무대였습니다."

39

코로나19, 위기를 기회로!

션의 디베이트 여정에 두 번의 큰 위기가 찾아 왔습니다. 하나는 국내 고등부 디베이트 대회가 점점 사라진 것이었습니다. 또 하나는 코로나19 팬데믹의 여파로 국제 디베이트 대회 역시 개최가 불가능해진 것이었습니다.

국내 디베이트의 쇠퇴

션이 초등학교 시절, 디베이트가 큰 붐을 일으키며 많은 학생들과 부모들의 관심을 받았습니다. 그러나 션이 중학교 1학년 여름, 본격적으로 디베이트를 시작했을 때 국내 고등부 디베이트 대회는 점차 자취를 감추고 있었습니다.

그 당시 국내대학 입시에 외부 실적을 반영할 수 없게 되면서, 디베이트는 고등학생들에게 시간 대비 효율성이 낮은 활동으로 간주되었습니다. 게다가 학업량이 급격히 늘어나는 고등학생들에게는 많은 시간과 노력을 요구하는 디베이트가 현실적으로 큰 부담이 되기도 했습니다.

션이 중학생 때까지는 몇몇 대회에서 즐겁게 활동했지만, 고등학생이 되면서 상황은 달라졌습니다. 국내 고등부 대회가 사라지면서, 션은 디베이터로서 활동을 이어가기 어려워졌습니다. 학교에서는 디베이트 동아리와 방과 후 프로그램의 리더로 활동했지만, 실전 경험이 줄어들면서 디베이터로서의 성장이 정체될 위기에 처했습니다.

디베이트 무대를 세계로 옮기다

이러한 한계를 극복하기 위해, 션은 시선을 국제 디베이트 대회로 돌렸습니다. 유럽에서 열리는 디베이트 대회에 참가 신청을 했고, 설레는 마음으로 준비를 시작했습니다. 그러나 코로나19 대유행이 시작되며 유럽 전역의 대회들이 줄줄이 취소되었고, 션이 신청했던 대회도 무산되었습니다.

하지만 몇 개월 뒤, 예상치 못한 기회가 찾아왔습니다. 일부 대회가 온라인 형식으로 전환되기 시작한 것입니다. 디베이트는 전통적으로 직접 만나 논리적으로 겨루는 대면 활동이라는 고정관념이 있었기에, 온라인 전환은 상상조차 해본 적이 없었습니다. 코로나19를 극복해 보고자 생긴 이 변화는, 디베이터들에게 새로운 가능성을 열어주었습니다.

온라인 대회는 이동과 비용의 부담을 덜어내 주었고 누구나 손쉽게 참가할 수 있는 새로운 기회를 제공했습니다. 션은 자신의 방에서 세계 각국의 실력 있는 디베이터들과 마음껏 논리 대결을 펼칠 수 있었습니다.

코로나19가 만든 기회

코로나19의 장기화로 굵직한 국제 디베이트 대회들이 모두 온라인으로 전환되자 참가 팀들이 폭발적으로 늘어났습니다. 대회 규모는 오프라인 시절보다 더 커졌고, 전 세계의 뛰어난 팀들이 참가하며 경쟁은 더욱 치열해졌습니다. 이 또한 우물 안 개구리에서 벗어나 더 넓은 세상을 경험할 수 있는 좋은 기회라고 생각했습니다. 이제 의지만 있으면 얼마든지 유명한 국제 대회에 마음껏 참가하여 경험을 쌓을 수 있게 된 것입니다.

국제 대회의 수준은 국내 대회보다 훨씬 높아 션은 디베이트 실력을 한 단계 더 성장시킬 수 있었습니다. 그 결과, 여러 국제 대회에서 Best Speaker 상을 수상하며 실력을 인정받았습니다. 코로나19로 닫힌 문이 션에게는 오히려 새로운 기회의 문이 된 것입니다. 국내 대회가 사라지고, 제주라는 한정된 환경에서 훈련할 기회가 부족한 상황에서, 온라인 대회는 션이 디베이터로서 활동을 지속하고 성장할 수 있는 새로운 길을 열어주었습니다.

디베이트의 즐거움과 교훈

션은 디베이트를 운동경기에 비유하곤 합니다. 상대 팀을 이기기 위해 전략을 세우고, 팀워크를 다지며, 승리와 패배의 감정을 공유하는 점에서 스포츠와 유사하다는 것입니다. 하지만 무엇보다 디베이트의 진정한 즐거움은 승패를 넘어 논리로 겨루는 과정에 있다는 것을 션은 잘 알고 있습니다.

이웃 학교와 운동장에서 아이스크림 내기를 걸고 경기를 하듯, 션은 온라인에서 세계 각국의 친구들과 디베이트를 통해 추억을 쌓았습니다. '준비된 자만이 기회를 얻는다.'는 말이 있습니다. 션이 기회를 가질 수 있었던 이유는 포기하지 않고 꾸준히 디베이트를 이어왔기 때문입니다. 좋아하는 일을 계속 하는 것, 거기에 진정한 성공 비결이 숨겨져 있었습니다.

"위기는 끝이 아니라 새로운 기회로 이어질 수 있습니다. 준비된 마음과 꾸준한 열정은 닫힌 문을 열고 더 넓은 세상으로 나아가는 열쇠가 됩니다."

40

취미를 개성 있는 활동으로!

션의 디베이트에 대한 애정은 각별했습니다. 디베이트 대회에 참가할 때마다 션은 경쟁이라고 생각하지 않고 축제처럼 즐겼고, 새로운 친구들과 교류하며 디베이트 계의 터줏대감으로 자리매김했습니다.

션은 학교에서 디베이트 동아리의 리더를 맡아 후배들의 훈련을 도왔습니다. 디베이트를 처음 접하는 후배들을 위해 직접 교재를 만들어 제작했으며, 이 교재는 동아리와 방과 후 수업에서 적극 활용되었습니다. 뿐만 아니라, 이를 해외 NLCS 캠퍼스에 보내 활용하도록 했습니다.

어느 날, 션이 디베이트를 전혀 모르던 후배들이 이제 몇 분 동안 논리적으로 자신의 의견을 말할 수 있게 됐다며 들뜬 표정으로 말했던 기억이 납니다. 디베이터로서뿐 아니라 코치로서도 역할을 하는 모습이 참으로 대견했습니다.

동아리의 규모가 커지자 션은 체계적인 관리를 위해 수준별 그룹을 나누고, 각 그룹에 리더를 선임하여 관리와 교육을 맡겼습니다. 션은 각 그룹이 균형 있게 성장할 수 있도록 지원하며 리더십을 발휘했습니다.

국내 최초 온라인 디베이트 대회 JFNODC 개최

코로나19로 국제 디베이트 대회가 온라인으로 전환되던 시기, 션은 해외 디베이트 온라인 대회를 참가한 후, 기발한 아이디어를 떠올렸습니다. 국내에서도 온라인 디베이트 대회를 개최하면 지방 학생들도 쉽게 참가할 수 있을 것이라는 생각이었습니다. 이전에 부산과 광주 디베이트 대회를 참가한 적이 있습니다. 이때 서울에 살지 않는 학생들이 다양한 디베이트 대회에 참가하기 어려운 현실을 본 적이 있어서 이를 해소해 주고 싶었던 기억도 되살아났습니다.

션은 국내 최초의 온라인 디베이트 대회 JFNODC(JFN Online Debating Championship)을 기획하고 실행해 보기로 결심했습니다.

대회를 체계적으로 운영하기 위해 운영진을 꾸리고, 대회 규정집 작성부터 저지(judge) 모집까지의 과정을 책임졌습니다. 국내외 대회에서 굵직한 성과를 거둔 친구들과 선배들에게 저지로 참여해 달라고 부탁했으며, 철저한 저지 교육도 진행했습니다. 학교의 스폰서를 받아 저렴한 참가비를 책정함으로써 누구나 부담 없이 대회에 참가할 수 있도록 했습니다.

처음 시도하는 온라인 대회이므로 참고할 만한 사례가 없었기에 션과 친구들은 광고부터 대회 운영까지 모든 것을 처음부터 만들어 나갔습니다. 매일 같이 바쁘게 움직이며 열정을 쏟아붓는 션을 지켜보며 걱정이 앞서기 시작했습니다. 중요한 시험을 앞두고 매일 새벽까지 대회 준비에 매달리는 션을 보며 조마조마했습니다. '적당히 하라'고 말하고 싶었지만 워낙 열심히 하는 모습을 보니 차마 그럴 수 없었습니다. 엄마가 응원은 못할 망정, 불만스러운 기색을 보였으니 지금 생각해도 미안할 따름입니다.

마침내 JFNODC는 성공적으로 마무리되었습니다. 션과 친구들은 뒷풀이 자리에서 그동안의 고생을 나누며 기쁨을 만끽했습니다. 션은 '힘든 과정이었지만 끝내고 나니 눈물이 핑 돌았다'며 그때의 감동을 전했습니다.

몇 개월 동안 션과 친구들이 애쓴 과정을 지켜보며 저는 많이 부끄러웠습니다. 대회 준비로 동분서주했던 시간이 허투루 버린 것이 아니라, 션이 눈부시게 성장하는 기회였다는 것을 전혀 몰랐던 것이었습니다. 이 일을 계기로 저는 션의 입시에서 한 발 물러나 그저 지켜보기로 결심했습니다.

온라인 디베이트 워크숍

온라인 대회가 끝난 후에도 션의 열정은 멈추지 않았습니다. 연 1회 대회만으로 후배들에게 충분한 기회를 줄 수 없다는 생각이 들어, 디베이트 교육을 위한 온라인 워크숍을 열기로 했습니다.

우리나라에서는 디베이트 훈련을 위해 학원에 의존하는 경우가 많습니다. 션은 학원에 갈 수 없는 학생들을 위해 온라인 워크숍을 기획하고, 자신의 디베이트 경험과 노하우를 전달하고자 했습니다. 예상보다 많은 학생들이 신청했고, 션은 성심껏 준비하여 워크숍을 성공적으로 마무리했습니다.

처음에는 재미로 시작했던 디베이트가 점차 션에게 팀워크, 기획력, 실행력, 리더십, 그리고 선한 영향력 등 다양한 자산을 안겨주었습니다. 이러한 경험은 수학과 통계학 같은 학문과도 연결되었으며, 현재 스탠퍼드에서도 빛을 발하고 있습니다.

"취미에 열정을 더하면, 그 취미는 강력한 무기가 됩니다."

41

4년 동안의 제주 펭귄마을 봉사 프로젝트

디베이트에서 시작된 션의 선한 영향력은 '펭귄마을 정크 아트 프로젝트'로 이어졌습니다. 이 프로젝트는 션이 중학교 2학년 때 시작해 고등학교 졸업까지 4년간 꾸준히 이어진 봉사 활동입니다. 션은 매주 5~6시간, 많게는 10시간 이상 이 활동에 애정을 쏟았으며, 시험 기간에도 작업을 마쳐야 한다며 한밤중에 플래시를 들고 현장에서 벽화 작업을 이어갈 정도로 열정적이었습니다.

광주의 펭귄마을에서 영감을 얻다

펭귄마을 프로젝트의 시작은 중학교 2학년 여름, 광주 디베이트 대회에 참가한 후 이어진 가족 여행에서였습니다. 여행 중 방문한 '펭귄마을'에서 션은 그곳의 특별한 매력에 깊은 감명을 받았습니다. 펭귄마을은 노인들이 걷는 모습이 펭귄을 닮았다고 붙여진 이름입니다. 젊은이들이 떠난 후, 남겨진 노인들과 예술가들이 협력하여 골목을 벽화와 정크 아트로 꾸며냈습니다. 그 덕분에 마을은 관광객을 모으며 상권까지 부활하는 놀라운 변화를 이루었습니다.

션은 이곳을 둘러보며 제주에도 낡고 인적이 드문 골목이 많으니, 이런 펭귄마을을 만들어 보고 싶다는 꿈을 꾸었습니다. 학교로 돌아온 션은 방과 후 봉사활동을 만들기 위해 기안서를 작성해 학교에 제출했습니다. 봉사 동아리 전담선생님 섭외와 활동 장소 확보까지 모든 과정에 순탄치 않았습니다. 모든 조건을 갖춰 봉사단체로 승인을 받는 데만 석 달이 걸렸습니다.

긴 노력 끝에 방과 후 활동 승인을 받은 뒤 회원을 모집해 재활용품으로 정크 아트 작품을 만드는 활동을 시작했습니다. 1년 동안 꾸준한 활동 끝에 주말 봉사 동아리로 승격되었고, 본격적인 펭귄마을 프로젝트가 시작되었습니다.

창고에서 시작된 제주 펭귄마을 프로젝트

주말 동아리로 승격된 뒤, 션은 학교와 떨어진 마을들을 찾아다니며 봉사의 취지를 설명하기 시작했습니다. 여러 마을 이장님들을 설득한 끝에, 한 마을에서 빈 창고를 제공받아 첫 작업을 시작할 수 있었습니다.

창고는 낡고 미관상 좋지 않아 벽화를 그려 새롭게 단장하기로 했습니다. 초반에는 페인트와 젯소의 적정 사용량을 몰라 여러 번 덧칠해야 했으며, 제주의 잦은 태풍으로 작업이 중단되기도 했습니다. 하지만 션과 친구들은 목표 날짜를 맞추기 위해 때로는 밤늦게까지 작업을 이어갔습니다.

이 과정에서 봉사 담당 임광호 선생님이 큰 힘이 되어 주었습니다. 지금까지의 과정만으로도 힘들어서 포기하고 싶은 적이 많았으나, 임 선생님은 끊임없는 격려와 응원을 해 주셨습니다. 교통편이 좋지 않은 제주 특성상, 마을 섭외를 할 때는 직접 차로 데려다 주기까지 하셨습니다.

리더십을 효과적으로 발휘하는 법

션이 봉사 동아리를 운영할 때 저는 다음과 같은 몇 가지 조언을 해 주었습니다.

1. 적절한 업무 분장

진정한 리더는 모든 일을 혼자 하려 하지 않는다. 멤버들의 장점을 살려 적절히 업무를 배분하며, 이들이 잘 할 수 있도록 지원한다.

2. 소통과 자율성

역할별 그룹을 나누고 서브리더를 세워 각 그룹을 자율적으로 이끌게 한다. 리더는 서브리더와의 견고한 소통 체계를 유지한다.

3. 작은 목표의 중요성

너무 거창한 계획은 모두를 지치게 할 수 있으므로, 단기간에 결과를 얻을 수 있는 작은 목표를 정해서 구성원들이 성취감을 느끼게 한다.

4. 즉각적인 격려와 공유

활동이 끝난 뒤 팀원들을 칭찬하고 격려하며, 결과를 팀원들과 공유해 지속적인 동기를 제공한다.

처음엔 모든 일을 혼자 해결하려던 션도 시간이 지나면서 팀원들에게 믿고 맡기면 조직이 훨씬 원활히 운영되는 것을 깨달았습니다. 미술과 사진에 재능이 있는 친구들의 참여 덕분에 동아리는 더욱 활기를 띠었고, 션은 자주 친구들에게 감사의 마음을 전했습니다.

커가는 제주 펭귄마을 프로젝트

션과 친구들은 벽화 작업과 함께 재활용품을 활용한 정크 아트 제작도 꾸준히 이어갔습니다. 재활용품으로 만든 책갈피와 에코백 같은 실용적인 제품을 제작해 판매하며 봉사 기금을 마련했습니다.

한 선생님은 재활용 에코백 판매에 대한 메일을 받고 션을 따로 부르기도 했습니다. 봉사 활동 목적과 과정을 물으며 환경 문제와 봉사에 대한 션의 진정성을 높이 평가했습니다. 앞으로 필요하면 언제든 도움을 요청하라고 격려했습니다. 이번 일을 계기로 션의 다양한 면모가 종합적으로 학교에 알려졌고, 펭귄마을 프로젝트는 더 큰 관심과 지지를 받게 되었습니다.

처음 창고 하나에서 시작한 펭귄마을 프로젝트는 시간이 지나면서 골목 전체로 확장되었습니다. 인근 마을과 학교 학생들의 협업도 이루어졌습니다. 이웃 주민들의 적극적인 협조도 받게 되었습니다. 부모나 선생님의 개입 없이 진행하다 보니 처음에는 시행착오도 많았고 작업이 더디게 진행되었습니다. 하지만 어느 순간, 아이들의 경험이 쌓이면서 안정적으로 속도를 내기 시작했습니다.

봉사 활동이 준 값진 배움

션은 4년간의 봉사 활동을 통해 삶에 깊이 새겨진 교훈들을 얻었습니다.

· 첫째, 환경 문제와 봉사의 가치를 이해하다

펭귄마을 프로젝트를 기획하고 실행하며, 환경 문제의 심각성과 이를 해결하기 위한 봉사의 의미를 몸소 체험했습니다.

- **둘째, 두둑한 배짱과 자신감을 얻다**

  처음엔 불가능해 보이던 일을 해결해 나가며 점차 자신감을 쌓아갔습니다.
- **셋째, 도전 정신을 배우다**

  가능성이 낮아 보이는 일도 도전하고 두드리면 새로운 기회를 만들어낼 수 있다는 교훈을 얻었습니다.
- **넷째, 리더십과 조직 관리 능력을 키우다**

  팀원들과 협력하며 함께 성장하고 목표를 이루어가는 진정한 리더십을 체득했습니다.

션의 봉사 활동은 제게도 깊은 감동을 주었습니다. 솔직히, 중학생 2학년 때 시작한 프로젝트를 고등학교 졸업할 때까지 이렇게 꾸준히 이어갈 줄은 상상하지 못했습니다. 이는 사회 생활에서도 흔히 경험할 수 없는 귀중한 과정이었습니다.

션은 이 경험 덕분에 조직 운영에 큰 어려움을 느끼지 않는다고 자랑스럽게 이야기 합니다. 실제로, 대학에서도 펭귄마을 프로젝트의 경험을 살려 뇌공학 클럽을 만들어 운영하고 있습니다.

지금은 후배들이 제주 펭귄마을 프로젝트를 맡아 진행하고 있습니다. 규모가 훨씬 더 커져서 여러 마을로 확대되었다는 기쁜 소식을 전해왔습니다.

"아이들이 스스로 기획하고 실천하는 봉사야말로 진정한 가치를 지닙니다. 그 과정에서 아이들은 사회에 어떤 기여를 할 수 있을지 진지하게 고민하게 됩니다."

42

남편 내 편 만들기

부부가 함께 아이의 교육을 고민하며 협력하는 것은 매우 중요합니다. 하지만 현실에서는 남편이 '남의 편'처럼 느껴지는 경우도 많습니다. 남편이 교육에 무관심하거나, 엄마의 관점에서 남편의 조언이 잘못된 참견처럼 느껴질 때, 부부 간 갈등이 불거지기도 합니다. 엄마들 사이에서는 차라리 남편이 교육에 관여하지 않는 게 더 낫다는 농담이 나오기도 합니다.

그러나 남편과 협력하여 교육을 함께 논의하면, 그 효과는 배가 됩니다. 저 역시 처음에는 남편과 교육 문제로 의견 차이를 겪었지만, 대화를 통해 서로의 생각을 맞춰나갔습니다. 이런 과정을 통해 얻게 된, 남편을 '내 편'으로 만드는 방법을 나누고 싶습니다.

아빠가 교육에 나서서 성공한 사례

션이 초등학생일 때, 한 엄마가 남편과 함께 저를 찾아와 아이의 영어 학습법에 대해 물었습니다. 저는 '영어 동화책 1,000권 읽기'를 제안했지만, 이 방법을 꾸준히 실천하는 부모는 단 한 명도 없었기에 큰 기대는 하지 않았습니다.

그런데 이 부부는 저희 집에 있던 영어 동화책을 모조리 중고 가격으로 사 간 뒤, 아빠가 퇴근 후 매일 아이와 책을 읽기 시작했습니다. 1년 후, 결국 1,000권 읽기를 해냈고 이후 영어 학원에 다닌 아이는 영어 실력이 눈에 띄게 향상되었습니다.

2년 후, 이번에는 수학 학습법을 물어왔습니다. 몇 가지 기본 원칙과 방법을 알려드렸더니, 이번에도 아빠가 아이의 수학 기초를 다지고 나서 학원에 보냈습니다. 그렇게 꾸준히 아이를 챙긴 결과, 아이는 서과영(서울과학고)을 거쳐 의대에 진학했습니다.

드물지만, 아빠가 교육에 진심으로 관여할 때 성과는 크게 달라질 수 있는 사례입니다.

가사와 육아의 균형은 부부가 함께

요즘 예비부부들은 결혼 전 가사 분담에 대해 미리 논의한다고 들었습니다. 그러나 제가 결혼하던 당시만 해도, 아내의 직업 유무와 상관없이 모든 가사와 육아를 전담하는 것이 일반적이었습니다. 이런 분위기 속에서 아이가 자라면서 많은 여성이 일을 그만두는 선택을 했습니다. 하지만 저희 집은 조금 달랐습니다.

션이 태어난 후, 우리 부부는 마치 2교대 근무조처럼 생활했습니다. 션파가 퇴근 후 집에 와서 션을 돌보면, 제가 퇴근해 그 바통을 이어받아 션이 잠들 때까지 함께 놀아주었습니다. 션이 어릴 때 저는 주로 육아와 교육을 맡았고, 션파는 가사를 도맡았습니다. 우리 부부는 평일뿐만 아니라 주말에도 밀린 집안일을 하느라 여유가 없었습니다.

션파가 많은 일을 도맡아 하며 힘들었을 텐데, 저는 당시 고마움을 느끼기보다는 그 노력을 당연하게 여겼습니다. 저 역시 직장을 다니며 바쁘게 살았기 때문에, 가사와 육아를 분담하는 것이 당연한 것처럼 여겨졌던 것입니다. 그러나 지금 돌아보면, 션파의 적극적인 협력이 없었다면 제가 션의 교육에 신경을 쓰는 일은 불가능했을 겁니다.

교육관 차이로 인한 갈등

션이 성장하면서 우리는 점점 교육관의 차이로 부딪치기 시작했습니다. 션파는 수면과 휴식을 중요하게 여기며, '아이는 충분히 자야 건강하게 자랄 수 있다'고 강조했습니다. 반면, 저는 낮 동안 아이와 시간을 보내지 못한 아쉬움에 새벽까지 책을 읽어주며 션과의 시간을 채우려고 했습니다.

늘 피곤에 절어 있으면서도 매일 새벽까지 자지 않고 책을 읽어주고 있으니 션파가 여러 차례 그만 자라고 했으나, 저는 중단하지 않았습니다. 집에 이미 많은 책이 있음에도 불구하고 계속 책을 샀고, 주말마다 션을 데리고 도서관에 찾아갔습니다. 그때마다 션파는 "집에 있는 책도 다 읽지 않았으면서 왜 또 도서관까지 가는 거야?"라며 이해하지 못했습니다. 션이 조금 더 자란 뒤에는 미술관과 박물관을 주말마다 찾아다니기 시작했습니다. 그때도 션파는 "무리하지 말고 쉬어."라고 했지만, 저는 여전히 아이와 보낼 시간을 아끼지 않으려 했습니다.

지금 생각해 보면 션파의 말이 옳았습니다. 저는 '적당히'를 몰랐습니다. '내일은 없다'는 마음으로 오늘 하루에 모든 걸 쏟아부으려 했던 것입니다. 션파는 그런 저를 보며 브레이크를 걸어주려 했던 것입니다.

교육에 대한 부담감 나누기

초등학생 저학년까지는 엄마표로 교육을 진행했지만, 션이 학원에 다니기 시작하면서 상황은 달라졌습니다. 공부량이 늘고, 경쟁은 치열해졌습니다. 션은 그런 환경을 잘 받아들였지만, 저에게는 이 모든 것이 큰 부담으로 다가왔습니다.

션이 다니는 학원은 겨우 두 곳뿐이었지만, 최상위권 학생과 헬리콥터 맘들이 많은 곳이었습니다. 아이들의 성적, 시험 결과, 학습 태도를 세세히 아는 분위기 속에서 내 아이가 자칫 실수라도 하면 어쩌나 하는 불안감이 생겼습니다. 또한 아이들을 바로 옆에서 섬세하게 케어해주는 엄마들을 보며 상대적 박탈감을 느끼기 시작했습니다.

저는 점차 학원에 가는 것 자체를 꺼려하게 되었고, 션파가 션을 데리러 가는 일이 잦아졌습니다. 하지만 그게 해결책은 아니었습니다. 션이 중고등학교 다닐 때까지 이런 경쟁적 분위기를 제가 견딜 수 있을지 자신이 없었습니다. 션이 잘 해내고 있는 만큼, 경쟁적 분위기에서 발을 빼기가 더 어려웠습니다. 이러지도 저러지도 못하며, 제 내적 갈등은 깊어졌습니다.

어느날, 션파가 늘 이야기했던 '아이들은 아이답게 키워야 한다'는 상식적인 말들이 떠올랐습니다. 경쟁과 불안감 때문에 오히려 가장 기본적인 원칙을 잊고 있었던 것이 아닐까 생각하게 되었습니다.

그때 션파와 진지하게 이야기를 나눠보니, 우리가 맞벌이 부부로서 역할을 나누고 분담을 했을 뿐, 서로의 교육관이나 아이를 대하는 태도에 대해 깊이 있는 대화를 나눈 적이 없었다는 것을 알게 되었습니다. 겉으로는 협력하는 것처럼 보였지만, 사실은 각자의 방식으로 아이를 바라보고 있었던 것입니다.

부부 간 대화를 통해 교육관의 균형을 맞추다

그때부터 저는 읽은 책과 얻은 정보를 바탕으로, 틈날 때마다 션파에게 지금의 교육 현실에 대해 설명하기 시작했습니다. 우리가 공부할 때와 무엇이 달라졌으며, 요즘 아이들에게 요구하는 게 어떤 것인지를 설명을 해 주었습니다. 또한 오늘 션과 저에게 있었던 일도 함께 이야기를 나누기 시작했습니다.

이때도 무작정 "요즘은 이렇게 바뀌었어, 이렇게 해야 해."라고 말하면 반발을 살 수 있어서, "고민이 있는데, 이런 건 어떻게 생각해?"라며 의견을 구하는 방식으로 접근했습니다. 션파도 진지하게 응해 주었고, 점차 서로의 교육관을 이해하게 되었습니다.

처음에는 서로의 입장이 달랐으나 션의 성향상 '신나게 자신을 발산할 수 있는 곳에서 공부할 수 있도록 도와주는 것이 부모의 몫'이라는 공통 의견에 다다랐습니다.

저희 부부의 대화는 육아와 교육에서 벗어나, 각자 하고 있는 일과 우리 가족의 미래까지 확대되어 나갔습니다. 션파가 집안일을 도맡아 해 주었던 일들에 대해서는 더 이상 당연하다고 여기지 않았고 고맙다는 말도 종종 하기 시작했습니다.

남편과의 대화가 육아에 미친 긍정적 효과

이전에는 육아나 교육 고민을 다른 엄마들과 나누곤 했습니다. 그러나 내 아이의 이야기를 가장 많이 나누어야 할 사람은 옆집 엄마가 아니라 내 남편이었습니다. 그래서 션파와 더 많은 이야기를 나눴습니다.

션파와 대화가 늘어 나면서 작은 문제도 큰 갈등으로 번지지 않을 수 있었고, 사소한 충돌도 빠르게 해결되었습니다. 특히, 션파의 현실적이고도 간단한 조언은 아들을 키우는 데 큰 도움이 되었습니다.

· 남자아이들은 엄마에게 그냥 기대고 싶어서 괜히 심통 부릴 때가 있어.
· 나이 들어서 자연스럽게 고쳐지는 것들은 잔소리하지 말고 그냥 두자.
· 식당에서 보니, 어떤 외국 부모가 아이에게 무릎을 꿇고 눈을 맞추며 끈덕지게 설명하더라. 우리도 그러자.

션이 어릴 때부터 부부간 대화에 힘쓴 덕분에, 션이 사춘기가 왔을 때와 입시 기간에 션파가 큰 힘이 되어 주었습니다. 션이 눈앞에 있었다면 제 화를 못 참고 션에게 '샤우팅'하며 감정을 쏟아냈을지도 모릅니다. 그러나 션파와 먼저 이야기하며 마음을 정리하고 나니, 션에게는 차분하게 대할 수 있었습니다.

션이 고등학생 3학년이 되어 공부량이 많아지고 입시에 대한 걱정이 깊어질수록, 우리 부부는 오히려 더 자주 데이트를 하고 여행을 다니며 마음 관리를 했습니다. 이런 풍경은 입시를 치르는 여느 가정과는 사뭇 달랐습니다.

지금은 우리 부부가 언제 말다툼을 했는지 가물가물합니다. 제가 친구를 따로 찾지 않는 이유도 션파와 이야기하는 게 더 재미있고 잘 통해서입니다.

남편도 보듬어 주세요

제가 일터에서 함께 일하는 분 대부분은 아빠들입니다. 이분들이 주로 하는 말이 있습니다. "시험기간이라 아내가 늦게 들어오래요.", "아이가 고3이라 올해는 아무 데도 못 가요."

이런 현실적인 이야기를 들으면 현대 아빠들의 고충이 짠하게 느껴집니다. 엄마들이 육아와 교육으로 바쁜 동안, 아빠들도 공감받지 못해 외로운 경우가 많습니다. 엄마들은 아이와 씨름하며 입시 준비로 정신없이 보내지만, 남편이 이를 알아주지 않으면 야속하게 느낍니다. 반면 아빠들은 일터에서 받은 스트레스에 이어 집에서도 소외감을 느끼며 리모컨만 찾게 되는 상황이 반복됩니다. 가족간 대화가 부족한 채 이런 날들이 몇 년간 지속되면, 아이들도 점점 아빠를 서먹해 할 수 있습니다.

사실 남편과 교육관이 다를 때, 남편의 공감을 얻는 일은 쉽지 않습니다. 남편들은 쉽사리 "나 때는 안 그랬어, 요즘 너무 극성이야.", "그런 거 다 필요 없어, 애들은 스스로 해야지."라는 말을 합니다. 반면 아내는 남편 몰래 알뜰살뜰 아이들 교육비를 마련하며, 조금이라도 더 지원하려고 애씁니다. 이런 모습은 '미래의 가치'를 중시하는 남편과 '현실의 목표'를 중시하는 아내와의 차이로 보입니다. 남편의 말처럼 미래에 필요한 준비를 지금부터 하면 좋겠으나, 당장 입시라는 현실에서 경쟁을 이기기 위해서는 아내의 방향성이 더 맞을 수 있습니다.

결국, 아이가 대학 갈 무렵이 되면 "그때 신경을 더 썼으면 좋았을걸." 하며 후회하는 아빠들도 적지 않습니다. 하지만 정작 집에서는 그런 후회를 티 내지 않는 경우가 많습니다. 그래서 부부 간 대화를 많이 나눴으면 좋겠습니다.

우리가 대학 졸업하고 나서 사회인이 되면 '칭찬'받을 기회가 거의 없습니다. 특히 남자들은 더 그렇습니다. 버거운 스트레스를 안고도 티 내지 않는 것이 남자들의 속성입니다. 그러니 남편이 집에 돌아오면 일단은 많이 보듬어 주면 좋겠습니다. 꽉 막혀 보이는 남편도 처음만 영리하게 대화를 이끌어 내고, 약간의 인내심을 발휘하면 생각보다 쉽게 마음을 열 수 있습니다.

물론 하루아침에 되는 건 아닙니다. 저 역시 오랜 시간이 걸렸습니다. 서로 다른 두 사람이 생각을 맞추는 데는 원래 오래 걸리는 법입니다. 아내 홀로 육아와 교육을 짊어지지 말고 남편과 함께 나누면서 점차 눈높이를 맞추어 가면 좋겠습니다.

부부의 협력으로 더 나은 교육 환경을

아이는 매일 자라기 때문에 '오늘의 아이'는 '새로운 아이'라고 봐야 합니다. 부부간 대화는 변화하는 아이에 맞춰 지속적으로 이루어져야 합니다. 이런 대화의 습관은 아이가 성장하여 사춘기를 맞았을 때 큰 힘을 발휘하게 됩니다.

사춘기는 아이의 정체성과 자율성을 찾는 중요한 시기입니다. 때로는 격렬한 감정표현과 갈등이 동반되므로 엄마 혼자 감당하기 어려울 수 있습니다. 이때 응원투수로 아빠가 등장하면 쉽게 해결되는 경우가 많습니다. 특히 아들의 경우, 엄마 입장에서는 이해하기 힘든 행동도 아빠가 보기에는 자연스러운 성장 과정으로 받아들일 수 있습니다.

옆집 엄마와 이야기하지 말고 처음부터 조금씩 남편 몫을 떼어주었으면 좋겠습니다.

"부부가 협력해 아이를 키울 때, 아이는 부모라는 든든한 두 날개로 더 높이 비상할 수 있습니다."

43

입시 불안감 떨치기

남들과 다른 길을 선택하는 데는 적잖은 용기가 필요합니다. 션의 제주행 역시 그랬습니다. 확고한 신념이 있어서가 아니라, 단지 션에게 잘 맞을 것 같아서 내린 결정이었습니다. 대범한 척했지만, 사실은 제 선택이 옳았는지 끊임없이 되묻곤 했습니다. 잘하는 애를 왜 굳이 제주에 보냈냐는 말을 들을 때마다 '내가 잘하고 있는 건가?'라는 생각이 들곤 했습니다.

저는 현재 주어진 환경의 장점을 최대한 활용하자는 주의여서, 국내 교육을 선택했더라도 크게 불만 없이 지냈을 것입니다. 하지만 션의 성향을 고려했을 때, 우리나라 교육방식보다는 국제학교가 더 잘 맞을 것 같다는 판단이 제주행의 가장 큰 이유였습니다.

제주로 보낸 첫 2년 동안은 심란함의 연속이었습니다. 괜히 잘 알지도 못하면서 호기롭게 보낸 것은 아닌가 싶었습니다. 그러나 션의 제주 생활 3년 차에 접어들어 자신만의 길을 찾아가는 모습을 보면서 비로소 잘했다는 확신이 들기 시작했습니다. 또한 다른 엄마들과의 만남이 줄어들면서 불안한 마음이 들기도 했지만, 비교에서 자유로워진 점은 솔직히 편했습니다.

학교에 대한 기대치의 차이

고등학생 자녀를 둔 부모들과 이야기를 나눠보면, 아이가 아무리 좋은 학교를 다녀도 대화 내용은 비슷합니다. "높은 학비와 명성에 비해 학교가 해 주는 게 없다."라는 불만에서 시작해, "아이들이 할 게 너무 많다."의 하소연으로 이어집니다. 그러다가 "그래도 아이들이 학교를 좋아하니 다행이다."라는 말로 마무리되곤 합니다.

국제학교를 보내는 부모들 역시 "학비가 얼만데, 이 정도는 해 줘야지."라고 말하곤 했습니다. 그러나 저는 생각이 달랐습니다. 학교가 뭔가를 해 주기를 기다리기보다는, 이미 주어진 기회가 충분히 많으니 필요한 것은 내가 직접 얻어내야 한다고 여겼습니다. 이런 태도는 일할 때의 제 모습이기도 합니다. 제도적으로 불가능한 부분은 개선을 요구하고, 당장 해결되지 않는 문제는 우회 방법을 찾아 행동에 옮겼습니다. 학교에 원하는 것이 있으면 기다리지 않고 해법을 찾아 나섰고, 그럴 때마다 기대 이상의 기회를 얻었습니다. 학교의 커리큘럼이 좋거나 대학에 잘 보내준다는 이유가 아니라, 션이 시행착오를 거치며 자신만의 길을 개척할 줄 아는 아이로 변해가는 모습을 보며 '국제학교를 선택하길 잘했다'는 확신이 더욱 강해졌습니다.

입시가 다가오며 찾아온 불안감

그러나 고등학생이 되어 입시가 성큼 다가오자, 갑작스러운 불안감이 몰려왔습니다. 주변에서 학원과 입시 컨설팅을 알아보는 부모들의 움직임을 보니, 저도 무언가를 챙겨야 할 것 같은 압박감을 느꼈습니다.

그 무렵, 션과의 통화는 밤 12시를 넘겨 새벽 2시까지 이어지곤 했습니다. 처음에는 입시 고민인 줄 알았지만, 션과의 대화는 자아성찰에 더 가까웠습니다. 기억에 남는 대화 중 하나는 '얼마나 정직하게 살아야 하는지'에 대한 션의 질문이었습니다. 션은 "누군가 불법적으로 시험을 잘 볼 때 복잡한 심정이 들어."라고 말했습니다. 이에 저는 이렇게 대답했습니다.

"정직은 선택의 문제가 아니라 필수적으로 지켜야 하는 거야. 네가 리더로 살고 싶다고 했으니 더더욱 정직해야지. 실력 있는 사람들끼리 겨룰 때, 최후의 판가름은 능력 차가 아닌 양심과 정직에서 나타나는 법이거든."

또 다른 대화는 '주변 사람에게 해야 할 선의의 행동이 어디까지인가'에 대한 질문이었습니다. 션은 "좋은 정보를 알게 되었을 때 친구에게 알려줘야 할 것 같은데, 이로 인해 내가 불이익을 당할 수도 있잖아. 이럴 때 나는 친구에게 정직하지 않은 건가?"라고 물었습니다. 저는 이렇게 답했습니다.

"주변 사람들에게 해야 할 행동의 기준은 '윤리'에 부합하느냐에 달려 있어. 네가 혼란스러워하는 부분은 윤리적 문제가 아니라 그 사람과의 '관계 친밀성' 문제로 보이네.

네가 알고 있는 좋은 정보는, 말 그대로 정보일 뿐이기 때문에 윤리적 관점에서 누군가에게 반드시 말해줄 의무는 없어. 길가는 사람에게 그 정보를 알려주지 않는다고 해서 윤리에 어긋나는 것이 아닌 것처럼, 친구에게 말하지 않은 것도 비양심적인 행동은 아니야. 다만, 친한 친구에게 말하지 않았을 때 미안함을 느낄 수는 있겠지.

길가는 사람과 친한 친구와의 차이는 너와의 관계 친밀성의 깊이야. 관계에 따라 행동이 달라지는 건 사람의 성격과 기질, 그리고 과거 경험에 따라 좌우돼. 그러니 그때그때 자신의 판단을 믿어도 괜찮아. 말하지 않는다고 해서 비양심적인 것도 아니고, 말해준다고 해서 반드시 양심적인 것도 아니거든."

이렇게 두 시간 넘게 대화를 나누고 나면 입시에 대한 불안감은 점점 사라졌습니다. 션의 생각주머니가 잘 자라고 있다는 느낌에 안도할 수 있었기 때문입니다. 물론 그 시간에 누군가는 공부를 하고 있었겠지만, 저는 션과의 대화가 훨씬 중요하다고 생각했습니다.

부모의 역할: 격려와 응원

학창 시절 저는 실패하지 않으려 애쓰며, 하지 말아야 할 일을 피하려 했습니다. 부모님과 선생님의 지침을 충실히 따르며, 평범하게 학교생활을 이어갔습니다. 아마 많은 학생들이 저와 비슷했을 것입니다.

반면, 션은 학교라는 작은 사회에서 적극적으로 움직이며, 마치 실제 사회생활에서 겪을 법한 경험을 미리 하고 있었습니다. 디베이트와 봉사활동을 통해 지역사회를 변화시키는 션의 모습은, 학창 시절의 저와는 전혀 다른 방식으로 성장하고 있음을 보여주었습니다.

제가 션을 위해 할 수 있는 일은, 육체적 양식인 '맛있는 음식'과 정서적 양식인 '끊임없는 격려'를 제공하는 것뿐이었습니다. 션이 성장하는 모습을 보며 제 안에 자리 잡고 있던 불안감은 자연스럽게 뒤로 밀려났고, 그 자리를 믿음과 응원으로 채울 수 있었습니다.

"입시의 불안은 부모가 아이를 믿고 격려할 때 사라집니다. 부모의 믿음은 아이의 성장에 가장 강력한 디딤돌이 됩니다."

44

워킹맘의 무기, 평정심

20년 전 IT 프로젝트 환경은 지금과 많이 달랐습니다. 임신, 출산, 육아에 대한 사회적 배려가 거의 없던 시절이었으니까요. 션을 임신했을 때도 밤 10시 이전에 퇴근한 적이 거의 없었습니다. 션이 다섯 살이 될 때까지 수행했던 프로젝트는 업무량이 상당히 많아서 밥 먹을 시간조차 아껴야 할 정도로 바쁜 날이 이어졌습니다. 업무 협의가 잦았던 동료에게, 목소리를 너무 자주 들어서 아이가 태어나면 아빠인 줄 알겠다는 농담을 했던 기억도 납니다.

배 속에 있을 때는 제 몸만 잘 챙기면 되었지만, 션이 태어나고 배밀이를 하고, 엄마를 알아보기 시작하면서 상황이 달라졌습니다. 션과 함께하는 시간이 턱없이 부족하다는 사실이 마음을 짓눌렀습니다.

그 시절에는 늦은 시간까지 일이 있든, 없든 사무실에 늦게 남아 있는 것이 당연한 분위기였습니다. 저녁을 먹으며 시간을 때우는 사람들과, 실제로 업무를 위해 남아 있는 사람들이 뒤섞여 늦은 시간까지 사무실은 늘 붐볐습니다. 가끔 일부 고객이 술자리를 마친 뒤 사무실로 돌아와 수행사 직원들이 누가 남아 있는지 확인하는 갑질을 하기도 했습니다. 지금은 이런 문화가 많이 사라졌습니다. 그러나 당시에는 어린 션이 기다리는 집으로 달려가고 싶어도 과도한 업무량과 불합리한 분위기 탓에 쉽지 않았습니다.

일과 육아 사이, 죄책감과 갈등

늦은 밤 집에 도착하면 부랴부랴 션을 안아주고 놀아주며 책을 읽어줬습니다. 그러나 절대적인 시간 부족에서 오는 죄책감은 늘 컸습니다. 육아서에서 배운 내용을 실천하려 애썼지만, 션과 함께할 시간이 부족하니 기본적인 육아 원칙조차 실천하기 어려웠습니다. 특히 아이가 세 살까지는 엄마가 곁에 있어야 한다는 글을 볼 때마다 애착 관계가 제대로 형성되지 않을까 봐 걱정되었습니다.

션이 유치원에 가고 학교에 입학한 뒤에는 다른 가정과의 현실 비교로 자괴감을 느낀 순간도 많았습니다. 하루 종일 션을 보지 못하니, 낮 동안 션이 무슨 생각을 하고 지내는지 알 길이 없었기 때문입니다. 그렇다고 어린 션이 "어머니, 오늘 하루는 이러했나이다."라고 상세히 말할 리도 없었습니다.

그래서 제가 선택한 방법은 하루 한 시간이라도 집에 가면 온전히 션에게 집중하는 것이었습니다. 다행히 하루하루 쌓아간 이 시간이 일과 육아를 오히려 즐겁게 만드는 동력이 되었습니다. 힘든 업무는 육아로 풀고, 육아가 힘들 땐 업무로 풀면서 에너지를 얻었습니다.

불안감 극복하기

초등학생 시절부터 시작된 엄마들 간 치열한 교육 경쟁은 제 불안감을 더욱 키웠습니다. 어린 아이의 교류는 대개 엄마들의 네트워크를 통해 이루어지기 때문에, 저도 엄마들 모임에 최대한 참여하려 노력했습니다. 그러나 그럴 때마다 엄마들의 지나친 열정에 놀랄 때가 많았습니다. 육아서를 따르며 이상적인 방향을 추구하였기 때문에 현실을 모르는 엄마처럼 느껴지기도 했습니다. 잘한다는 아이들은 이미 팀을 짜서 좋은 선생님을 섭외하고, 다음 단계로 나아갈 계획을 세운 상태였습니다. 그 물결에 올라탈지 말지 고민이 많았지만, 정보가 많아질수록 정신이 피폐해지는 기분이 들었습니다. 월요일 출근길이 오히려 반가울 정도였습니다. 결국 저는 숨가쁘게 달리는 엘리트 교육 노선에서 벗어나기로 결심했습니다. 다시 션 맞춤형 엄마로 돌아와, 션과의 대화 시간을 확보하니 마음이 한결 편안해졌습니다.

엄마와 아이는 특별한 관계입니다. 그래서 감정이입이 쉬워, 아이들의 작은 갈등 조차부모의 싸움으로 번질 때가 있습니다. 이는 부모가 아이와 주변 상황을 객관적으로 보기보다, 아이와 자신을 동일시하려는 경향에서 비롯됩니다. 자신을 객관화하는 것도 어렵지만, 자녀를 객관적으로 바라보는 것은 더욱 어렵습니다. 따라서 엄마와 아이를 정신적으로 분리시키는 훈련이 필요합니다. 그렇지 않으면 곡해하거나 불필요한 갈등이 생길 수 있습니다.

일이 선사한 평정심

워킹맘으로 살아가며 저절로 얻게 된 가장 큰 자산 중 하나는 '감정의 균형'입니다. 아이와 물리적으로 떨어져 있다 보니 화가 나거나 야단칠 일이 있어도, 퇴근길 즈음이면 냉정함을 되찾곤 했습니다. 고민거리가 생겨도 업무에 집중하다 보면 "이왕 이렇게 된 거, 어쩌겠어."라는 태도로 반쯤 내려놓게 됩니다. 집에 돌아가면 하루 종일 엄마를 기다렸을 션을 생각하며, "다음에는 조심하자." 하고 넘어가는 일도 많았습니다. 이 모두가 사무실에서 마음을 추스리고 이성을 되찾았기에 가능했습니다.

션이 중학교 1학년 방학을 맞아 가족여행을 가려던 날, 선생님에게 연락이 왔습니다. 친구들과 장난을 치다가 다툼이 생겼고, 학교 규정상 보호자에게 연락해야 한다는 내용이었습니다. 션은 엄마, 아빠에게 혼날 것이라며 걱정했지만, 저희 부부는 다음부터는 조심하자는 가벼운 주의만 주고 기분 좋게 가족여행을 떠났습니다.

몇 년 후, 대학생이 된 션이 그 당시 일을 떠올리며 말했습니다.

"그때 엄마, 아빠에게 엄청 혼날 줄 알았는데 주의만 받고 끝나서 놀랐어. 덕분에 여행이 즐거웠고, 다시는 그런 행동을 하지 않았지."

서울에서 션과 함께 살 때는 퇴근 후 언제고 션을 볼 수 있었습니다. 그러나 제주로 간 뒤에는 물리적 거리가 멀어지면서 감정의 균형이 더욱 단단해졌습니다. 만약 션과 함께 살았다면, 션이 실수하지 않도록 미리 간섭했을 가능성도 큽니다. 하지만 엄마가 직장에 다니고 떨어져 사는 동안, 션은 자유로운 환경 속에서 스스로 생각하고 판단할 기회를 얻을 수 있었습니다. 부모가 아이와 함께 있으면 사전에 실수를 막을 수 있는 장점이 있지만, 과도한 간섭은 아이의 자율성을 제한할 위험도 있습니다.

직장에서 동료들에게 아이에 대한 걱정을 이야기하면 "남자애들 원래 그래요. 별일 아니에요."라는 말을 자주 들었습니다. 처음에는 '잘 알지도 못하면서.'라고 생각했지만, 션이 사춘기를 지나고 고등학생, 대학생이 되면서 그 말이 옳다는 것을 깨달았습니다.

특히 아들들은 머리로 배우는 것보다 몸으로 경험하며 배우는 경우가 많습니다. 적절한 자율성을 주고 시행착오를 겪을 수 있는 여유를 주는 것이, 아이의 성장을 위해 꼭 필요하다는 것을 알게 되었습니다.

워킹맘이 얻은 것

워킹맘은 육아를 하며 핸디캡을 느끼기 쉽습니다. 그러나 워킹맘이기에 얻을 수 있는 이점도 분명히 존재합니다. 아이와 함께할 절대적인 시간이 부족하기 때문에, 짧은 시간 동안 더 깊이 있는 대화를 나누는 기술을 익히게 되고, 불필요한 간섭을 줄이게 됩니다. 이는 아이는 자율성과 독립심을 키우는 데 큰 도움이 됩니다.

"아이와 떨어져 있어도 관심의 끈만 놓지 않는다면, 아이는 자율성과 독립심을 스스로 키울 수 있습니다."

45

정체기를 대하는 자세

아이를 키우면서 가장 어려운 순간 중 하나는 아이가 어떤 활동에 흥미를 잃거나 하기 싫어할 때 '그만두게 해야 할지', 아니면 '계속하도록 도와야 할지'를 판단하는 일이었습니다. 아이 스스로 명확한 결정을 내릴 수 있다면 좋겠지만, 어릴 때는 부모의 조력이 절대적으로 필요합니다. 여기서 말하는 '조력'이란, 강요하거나 중단시키는 것이 아닙니다. 아이의 행동과 말을 세심히 관찰해, 내면의 신호를 읽고 적절한 시점에 지원하는 것입니다.

"재능이 있는 아이는 다르지 않을까요?"라고 묻는 분도 계실 겁니다. 맞습니다. 별생각 없이 접하게 해 준 활동을 아이가 열정을 느끼고 몰두하는 경우도 있습니다. 기꺼이 시간을 투자하며 즐거워하는 모습은 부모를 감탄하게 만듭니다. 하지만 아무리 좋아하는 활동이라도 '고비'는 찾아옵니다. 이 고비를 어떻게 넘기느냐에 따라, 그 활동이 단순한 추억으로 남을지, 아니면 강력한 무기로 자리 잡을 지 결정됩니다. 이때 중요한 것은 '재능'보다 '태도'입니다.

정체기를 마주했을 때

저는 션에게 "노력하면 좋은 결과가 있고, 노력하지 않으면 결과가 좋지 않다."라는 당연한 이치를 알려주고 싶었습니다. 그러나 재능이 있는 분야에서는 별다른 준비 없이도 좋은 결과를 얻는 일이 종종 있었습니다. 이럴 때는 단순히 운 덕분이라고 치부하지 않고, 이전에 몰입하며 쌓은 경험 덕분이라고 설명해 주었습니다.

작은 성공을 여러 번 하면 자신감이 생기지만, 지나치면 '나는 원래 잘났어.'라는 생각으로 이어질 위험이 있습니다. 이러한 태도는 현대 사회에 만연한 '능력주의 폐해'와 연결됩니다. 특히, '내 자식이 최고'라는 부모의 태도는 아이들에게 쉽게 전해질 수 있습니다. 공부나 성과만으로 모든 것이 용인되는 분위기는 반드시 경계해야 합니다. 그래서 션에게 타고난 재능처럼 보이는 것들도 사실은 '거저 얻은 것이 아님'을 꾸준히 알려주고자 했습니다.

학년이 올라가면서 션도 마침내 버거워할 만한 대회를 만나게 되었습니다. 처음에는 션이 어떻게 행동하는지 말없이 지켜보았습니다. 아무리 재능이 있어도, 아무리 노력해도, 꿈쩍하지 않는 순간이 오기 마련입니다. 이것이 정체기입니다.

정체기가 길어질수록 끝이 보이지 않아 쉽게 지치기 마련입니다. 결국 션도 "아무리 해도 안될 거 같아."라는 신호를 보내기 시작했습니다. 그때 저는 이렇게 말했습니다. "이제 진짜 실력이 쌓이고 있는 구간에 들어갔구나!"

저는 진심으로 기뻐하며 션을 축하해 주었습니다. 정체기는 겉으로 아무 변화가 없는 시기처럼 느껴지지만, 실제로는 몸과 마음이 다음 단계로 도약할 준비를 하는 중요한 기간입니다. 이를 설명하며 션을 끊임없이 격려했습니다.

정체기를 넘기면 한 단계 더 성장할 기회를 얻게 됩니다. 이런 경험은 앞으로 삶에서 어려움을 마주할 때 어떤 태도를 취해야 할지 결정하는 나침반이 되어줄 것입니다.

정체기를 이해하는 방법

운동이나 다이어트를 예로 들면, 처음에는 눈에 띄는 변화가 빠르게 나타나지만, 어느 순간 변화가 없는 것처럼 보이는 정체기가 찾아옵니다. 이 시기에 많은 사람들은 정체기가 왔다며 실망하고 지루함에 포기하는 경우가 많습니다. 이는 '눈에 보이는 결과'에만 집착하다가 '보이지 않는 과정'을 견디지 못하기 때문입니다.

정체기는 새로운 변화를 위해 몸과 마음이 적응하는 중요한 시기입니다. 정체기를 극복하려면 방법을 바꿔가며 꾸준히 지속해야 합니다. 이런 경험을 한두 번 겪다 보면 아이들은 이렇게 말하게 됩니다. "정체기가 또 왔네? 반가워! 이 기간이 끝나면 더 성장해 있을 거야." 저는 이런 메시지를 션에게 꾸준히 전달하며 안심하고 앞으로 나아갈 수 있도록 격려했습니다.

정체기를 성장의 발판으로

대부분의 실력은 계단식으로 상승합니다. 실력이 급격히 느는 시기가 있으면, 잠시 멈춘 듯한 시기가 반드시 뒤따릅니다. 이 패턴을 처음 경험하는 아이들은 "왜 더 이상 안 늘지?"라는 생각에 당황하기 쉽습니다. 하지만 부모의 따뜻한 격려와 지원이 있다면 아이들은 포기하지 않고 끈기를 배울 수 있습니다. 특히 '선점 효과'는 중요합니다. 배움의 초기 단계에서 많은 시간을 투자해 실력을 키우면, 남들보다 조금이라도 앞서게 됩니다. 이는 긍정적인 피드백을 낳아 선순환으로 이어지며 아이가 더욱 자신감을 갖게 됩니다.

이런 과정을 경험하지 못한 아이들은 새로운 것을 시작하기를 꺼립니다. 이미 친구들이 더 잘하고 있다는 생각에 자신감을 잃기 때문입니다. 이를 극복하려면 아이가 새로운 활동에 깊이 빠질 수 있도록 초기 단계에서 '풍덩 빠져들게' 하는 것이 중요합니다. 저는 이를 '풍덩 비법'이라고 부릅니다.

션도 정체기가 왔을 때 대화를 통해 기다림의 중요성을 배웠습니다. 투덜거리면서도 이 시기가 지나면 열매를 맺는다는 것을 알기에 스스로 정체기를 극복할 힘을 키웠습니다.

가시밭길을 모두 치워주는 부모도 있습니다. 하지만 아이들이 스스로 길을 헤쳐 나가도록 돕는 것이 더 중요합니다. 부모가 모든 걸 도와주면 아이들은 당장의 결과는 좋을지 몰라도, 진정한 성장은 어렵습니다. 아이들이 직접 어려움을 경험해야 "처음 보는 도전이지만, 나도 해낼 수 있을 거야." 라는 긍정적인 자신감을 가질 수 있습니다.

삶의 모든 과정에서

저 역시 사회생활에서 비슷한 경험을 여러 번 했습니다. '과연 내가 해낼 수 있을까?'라는 의문이 들 때도 많았습니다. 하지만 이런 과정을 반복적으로 겪으면서, '나는 어떤 도전이라도 해낼 수 있는 사람'이라는 자신감을 얻게 되었습니다.

공부, 운동, 일, 사랑. 삶의 모든 과정에서 정체기는 필연적입니다. 물론 중단해야 할 때도 있지만, 한 번 전진하기로 결심했다면 속도를 늦추더라도 멈추지 않고 나아가는 것이 중요합니다.

"노 젓기를 멈추지 않는다면, 언젠가 강 건너에 도달할 수 있습니다."

46

후회 없는 선택은 '과정'이 만든다

우리는 매 순간 선택을 하며 살아갑니다. 오늘 점심에 무엇을 먹을지, 주말에 어떤 영화를 볼지 같은 사소한 선택부터, 어떤 직업을 가질지, 어떤 사람과 결혼할지 같은 인생의 큰 전환점을 만드는 선택까지 말이죠.

살아가며 제가 배운 것이 하나 있습니다. 아는 것이 많다고 해서 반드시 최선의 선택을 보장하는 것은 아닙니다. 다만, 선택 이후에 후회하거나 아쉬울 가능성을 줄이는 데는 큰 도움이 됩니다.

'그때 이랬어야 했는데'라고 후회할 때를 돌이켜 보면, 여러 선택지를 비교할 기회가 있었음에도 다른 선택지가 있다는 사실조차 몰랐던 경우가 많았습니다. 한때는 내 소신대로 하고 있으니 내 선택이 옳다고 믿었던 시절도 있었습니다. 그러나 지나고 보니, 제가 보고 싶은 것만 보고, 듣고 싶은 것만 들었던 적이 많았습니다. 그래서 저는 어떤 길을 선택할 때, 다른 길은 없는지 다각도로 점검하는 습관을 가지게 되었습니다.

기억에 남는 중요한 선택으로 두 가지를 꼽을 수 있습니다. 하나는 IBM을 관두고 프리랜서로 전향한 뒤 사업을 시작한 것입니다. 또 하나는 션을 국제학교로 보낸 일입니다. 두 선택 모두 긴 안목이 필요하고 깊이 고민해야 하는 결정이었습니다. 하지만, 실제로 결정을 내리기까지는 불과 며칠 밖에 걸리지 않았습니다. 짧은 시간 동안 치열하게 고민했지만, 실질적으로 의사결정에 도움을 준 것은 평소 제가 가지고 있던 가치관과 인생관이었습니다.

선택의 순간들

IBM은 제가 무척 사랑하는 회사였습니다. 제 성향과도 잘 맞았고, 든든한 울타리 안에서 안정적으로 성장할 수 있는 곳이었습니다. 굳이 이곳을 벗어나 맨땅에서 헤쳐나갈 이유가 없었습니다. 하지만 저는 가족의 희생 위에 쌓아 올린 성공 사례들을 보며, 도무지 그들이 부럽지 않았습니다. '내가 좋아하는 일을 하면서도 화목한 가정을 이룰 수 있을까?'라는 질문 끝에, 제가 직접 그런 사람이 되기로 결심했습니다. 퇴사를 할 때 '2년 후 나는 시장에서 살아남을 수 있을까?'를 시험해 보기로 했습니다. 또한 '10년 후, IBM 동료들을 만났을 때 그들을 부러워하지 않을 만큼 내가 걸어온 길에 자신이 있을까?'도 궁금해하며 새로운 길을 개척하기로 했습니다.

션을 국제학교로 보낸 결정도 비슷했습니다. 션의 초등학교 졸업을 앞두고, 갑작스레 국제학교로 옮겨야겠다는 생각이 들었을 때 훗날 후회를 할까 봐 두려웠습니다. 그러나 '3년 후에 내가 이 선택을 후회하지 않도록 살면 되지 않을까?'라는 마음으로 결정을 내렸습니다.

이 두 가지 선택은 공통점이 있습니다. 하나는 A라는 선택지가 힘들거나 싫어서 B로 도망친 것이 아니라는 점입니다. 안정적이고 탄탄한 길을 걷고 있었지만, 이 길에서 벗어나 스스로 새로운 길을 선택한 것입니다. 또 하나는 당장의 편안함보다 장기적인 관점에서 우리 가족에게 더 나은 방향을 선택한 것입니다.

국제학교 입학 3년 후, 선택의 결과

션이 제주로 전학을 간 지 3년, 그리고 제가 IBM을 떠난 지 10년이 지난 시점에 잠시 뒤를 돌아보았습니다. 그동안 크고 작은 우여곡절이 있었지만, 어느 순간 두 선택 모두 올바른 방향으로 나아가고 있다고 자신 있게 말할 수 있게 되었습니다.

션과 가끔 이런 이야기를 나누곤 합니다. "만약 제주로 가지 않고 서울에서 계속 학교를 다녔다면 어땠을까?" 션은 제주 생활이 만족스럽다고 하면서도, "서울에 남았어도 괜찮았을 것 같아."라고 말합니다. 저 역시 IBM에 계속 다녔어도 지금만큼 만족했을 것입니다.

여기서 중요한 점은 과거의 선택을 후회하지 않는다는 것입니다. 저와 션 모두 어떤 길을 걸었든, 그 안에서 최선을 다했을 거라는 믿음을 가지고 있었습니다. 결국 선택의 만족도는 결과가 아니라, 그 선택 안에서 우리가 '어떤 삶'을 만들어 가느냐에 달려 있습니다.

긍정의 힘, 그리고 행동의 중요성

주변 사람들은 저를 긍정적이라고 평가합니다. 하지만 제 긍정은 단순히 '잘될 거야.'라는 막연한 낙관에서 비롯된 것이 아닙니다. 고민할 시간에 '행동'으로 옮기고, 문제가 생기면 할 수 있는 범위에서 해결 방법을 찾아내려는 '실천'에서 비롯된 긍정입니다.

불평하거나 후회하기보다는, 하나라도 시도하며 한 발짝씩 나아가다 보면 결국 문제는 풀리기 마련입니다. 정 안 될 때는 시간이 해결해 줄 것이라는 믿음으로 기다렸습니다. 그래서 저는 항상 긍정적인 태도를 유지할 수 있었습니다.

"아이를 키우는 동안 후회는 늘 우리 곁에서 자리를 잡으려 합니다. 이를 벗어나는 길은 자신을 믿고 긍정하며, 지금 이 순간 최선을 다하려는 의지입니다. 후회 없는 삶은 바로 오늘의 노력이 만들어 갑니다."

Ⅳ

입시

가장 중요한 것은 흔들리지 않는 마음

"입시는 성적과 스펙을 쌓는 것을 넘어, 자신만의 이야기를 만들어가는 과정입니다. 이 여정에서 가장 중요한 것은 버틸 마음의 힘과 균형을 유지하는 것입니다. 부모는 든든한 지지자로서 아이와 함께 이 길을 걸어가야 합니다."

47

IGCSE, 입시의 시작

션이 국제학교 고등과정(IGCSE)을 시작하면서 본격적인 입시 준비가 시작되었습니다. 앞으로의 4년은 미국 대학 입학을 위해 실적을 쌓고 활동 기록을 만들어야 하는 중요한 시기가 됩니다. 션은 IGCSE 과정과 이후 이어지는 IB 과정을 이수하며, 이 기간 동안 SAT, SAT Subject, AP 시험은 물론, 다양한 활동과 봉사까지 준비해야 했습니다.

NLCS는 영국 교육과정을 기반으로 하기 때문에 영국 대학 진학에는 유리하지만, 미국 대학을 목표로 하는 학생들에게는 상당한 부담이 될 수 있습니다. 이는 IB 과정 자체가 높은 난이도를 요구하는 데다, 미국 대학 진학을 위해 추가적인 인증시험과 다양한 활동까지 준비해야 하기 때문입니다. 이러한 이유로 'IB로 미국 대학에 진학하는 것이 가장 어려운 길'이라는 말이 종종 나옵니다.

* IGCSE(International General Certificate of Secondary Education) , IB(International Baccalaureate)

인증 시험은 미리 끝내는 전략

션과 저는 이러한 어려움을 예상하며, 어려운 IB 과정을 시작하기 전인

IGCSE 과정 기간 동안 인증시험을 미리 끝내기로 계획했습니다. IGCSE 기간 동안 SAT, SAT Subject, AP 시험을 준비하면 IB 과정의 예습 효과를 얻을 수 있다고 생각했습니다. 그와 동시에, 고등과정 후반부로 갈수록 깊이 있는 활동에 더 집중할 수 있는 여유가 생길 것이라 판단했습니다. 션은 수학과 과학에 강점이 있었기에, 서점에서 구입한 교재를 활용해 독학으로 각종 인증시험 준비를 시작했습니다.

바쁜 여름방학과 IGCSE 시작

IGCSE 과정 시작 전 여름방학은 그야말로 숨 가쁜 시간의 연속이었습니다. 디베이트, 수학 대회 참가, 인증시험 준비, 그리고 하루 한 시간 운동까지, 션은 매 순간을 알차게 보냈습니다. 션이 제주로 돌아간 뒤, 저는 제주를 더욱 자주 방문했습니다. 션은 긴 여름방학이 끝나고 학교로 돌아가면 한동안 집을 그리워했기에, 엄마를 자주 보는 것만으로도 마음의 안정감을 얻었기 때문입니다.

한 번은 제주에서 며칠 동안 션의 일상을 지켜본 적이 있습니다. 아침부터 밤까지 숨 돌릴 틈 없는 일정이 이어졌습니다. 션은 학교를 마친 후 저녁 식사를 하고, 학교 숙제를 하며 수업 시간에 간단히 메모했던 내용을 노트에 다시 정리했습니다. 배운 내용을 정리하면서 관련 자료를 찾아보는 방식으로 공부를 진행했는데, 궁금한 주제를 더 깊이 탐구하다 보니 시간이 오래 걸릴 때가 많았습니다. 이러한 학습 방식은 교과 과정을 벗어난 광범위한 사고를 할 수 있도록 도왔으며, IB 과정을 할 때 큰 도움이 되었습니다.

숙제를 마친 뒤에는 각종 활동 준비를 하느라 시간이 순식간에 흘러 밤이 깊어졌습니다. 바쁜 일정 속에서도 션은 운동만큼은 절대 빼놓지 않았습니다. 운동이 몸과 마음의 긴장감을 풀어줘, 오히려 공부 효율을 높이는 데 큰 역할을 한다고 했습니다.

션은 IGCSE 과정을 진행하며 수업 수준이 높아지고 학교에서 활동 지원이 늘어나자 "학비가 아깝지 않다."라는 농담을 하기도 했습니다. 이 말에는 션이 자신의 성장과 배움을 즐기고 있다는 뿌듯함이 담겨 있었습니다.

다양한 활동과 도전

션은 IGCSE 과정 동안 2년 연속 학년 대표를 맡았습니다. 새롭게 조직한 봉사 동아리에서는 계획서 작성, 담당 선생님 섭외, 회원 모집 등 산더미 같은 업무를 처리했습니다. 디베이트 활동에서는 교재 개발과 강의를 책임지며 열정을 쏟았습니다. 점심시간에는 학생회와 동아리 미팅을 진행했습니다. 이 모든 일정을 소화하면서도 외부 대회 정보를 알아봐달라며 앞만 보고 달렸습니다.

잠잘 시간조차 부족할 정도의 일정을 션은 전화로 간단히 "바쁘다."라고만 말했습니다. 저는 이런 션의 이런 하루를 온전히 이해하지 못한 채, "도대체 뭘 하느라 그렇게 바쁘냐?"라며 되묻곤 했습니다. 나중에 상황을 알고 나서 힘들지 않느냐고 물으니, 다행히도 션은 "창의적이고 도전적인 일을 하는 바쁜 생활을 원했다."라며 오히려 즐겁다고 했습니다.

기다림의 미학

아이들이 성장하는 모습을 지켜보며 '많은 문제는 시간이 해결해 준다.'는 사실을 알게 되었습니다. 괜한 힘겨루기로 관계를 해치기보다는 기다려 주는 것이 최선인 경우가 많았습니다. 저도 매번 새롭게 생기는 고민과 걱정거리를 기다려야 할지, 도움을 줘야 할지 판단하기 어려울 때가 많았습니다. 그러나 션에게 주도권을 조금씩 넘겨주고 보니, 대부분 문제는 기다려주면 자연스럽게 해결되는 경우가 많았습니다.

션을 국제학교에 보낸 후, 시간이 갈수록 대화를 나누며 관계를 돈독히 하는 데 힘썼습니다. 사춘기 동안 션은 정신적으로 독립하는 법을 배웠고, 저 역시 부모로서 더 넓은 시각을 가지게 되었습니다.

이 시기를 돌아보면 한 가지 아쉬움이 남습니다. 멀리 떨어져 지내다 보니 엄마로서 일상적인 작은 보살핌을 해 주지 못했다는 점입니다. 피곤에 지쳐 잠든 션에게 "씻고 자라."라거나 "잠깐 눈이라도 붙여라."라는 말을 해 줄 수 없었습니다. 중학생 때부터 빨래를 하고 나서 옷가지를 정리하는 일, 방학마다 짐을 싸고 푸는 일 등 모두 혼자 해내야 했습니다. 하지만 이런 아쉬움 속에서 션은 스스로 모든 것을 책임지며 한 걸음 더 성장해 나갔습니다.

아직 어린 나이에 엄마와 떨어져 지내면서, 몸이 아플 때조차 모든 것을 혼자 챙겨야 했던 션의 일상은 가슴 아프면서도 자랑스러운 기억으로 남습니다.

"아이의 반항은 독립심과 책임감을 키우려는 신호입니다."

48

방학마다 자라는 아이

초등학생 저학년의 방학

맞벌이 가정에서 방학은 매번 큰 고민거리입니다. 많은 맞벌이 부모가 아이를 돌볼 방법이 마땅치 않아 학원에 의존하곤 합니다. 팬데믹 기간에는 그마저도 어려운 상황이었으니, 어린 아이를 둔 맞벌이 부모의 고충은 이루 말할 수 없었을 것입니다. 저 역시 방학마다 션을 어떻게 돌볼지 늘 고심했습니다.

션이 초등학생 2학년 방학에는 다행히 제가 집 근처에서 프로젝트를 진행하게 되어, 출근길에 션을 사무실 인근 도서관에 데려다 주었습니다. 션은 그곳에서 책을 읽거나 그림을 그리며 시간을 보냈고, 점심시간에는 저와 함께 식사를 한 뒤 다시 집으로 돌아갔습니다. 혼자 도서관에서 보내는 시간이 안쓰럽게 느껴지기도 했지만, 션은 그 시절이 너무 좋았다고 추억합니다.

그 이후는 제가 먼 곳에서 프로젝트를 진행하게 되면서 방학 때 션과 함께 집을 나설 수 없었지만, 이를 계기로 션은 방학만 되면 도서관에 가서 책에 둘러싸여 하루를 보내곤 했습니다. 이는 션의 자기주도 학습 능력을 키우는 밑거름이 되었습니다.

초등학생 고학년의 방학

초등학생 고학년이 되면서 션은 혼자 할 수 있는 일이 늘어났습니다. 초등학생 6학년 겨울방학에는 '동네 맛집 탐방'이라는 새로운 취미를 갖게 되었습니다. 도서관에서 공부하다가 식사 시간이 되면, 자전거를 타고 동네 맛집을 찾아다니곤 했습니다. 혼자 식당에 들어가 재첩국을 먹거나 냉동 삼겹살을 구워 먹는 일도 즐겼습니다. 이때는 아직 '혼밥'이라는 개념이 유행하기 전이었습니다. 식당 사장님들은 어린아이가 혼자 씩씩하게 와서 음식을 주문하고 복스럽게 먹는 모습을 신기하게 여겼던 것 같습니다. 션이 혼밥할 때마다 늘 서비스를 챙겨 주곤 했습니다. 처음에는 혼자 밥을 먹는 션이 안쓰럽게 느껴지기도 했습니다. 그러나 자전거를 타고 먼 거리까지 다니며 씩씩하게 먹거리 탐방을 하는 모습을 보니, 진심으로 즐기고 있다는 것이 느껴져 마음이 한결 편안해졌습니다.

션이 제주로 떠나기 전, 이른 아침마다 배드민턴을 치러 다녔습니다. 운동 후에는 근처 해장국 집에서 아침을 먹고 넉살 좋게 외상을 달아놓기도 하고, 편의점 주인 할아버지와 친해지기도 했습니다. 션이 제주로 떠나기 전 제가 따로 식당과 편의점을 찾아가서 감사인사를 드린 기억도 있습니다.

입시생의 멘탈 관리

중학생이 된 후에도 션은 방학마다 도서관에 들르거나 친구와 함께 스터디 카페에서 시간을 보냈습니다. 고등학생 2학년 겨울방학 때는 코로나19

상황이 심각해져서 주로 집에 머물렀고, 마침 저도 프로젝트를 마친 덕분에 션과 함께 겨울방학을 보낼 수 있었습니다. 늘 통화로만 이야기를 나누다가 가까이에서 션과 함께 있어 보니, 션이 원서철을 앞두고 상당한 부담감을 느끼고 있다는 것을 알게 되었습니다. 선배들의 대학 입학 결과를 지켜보면서 입시가 생각보다 훨씬 어렵다는 것도 깨달았습니다.

매년 8월이면 NLCS 졸업생들이 후배를 위한 입시 설명회를 엽니다. 선배들은 이 자리에서 '시간 관리'와 '멘탈 관리'가 얼마나 중요한지 강조하며, 부모님들에게 "끊임없는 격려가 필요하다."라고 당부했습니다. 실제로 저도 이 과정을 겪으며 학생들의 멘탈 관리의 중요성을 절실히 느꼈습니다. 고등학생이 되면서 학업 면에서 부모가 도와 줄 수 있는 것은 거의 없어졌기에, 저는 션의 이야기를 많이 들어주려고 애썼습니다. 다행히도 그동안 관계에 힘써온 덕분에 션이 힘든 시기를 겪을 때 긍정적인 기운을 나눠줄 수 있었습니다.

세계 여러 나라의 대학에 원서를 제출하다 보면, 아이들이 합격 소식을 듣는 시점이 제각각입니다. 어떤 친구는 원하는 대학에 일찍 합격하지만, 또 다른 친구는 불합격 소식만 연이어 들을 수 있습니다. 이렇게 되면 아이도 부모도 심리적으로 정말 힘든 나날을 보내게 됩니다. 이런 상황 때문에 실패 경험의 중요성을 다시금 깨닫게 됩니다. 최선을 다했음에도 기대에 미치지 못한 결과나 실패를 접해본 경험은 아이에게 큰 자산이 됩니다. 자격을 충분히 갖춘 훌륭한 학생들이 많고, 겨우 몇 안 되는 티켓을 두고 경쟁하는 상황에서는 잘나고 못남의 순서로 결과가 결정되지 않기 때문입니다.

그래서 션이 노력을 했지만 기대에 미치지 못하는 결과나, 도저히 납득

할 수 없는 결과를 받았을 때마다 이렇게 말해주곤 했습니다.

"이 순간이야말로 세상을 이해하고 한 발 더 나아가기 위한 기회야."

나만의 색깔 찾기

고등학생 2학년 겨울방학 동안 션의 가장 큰 고민은 "나만의 색깔은 무엇인가?"였습니다. 스탠퍼드는 팔방미인형 학생보다 특정 분야에서 독보적인 개성을 가진 학생을 선호한다고 알려져 있습니다. 션은 자신이 그 기준에 미치지 못할까 봐 걱정했습니다. 모든 영역에서 출중한 선배들일수록 입시결과를 확신하기 어려워 보인다며, 자신도 그렇게 될까 봐 걱정이 된다고 했습니다. 주변의 칭찬과 기대가 오히려 독으로 느껴졌고, 자신이 어떤 개성과 특징이 있는지 들여다보니 잘 모르겠다고 했습니다.

1년 전, 저 역시 부모로서 같은 고민을 했습니다. 션이 잘하는 것이 많아 보였지만, 이 중 하나가 빛을 발하려면 선택과 집중이 필요한데, 그것이 무엇인지, 어떻게 도와줘야 할지 몰라서 답답했습니다. 주변 사람들은 "에이, 무슨 걱정이야. 잘하고 있잖아."라고 말했지만, 저는 홀로 오래도록 고민했습니다.

그러던 어느날, 제가 답을 찾으려 애쓰기보다, 션 스스로 좋아하는 것에 더 깊이 빠져드는 모습을 보며 해답은 션에게 있음을 알게 되었습니다. 간섭하지 않고, 그저 지켜보았을 때 션의 본 모습이 자연스럽게 드러나기 시작했던 것입니다. 그래서 션에게 말했습니다. "여기저기에 호기심을 가지고 도전을 즐기는 게 바로 너야."

또한 대회에서 메달의 색깔에 연연하지 말라는 이야기도 자주 해주었습니다. "단 한번의 결과로 자신의 가능성을 판단할 수 없으니 실망할 필요 없어. 그리고 메달 색깔이 대학 입학을 보장하지도, 삶의 성공을 결정짓는 요소도 아니야."라고 말했습니다. 저는 메달 색깔로 울고 웃는 일을 경계했습니다. 결과에 의기소침해지거나 자만하지 않도록 "인생은 길다."라는 사실을 틈날 때마다 이야기했습니다.

고등학생 2학년, 고민의 끝

방학 마지막 주에는 션이 그동안 해왔던 각종 실적과 활동을 정리하며 앞으로 어떤 분야를 공부하고 싶은지 탐색했습니다. 대학 홈페이지에 들어가 전공을 훑어보고, 입시 양식을 확인하며 현재를 진단하고 미래를 구체화해 나갔습니다. 이 과정을 통해 션은 자신의 부족한 점을 파악하고, 앞으로 집중해야 할 방향성을 찾기 시작했습니다.

션이 지금껏 해 왔던 여러 활동과 대회를 정리해 보니, 어린 시절 호기심으로 시작했던 미술, 디베이트, 수학, 봉사 등 다양한 활동이 의미 있는 결과로 자리 잡은 것을 보고 신기했습니다. 쓸데없는 데 시간을 낭비한다고 하지 못하게 했다면, 이 결과물들은 얻지 못했을 것입니다.

방학이 끝날 즈음, 션은 뜬금없이 제게 딱 1년 동안만 제주에 함께 있을 수 없겠냐고 말했습니다. 대학을 미국으로 가게 되면 더는 가족과 함께할 수 없다는 아쉬움이 클 것 같다는 이유였습니다. 또한 입시 준비의 부담감을 혼자 감당하기 힘들 것 같다는 솔직한 심정도 담겨 있었습니다. 션은 항상 엄마의 일을 응원해 왔기에 이 요청이 진심임을 알 수 있었습니다. 저 역시 지금까지는 멀리서 응원만 해 왔지만, 이제 가까이서 션을 도와줄 방법을 고민하게 된 계기였습니다.

꿀맛 같던 한 달간의 겨울방학이 끝나고, 션은 학교로 돌아가 계획한 대로 차근차근 동아리 활동도 하고 내신 관리에 집중하기 시작했습니다. 이전에는 근거 없는 자신감과 자기애를 보였다면, 이제는 진중함과 겸손함이 생긴 모습이었습니다.

저도 겨울방학 동안 션과 나눈 대화 덕분에 션이 무엇을 고민하고 있는지 알게 되어서 전화 목소리만으로도 션의 속마음을 이전보다 더 잘 읽을 수 있게 되었습니다.

"어릴 때부터 방학을 스스로 계획하고 보내는 습관을 길러 주세요."

49

재능도 가지치기할 때

재능이 부족한 경우에 대한 조언은 흔히 찾아볼 수 있지만, 여러 분야에 재능이 있는 경우 조심해야 할 점은 잘 언급되지 않습니다. 재능이 많다는 것은 부러운 일이지만, 이를 갈고닦지 않으면 그저 흩어질 가능성에 머무를 뿐입니다.

제가 사회 초년병 시절, 회식 때마다 노래방에 가는 일이 잦았습니다. 춤이나 노래에 소질이 없었던 터라 그 자리는 늘 어색하기만 했습니다. 당시에는 노래를 잘 부르는 재능이 부러웠습니다. 학창 시절에는 그림에 소질이 있었지만, 가정 형편과 성적에 따라 진로를 정했던 시대적 분위기 때문에 예술을 전공할 기회는 없었습니다. 고등학교 때는 의대를 꿈꿨고, 대학 입학 당시 IT 붐을 따라 선택한 전공이 지금까지의 길이 되었습니다. 그 시절 학생들은 자신의 재능을 탐색하거나 꿈을 키우기보다는 성적에 맞춰 대학과 전공을 선택하는 것이 일반적이었습니다. 지금도 크게 다르지 않지만, 과거로 돌아갈 수 있다면 제 재능을 더 깊이 탐구하고, 좋아하는 분야에서 꿈을 키워보고 싶습니다.

요즘 부모들은 아이의 재능을 일찍 발견하고, 이를 키워주려 노력합니다. 저 역시 션에게 다양한 체험 기회를 주고, 흥미를 보이는 분야를 탐구할 수 있도록 지원했습니다. 션은 초등학교 고학년까지 글쓰기와 그림에 소질을 보였고, 디베이트와 수학에 큰 흥미를 가졌습니다. 배우는 속도가 빨랐으며, 호기심 많고 창의력도 뛰어났습니다.

그러나 다방면에 재능을 보이는 아이들은 자칫 잘못하면 부모나 아이 모두 지나친 자신감에 빠지기 쉽습니다. "그 집 아이는 다 잘해서 걱정이 없겠어요."라는 말을 들으면 자랑스러움보다 겸손함을 먼저 찾아야 합니다.

저는 션에게 이렇게 말하곤 했습니다. "네가 지금 쉽게 배우고 잘하는 건 타고난 재능 때문이 아니라, 어릴 때 쌓아 온 경험 덕분이야. 어릴 때 읽었던 책, 숱하게 그렸던 그림, 부모와의 대화가 지금의 너를 만든 거야." 겸손을 가르치려고 했던 이 말은, 사실 저 자신에게도 하는 말이었습니다. '내 아이가 최고'라는 생각에 빠지지 않으려는 다짐이기도 했습니다. 이런 교육 덕분인지 션도 세상에 자신보다 뛰어난 아이들이 많다는 사실을 이해했고, 자기 객관화를 하려 애썼습니다.

재능도 가지치기가 필요하다

아이가 다방면에 소질을 보이면, 어떤 재능을 키워줘야 할지 혼란스러울 때가 많습니다. 학창 시절에는 다재다능한 학생이 돋보일 수 있지만, 사회에서는 전문성이 없으면 경쟁력을 갖기 어렵습니다. 독수리, 호랑이, 고래처럼 특정 분야에서 두각을 나타내야 하는데, 날 수 있고 달릴 수 있으며 헤엄까지 칠 수 있는 '오리'가 되어 버릴 수 있습니다.

션이 IGCSE를 마치고 IB 과정을 시작할 때, 저는 션의 재능 중 하나였던 미술부터 가지치기를 시작했습니다. 션은 어릴 때부터 그림을 좋아했고, IGCSE 과정에서도 미술에서 두각을 나타냈습니다. 션은 IB 과목 6개를 선택할 때 미술을 고르고 싶어 했지만, 저는 반대했습니다. 션의 그림 스타일은 매우 디테일하고 정교했기 때문에, 한 작품을 완성하는 데 엄청난 시간이 걸렸습니다. IB 과정과 입시 준비를 병행하면서 이러한 스타일로 그림을 그린다면 시간 관리가 어렵다고 판단했습니다.

이후에도 간절히 원하는 목표에 이루려면 에너지를 집중해야 한다고 강조했습니다. 때로는 션과 의견이 부딪치기도 했습니다. 의견이 강하게 서로 다를 때는 대부분 션이 옳았습니다. 션은 '좋아하는 일'을 선택했고, 저는 '스펙' 중심으로 판단했기 때문이었습니다.

아이의 성장 과정에서 재능의 가지치기는 무엇을 포기하라는 것이 아닙니다. 오히려 가장 우선순위에 둘 재능을 어떻게 증폭시킬지에 대한 선택과 집중의 문제입니다.

션의 선택, 수학

션은 수학을 너무 좋아합니다. 특히 응용 수학 분야에서 깊은 흥미를 보였습니다. 고등학생 2학년 겨울방학 동안 션은 수학을 전공으로 결정했습니다. 이후 수학에 대한 열정을 어떻게 자신만의 색깔로 담아낼 것인지 아이디어를 만들어내기 시작했습니다.

미국 대학 입시에 대한 조언을 구할 때면, "동양인 남학생이 수학이나 컴퓨터 사이언스 같은 전공으로 진학하기 쉽지 않다."라는 이야기를 자주 들었습니다. 일부 조언자는 인기 전공과 비슷하지만 경쟁이 덜한 전공으로 합격한 뒤 나중에 전공을 바꾸는 우회 경로를 추천하기도 했습니다. 하지만 션의 결심은 확고했습니다. "괜히 더 쉬운 전공을 택해 우회 경로로 명문대를 가는 것보다, 소신껏 좋아하는 길을 가보겠다."라고 말이죠.

아마 션이 '가지치기'를 하지 않았다면, 지금처럼 수학을 진지하게 생각하지 못했을 것입니다.

션파와 저는 종종 션이 미래에 어떤 일을 하면 잘 어울릴지 이야기를 나누곤 했습니다. 션파는 션의 다양한 재능과 창의력을 보며 건축 분야를 떠올렸습니다. 얼마 전에도 션파는 "션의 미술 재능을 키워줬다면 삶을 더 재미있게 살지 않을까?"라고 말한 적이 있습니다.

션은 수학을 전공으로 선택했지만, 언젠가 자신의 분야에서 안정된 궤도에 오르게 되면, 본능적으로 다시 그림을 찾게 될지도 모릅니다. 그렇게 되면 션의 삶은 더 풍요롭고 다채로워질 것이라 상상해 봅니다.

"재능을 키우는 데는 선택과 집중이 필요합니다. 가지치기는 성장의 방향을 정하는 가장 현명한 방법입니다."

50

입시에 도움이 돼요?

션이 입시를 마친 뒤 유학을 준비하며 후배들의 입시 멘토로 활동하던 시기, 자주 들었던 질문 중 하나는 "이 활동이 대학 입학에 도움이 될까요?"였습니다. 이에 대해 션은 항상 이렇게 대답하곤 했습니다. "완전히 무관한 것이 아니라면, 일단 흥미를 느끼는 활동부터 시작해 봐."

션은 대학 입학에 어떤 활동이 유리한지 묻는 것은 갓 태어난 아이를 두고 "이 아이가 커서 어떤 직업을 가질까요?"라고 묻는 것만큼이나 부질없다고 말했습니다. 그러면서 "이 활동이 입시에 도움이 될까?"보다는 "이 활동을 어떻게 해낼까?"라는 태도가 더 중요하다고 강조했습니다.

활동의 본질은 태도와 과정에 있다

활동의 핵심은 활동 자체가 아니라, 그것을 대하는 태도와 노력의 과정에 있습니다. 아무리 뛰어난 활동이라도 진정성 없이 접근하면 시간 낭비로 끝날 수 있습니다. 반면 평범한 활동이라도 열정과 스토리를 담아내면 독창적인 강점으로 빛날 수 있습니다. 특히 미국 입시는 개성과 차별성을 중시하기에, 화려한 스펙보다는 자신만의 이야기가 담긴 활동을 더 높이 평가합니다.

션의 학창 시절 활동을 돌아보면, 대부분 일상에서 흥미를 찾아 시작한 것들입니다. 션은 여타 계산 없이 흥미를 느낀 활동을 우선 시작했고, 이후 체계적으로 확장했습니다. 이러한 활동은 대개 짧게 끝나지 않고, 최소 3~4년 이상 꾸준히 지속되었습니다.

션이 스탠퍼드에 입학할 정도면 화려한 활동이 많았을 것이라 생각할 수 있지만, 션의 활동은 대부분 교내와 지역사회에서 출발했습니다. 이 활동들은 시간이 지나며 자연스럽게 확장되었고, 그 과정에서 션만의 '독특한' 스토리와 매력을 담아낼 수 있었습니다.

수학 동아리를 변화시킨 열정

션이 고등학생 2학년 시절, 수학 동아리 리더로 활동했던 경험은 션의 열정을 잘 보여주는 대표적인 사례입니다. 대부분의 학생이 입시 준비로 바쁜 시기였지만, 션은 수학 동아리에 남다른 정성을 쏟았습니다. 부모 입장에서는 대학 입시를 앞두고 이렇게 많은 시간을 동아리 활동에 투자하는 것이 불안할 수밖에 없습니다. 내신, 표준시험, 국제 대회 등 준비해야 할 것이 너무 많았고 눈에 띄는 결과를 얻어야 했기 때문이었습니다. 하지만 션은 아랑곳하지 않고 수학 동아리에 자신의 열정을 쏟아 부었습니다.

일반적으로 수학 동아리는 대부분 문제 풀이와 대회를 참가하는 정도로 제한적인 활동을 하는 경우가 많습니다. 하지만 션은 여기서 더 나아가 수학의 아름다움과 재미를 알리는 새로운 프로그램을 기획했습니다. 코로나19라는 어려운 상황 속에서도 션은 포기하지 않았습니다. 방역 때문에 학년별 등교일이 달라 동아리 전체가 모이기 힘든 상황에서, 션은 학년별로 상이한 등교일마다 학교를 찾아가 같은 주제로 여러 번 같은 미팅을 진행했습니다. "줌(Zoom)으로 한꺼번에 모든 학생을 모아서 미팅을 진행하는 것이 낫지 않아?"라고 물었더니, 션은 "이런 새로운 기획을 시작할 때, 온라인으로 미팅을 하면 집중도도 떨어지고 열정을 모으기 어려워."라고 답하며 자신만 고생하면 된다며 직접 대면 미팅을 고수했습니다.

션은 약 10개의 서로 다른 프로그램을 기획하고, 각 프로그램별로 서브리더를 선임했습니다. 어느 정도 동아리가 짜임새를 갖추자, 자신은 전체 총괄을 맡아 매일같이 온라인으로 미팅을 진행하며 동아리 행사를 준비했습니다. 그중에서도 주목할 만한 프로젝트는 다음과 같습니다.

1. 수학논문집 발간

션은 수학 논문집을 발간을 위해 해외 친구들에게 수학 논문 작성 도구 사용법을 배우고, 이를 멤버들에게 공유하며 논문 작성을 도왔습니다. 학생들이 작성한 논문은 담당 수학 선생님과 함께 감수하여 논문집으로 발간했습니다.

논문집 원고 마감일에 학생들이 보내 준 논문들을 밤새 교정하고 디자인을 손본 후 최종본을 수학 선생님에게 전달했습니다. 이에 선생님은 "이렇게 거대한 계획을 학생들이 해낼 줄 몰랐다. 교편을 잡은 후 처음으로 학생들이 무한한 가능성을 가지고 있다는 사실을 알게 되었다."라며 감동을 표했습니다.

2. 수학 콘서트

국내외 교수들에게 이메일을 보내 강연 요청을 했고, 온라인 수학 콘서트를 개최했습니다. 딱딱한 수학 이미지를 깨기 위해 음악 동아리와 협업하여 미니 콘서트를 추가하기도 했습니다.

3. 그래프를 활용한 수학 아트 프로젝트

션의 단독 프로젝트로, 사회 문제 데이터를 시각화한 그래프를 현대미술처럼 제작한 활동입니다. 이 그래프들은 디자인 요소를 가미하고 그래프에 대한 설명과 수식을 넣어 엽서로 제작했습니다. 수학, 아트, 사회과학이 결합된 기발한 아이디어다 보니, 선생님들과 학생들에게 큰 호응을 얻었습니다. 엽서 판매 수익금은 수학 교육 기금으로 기부했습니다.

활동의 핵심은 'HOW'에 있다

대부분 학교마다 수학 동아리가 있습니다. 누군가 "수학 동아리를 하면 입시에 도움이 될까요?"라고 묻는다면, "하지 않는 것보단 낫겠지요."라고 답할 수 있습니다. 하지만 이 질문은 "수학 동아리를 어떻게 독창적으로 발전시킬까?"라는 방향으로 바꾸어야 합니다. 기존 방식대로 할 것인지, 자신만의 비전을 담아 새로운 변화를 시도할 것인지 고민해야 하기 때문입니다.

션은 입시와 상관없이, '학생들이 수학을 즐거운 학문으로 느낄 수 있게 하겠다.'는 목표를 세우고 열정을 쏟았습니다. 그 과정에서 창의적인 아이디어를 구체화하고, 조직을 효과적으로 운영하는 방법을 배웠습니다. 코로나19로 인해 서로 만나기조차 어려운 상황에서도 션은 "할 수 있다."라는 긍정적인 메시지를 전달하며 학생들과 함께 놀라운 성과를 만들어냈습니다.

그 결과, 수학 동아리 행사는 전교생에게서 "수학이 이렇게 재미있는 거였어?"라는 긍정적인 반응을 얻었습니다. 이 성공은 다른 동아리에게도 좋은 자극을 주었습니다. 선생님들 역시 크게 감동하여 수학 동아리 학생들이 노고를 치하하는 교내 상과 특별 행사를 마련해 주셨습니다. 이 일을 계기로 션의 대학입학 추천서에는 '열정적인 학생'이라는 진심 어린 평가가 기록되었습니다. 행사 직후, 수학 동아리는 많은 후배들의 가입 신청을 받으며 인기 동아리로 자리 잡았습니다. 션과 함께 활동했던 서브 리더 후배들은 다음 기수의 리더가 되어 수학 동아리를 이끌었습니다.

뉴스에 날 정도로 화려한 활동은 세상에 많습니다. 하지만 션의 활동은 대부분 션의 일상에서 시간과 열정을 다해 이뤄낸 성과였습니다. 명문대에 합격하기 위해서 "수학 동아리 리더 정도는 해야 한다."라고 말한다면 이는 분명 잘못된 메시지입니다.

다시 한번 더 강조하지만 '무엇을 했는가'가 아니라 '어떻게 했는가'입니다.

입시보다 중요한 질문

한 가지 더 언급하자면, 리더십조차도 입시에 있어 절대적인 요소는 아닙니다. '리더'라는 타이틀을 내세우는 순간, 입학사정관 입장에서는 기대치가 급격히 올라가게 됩니다. 리더십 포지션을 맡았다고 해서, 그 자리에서 당연히 해야 하는 기본적인 활동만을 기술하는 것은 오히려 역효과를 낼 수 있습니다.

예를 들어, 학생회장을 맡은 학생이 자기소개서에 "선생님과 학생들의 의견을 적극 수렴했고, 회의를 주최했다."라고 적는다면, 이는 "당신은 다른 의사와 어떤 점이 다릅니까?"라는 질문에 "저는 사람을 고칩니다."라고 답하는 것과 다를 바 없습니다. 기본적으로 해야 할 일을 했다는 것을 강조하는 데 그쳐서는 안 됩니다. 대신, 남들과 차별화된 활동이나 독창적인 성과를 이끌어낸 경험을 중심으로 서술해야 합니다. 이러한 차별화는 리더가 아닌 멤버로 활동할 때에도 충분히 가능합니다.

이는 입시에만 국한되지 않고, 사회에서 필요로 하는 태도와 연결됩니다. "그거 아무 소용없어, 입시에 도움 안 돼."라는 말을 참 많이 들었습니다. 모두가 같은 좁은 문을 향해 달릴 때, 하고 싶은 일에 시간을 투자한다는 것은 때로 큰 리스크로 느껴질 수 있습니다.

입시에서 외부의 도움을 받아 지름길을 선택한다면 단기간에 높은 성취를 이룰 가능성은 높아질 것입니다. 그러나 그렇게 자라난 아이가 어떤 성인이 될지는 깊이 고민해볼 문제입니다. 입시의 지름길이 곧 삶의 지름길이 될지, 아니면 오히려 길을 찾아가는 과정에서 필요한 이정표를 읽는 능력을 잇아가는 결과를 초래할지는 신중히 고민해봐야 합니다.

"무엇을 하느냐보다 어떻게 하느냐가 중요합니다."

51

1년간의 제주살이

션이 1년 동안 제주에서 함께 지내 달라고 요청했을 때, 그냥 흘려들을 수 없었습니다. 그동안 알아서 잘해오던 션이 부모에게 처음으로 도움을 요청하였기 때문입니다.

하지만 곧바로 제주로 갈 결정을 내리기란 쉽지 않았습니다. 가장 큰 걸림돌은 프로젝트였습니다. 일을 어떻게 조정해야 할 지 도무지 답이 보이지 않았습니다. 사무실을 떠나 먼 곳에서 컨설팅을 진행한다는 것이 과연 가능할지, 저 자신도 의문이 들었습니다. 운전을 하지 못하는 것도 큰 문제였습니다. 제주 영어도시에서는 차가 없으면 생활하기가 매우 불편합니다. 편의시설이 드문 데다, 대중교통도 거의 없어 차 없이는 통학조차 어려운 상황이었습니다. 이뿐만 아니라, 살 곳을 어디에 마련해야 할지, 어떤 생활을 하게 될지 등 수만 가지 걱정이 한꺼번에 밀려와 머리가 지끈거렸습니다.

고민만으로는 답이 나오지 않을 것 같아, 제 스타일대로 '일단 가자'는 결론부터 내리고 방법을 찾아보기로 했습니다. 이 결정에는 션파의 응원이 큰 힘이 되었습니다.

션파는 제 이야기를 듣더니 이렇게 말했습니다.

"가는 게 좋겠어. 당신이 대학생 때 유학 못 간 걸 아직도 아쉬워하잖아. 그때 부모님의 응원을 받아 갔으면 좋았을 거라고. 션이 처음으로 부모에게 필요한 걸 말한 건데 해 주자. 지금 제주에 안 가면, 훗날 후회할 것 같아. 우리도, 션도."

문제 하나씩 해결하기

'일단 간다.'라고 결심한 뒤, 문제를 하나씩 풀어나갔습니다. 새로 시작할 프로젝트는 한 달이 남아 있었기에, 그전에 제주에 집을 구하고 세간살이를 마련하기로 했습니다. 고객사에는 주 2일 출근, 주 3일 재택근무를 해도 괜찮을지 물어봤고, 다행히 협상이 잘 되었습니다. 마침 전략 수립이 주된 업무인 프로젝트였기에, 사무실에서 팀원들과 자리를 꼭 함께하지 않아도 됐습니다. 해외 팀과의 화상회의가 잦은 글로벌 프로젝트 특성상, 재택근무는 오히려 효율적이었습니다. 코로나19로 대면 회의가 제한적이었던 것도 큰 도움이 되었습니다.

주변에서는 서울과 제주를 오가며 일을 하면서 살림까지 하려는 계획이 무리라고 우려했습니다. 하지만 저는 "일단 해 보고 문제가 생기면 그때 해결책을 찾자."라는 마음으로 밀고 나갔습니다.

션에게 이 소식을 전하자 션은 "엄마, 아빠가 진짜 실행에 옮길 줄 몰랐어."라며 깜짝 놀랐습니다. 션이 기뻐하는 모습을 보니, 저도 행복해졌습니다. 늦은 저녁 잠깐씩 얼굴을 보던 지난 시간을 떠올리며, 엄마로서 해 준 게 없다는 미안함이 늘 있었기 때문입니다. 이번 기회를 통해 집밥도 해 주고, 집에 오는 아이를 따뜻하게 맞아주며 힘든 순간을 함께 해 주고 싶었습니다.

2주 만에 준비 완료

프로젝트 시작까지 시간이 많지 않았기에 모든 준비는 속전속결로 진행했습니다. 학교와 가장 가까운 아파트를 부동산을 통해 연세로 알아본 뒤, 그 즉시 제주로 날아가 바로 결정했습니다. 션은 학원을 다니지 않았기에 학교와의 거리만 고려하면 되었고, 장보기도 다행히 온라인으로 해결할 수 있었습니다. 아파트 앞에 공항버스 정류장이 있어 서울과 제주를 오가는 문제도 자연스럽게 해결되었습니다. 입주 청소를 마친 뒤, 기본 가구와 생활용품을 배송받아 설치한 뒤, 생필품을 준비했습니다. 션의 기숙사 짐을 옮기는 것을 끝으로 제주살이를 시작했습니다.

션이 제주에 와 줄 수 있겠냐고 한 전화 이후, 모든 준비를 마치는 데 걸린 시간은 단 2주였습니다. 일하던 습관대로 꼼꼼히 체크리스트를 만들어 하나씩 진행했고, 션파의 세심함까지 더해져 시행착오 없이 빠르게 진행할 수 있었습니다.

서울과 제주를 오가며 살림까지 챙길 수 있을지 걱정도 됐지만, 새로운 생활에 대한 기대감이 더 컸습니다. 스스로도 긍정적인 마음가짐에 놀랐습니다. 션의 곁에서 함께 웃고, 울며 서로를 위로하는 귀한 날들이 될 것으로 기대하며, 저는 갑작스러운 제주살이를 시작했습니다.

"아이가 간절히 원할 때, 손을 잡아 주세요. 이것이야말로 후회 없는 선택이 될 것입니다."

52

비행기 타고 출퇴근하다

지금까지 대부분 서울에서 프로젝트를 진행했지만, 타 지역 프로젝트 경험도 적지 않았습니다. 유성으로 내려가 군 프로젝트를 몇 달간 맡기도 했고, 삼성 반도체 프로젝트를 할 때는 1년간 고속도로를 타고 출퇴근했습니다. KT 프로젝트를 할 때는 분당으로 다녔습니다. IBM 근무 시절에는 대형 프로젝트의 진행 상황과 리스크를 점검하는 QRM(Quality Risk Management) 팀에 있으면서 강원도와 경상도로 출장을 다녔습니다.

그동안은 모두 육지에서 프로젝트를 했으므로 버스나 기차로 이동했습니다. 그러나 이번에는 거주지를 제주로 옮기게 되면서 비행기를 타고 서울로 출퇴근해야 했습니다. 처음에는 과연 가능할지 반신반의했습니다. 출퇴근 자체도 문제였지만, 고객과의 소통이 중요한 컨설팅 업무를 이런 방식으로 수행한 사례를 찾기 힘들었기 때문입니다.

제주-서울 출퇴근의 시작

첫 주는 예상대로 쉽지 않았습니다. 아침 9시까지 서울 사무실에 도착하려면 새벽 4시에 일어나 출근 준비를 하고 새벽 5시에 제주 공항으로 출발해 첫 비행기를 타야 했습니다. 코로나19 상황이라 마스크는 물론, 비닐장갑과 손 세정제를 늘 챙겨 다녔습니다.

제주 생활에서 가장 큰 난관은 요리였습니다. 다른 집안일은 괜찮았지만 요리만큼은 익숙하지 않아 걱정이 이만저만이 아니었습니다. 그래서 제주 정착 첫날부터 요리 특훈에 들어갔습니다. 한 달간 집중 연습한 결과, 실력이 눈에 띄게 늘었습니다. 음식의 맛뿐 아니라 플레이팅에도 신경 쓰며 레스토랑 같은 분위기를 내보려 했습니다. 운전을 못해 외식이 어려웠기에, 집에서도 특별한 분위기를 만들어보고 싶었던 것입니다. 요리는 예상 밖으로 스트레스 관리에도 효과적이었습니다. 태교 때 뜨개질을 하거나 엄마표 놀이를 했던 기억처럼, 요리도 무언가를 만들어 내는 창작 활동이어서인지 마음을 안정시키는 데 큰 도움을 주었습니다. 특히 음식을 아름답게 만들어 주는 플레이팅이 너무 즐거웠습니다. 단조로운 제주 생활 속에서 요리는 새로운 활력을 주었습니다.

재택근무를 하는 날은 근무시간 동안 일에 집중하고, 점심시간을 활용해 저녁 식사 준비를 미리 해두었습니다. 퇴근 시간 후에는 청소, 빨래, 와이셔츠 다림질 같은 집안일을 틈틈이 챙겼습니다. 낯설고 부담스럽게 느껴졌던 일들이 점점 익숙해졌고, 집안일에 익숙해지는 제 자신을 보며 뿌듯함을 느꼈습니다.

초반 벼락치기의 힘

집안일에 어느 정도 적응하자 드디어 프로젝트가 시작되었습니다. 일상생활에서는 허술한 편이지만, 업무에 있어서는 늘 완벽주의 성향을 발휘합니다. 프로젝트를 진행할 때는 초반에 모든 것을 쏟아붓는 '초반 벼락치기'를 선호합니다. 초반에 최대한 많은 진도를 빼두면 이후 발생할 변수에 유연하게 대처할 수 있기 때문입니다.

컨설턴트는 고객사와 수행사보다 한발 앞서 최적의 해결책을 제시해야 합니다. 초반에 집중하여 새로운 환경에 빠르게 적응하고, 많은 지식을 습득해 고객사의 니즈를 정확히 파악하면 문제를 선제적으로 해결하며 신뢰를 쌓을 수 있습니다.

이번 프로젝트는 재택근무를 병행해야 했기에, 초반에 성과물을 만들어 고객의 신뢰를 얻는 것이 중요했습니다. 며칠 동안 집중적으로 자료를 준비한 뒤, 고객과의 줌(Zoom) 미팅에서 이를 리뷰했습니다. 다행히 고객이 결과물에 만족해 주었고, 이후 업무는 훨씬 매끄럽게 진행되었습니다. 오래 함께 일해 온 고객사 담당자라 제 업무 스타일을 잘 이해하고 있어, 걱정 말고 편안히 일하라고 말해준 덕분에 더 큰 힘을 얻을 수 있었습니다. 사무실 내에서 급하게 움직이는 분위기를 바로 캐치하는 데는 한계가 있을 수 있어서 믿음직한 동료와 수시로 연락을 했습니다. 여러모로 감사한 한 해였습니다.

새로운 가능성을 발견하다

제주생활과 프로젝트에 적응한 뒤, 제 행보를 돌아보게 되었습니다. 갑자기 회사를 차렸고, 션을 제주로 보냈으며, 이제는 비행기를 타고 출퇴근까지 하고 있습니다. 계획하지 않았던 이 모든 일이 얼떨떨했지만, 결과적으로 새로운 길이 끊임없이 열렸습니다.

션파는 제가 무리하고 있다며 잠시 일을 내려놓고 제주 생활에만 집중하라고 권했습니다. 그러나 제가 꾸역꾸역 해내는 모습을 보고는 수시로 제주로 내려와 도와주었습니다. 그렇게 점차 생활과 일이 안정되었고, 힘든 만큼 얻는 것도 많았습니다. 일과 육아뿐 아니라 집안일까지 도맡아 하며 주부로서 자신감까지 얻는 계기가 되었습니다. 또한 재택근무를 병행하면서, 새로운 서비스와 계약 방식을 떠올릴 수 있었습니다. 이후 이 아이디어를 발전시켜 회사의 전략으로 적용했으니, 이번 제주행은 개인적으로도, 직업적으로도 의미 있는 선택이었습니다.

"새로운 도전은 두려울 수 있지만, 막상 시작하면 생각보다 어렵지 않습니다."

53

제2의 고향, 제주

션과 함께 1년을 제주에서 지내기로 결정했을 때, 주변에서는 제주 생활이 적응하기 어려울 수 있다며 우려를 표했습니다. 많은 사람들이 한적한 제주를 선호해 정착하기도 하지만, 고립된 생활 환경이 맞지 않아 서울로 돌아가는 사례도 적지 않다는 이야기를 들었기 때문입니다. 저 역시 처음에는 제주 생활에 적응할 수 있을지 반신반의했지만, 예상과 달리 제주 생활은 저와 잘 맞았습니다.

영어교육도시에서 생활하며 가장 신기했던 점은 거리에 사람이 거의 없다는 것이었습니다. 이것은 비단 영어교육도시뿐 아니라 제주의 특징이기도 합니다. 제주시내나 주요 관광지를 제외하면, 거리에서 사람을 마주치기가 쉽지 않습니다.

영어교육도시에는 아파트 단지가 제법 많지만, 학생들이 방과 후 삼삼오오 모여 다니는 모습 외에는 사람을 거의 볼 수 없었습니다. 이는 편의시설이 적고 차량 이동 중심이 되는 환경 때문인 듯합니다.

자연이 주는 충만함

제주에서의 1년 동안, 저는 대부분의 시간을 자연과 함께하며 보냈습니다. 제주 생활에 익숙해지면서 새벽 산책을 시작했습니다. 새벽 공기를 마시며 걷다 보면 조깅하는 외국인이나 반려견과 산책하는 몇몇 이웃을 만나곤 합니다. 한참 더 걸어가면, 소들이 한가롭게 풀을 뜯는 들판이 보입니다.

멀리 산방산을 배경으로 붉게 물든 하늘 사이로 일출을 바라보는 장면은 말로 표현하기 어려운 감동이었습니다. 제주에서만 볼 수 있는 나지막한 집, 검은 돌담, 감귤 나무, 그리고 그 사이를 채운 향긋한 풀들. 이 모든 것들이 어우러진 길을 걷다 보면 이 아름답고 드넓은 공간을 혼자서 독점하는 기분이 들었습니다.

제주의 날씨는 매일 달라서 같은 길도 매번 다른 풍경처럼 느껴졌습니다. 봄이 깊어질수록 예쁜 꽃망울과 산뜻한 녹색 잎들이 하루가 다르게 앞다투어 선을 보였습니다. 항상 자연의 정기를 고스란히 받는 기분이 들었습니다.

영어교육도시 주변의 길은 그리 복잡하지 않지만, 매번 다른 골목길로 들어서며 탐험가처럼 낯선 길을 걷는 즐거움을 누렸습니다. 새벽 산책은 점차 달리기로 이어졌고, 달릴 수 있는 거리가 점차 늘어나면서 어느새 10km까지 달릴 수 있게 되었습니다. 코로나19로 인해 열린 온라인 마라톤 대회에 홀로 도전하는 재미도 누렸습니다.

주변을 샅샅이 걸어본 후, 더 먼 곳을 도전해 보기로 했습니다. 우연히 제주 올레길 한 코스를 걸어보았는데, 제주의 아름다움에 제대로 빠졌습니다. 차를 타고 스쳐 지나갈 때는 알 수 없었던 돌멩이, 풀 한 포기, 구름 한 조각의 반짝임에 눈을 뗄 수가 없었습니다.

워커홀릭답게 사무실을 떠나있어도 늘 머릿속은 일 생각으로 가득 차 있었던 제가, 장시간 걷기를 통해 처음으로 머리를 비우고 마음의 평화를 찾기 시작했습니다. 그 과정에서 비로소 저 자신에게 한 발 더 다가갈 수 있었습니다.

제주의 길은 특별한 매력을 가지고 있습니다. 오늘도 걷기 위해 길을 나서면, 어김없이 새소리가 들려옵니다. 조금만 자연 속으로 들어가도 동화 속에서나 들릴 법한 청명한 새소리를 들을 수 있습니다. 서울에서는 늘 이어폰을 끼고 다녔지만, 제주에서는 이어폰을 주머니 속에 넣고 파도소리, 바람소리, 새소리에 귀를 기울이게 되었습니다. 때로는 아무 소리도 들리지 않는 고요함조차 사랑하게 되었습니다.

제주에는 높은 건물이 없어, 시야의 절반은 항상 하늘입니다. 먹구름 낀 하늘, 화창한 하늘, 무언가 닮은 구름들까지. 서울에서는 빌딩에 가려 잘 보지 못했던 하늘이 이곳에서는 항상 제 눈 앞에 펼쳐졌습니다. 그 하늘 아래에서 자연과 하나가 되는 기분을 느꼈습니다.

그렇게 시작한 제주 올레길 걷기는 400km가 넘는 올레길 전체 코스를 완주하는 결과로 이어졌습니다.

일상과 일의 균형

제주 생활은 저를 충만함으로 채워주었습니다. 자연에서 에너지를 듬뿍 받는 것만으로도 감사했지만, 션의 아침을 깨우고 식사와 간식을 챙겨주는 일은 진심으로 행복했습니다. 제주에 내려오지 않았다면, 워킹맘으로서 늘 가지고 있던 죄책감에서 벗어나지 못했을 것입니다.

모든 엄마들이 하는 집안일을 저도 직접 해 보며 서툴지만 무한한 기쁨을 느꼈습니다. 지금이라도 이런 기회를 가진 것에 대해 얼마나 감사했는지 모릅니다. 덕분에 고3 엄마로서 느꼈을 긴장감 대신 매일 웃으며 션을 대할 수 있었습니다.

제주 생활에서 또 하나 좋았던 점은, 서울과 제주를 오가는 5시간이 넘는 긴 이동 시간 덕분에 책을 읽을 시간이 늘었다는 점입니다. 또한 코로나19로 인해 회식이 사라지고 사람들과의 만남이 줄어들면서 생긴 시간의 여유를 책 읽기에 집중할 수 있었습니다.

제주 생활 1년 동안 일도 하고, 집안일도 하고, 올레길도 완주하는 동시에 300권이 넘는 책을 읽고 리뷰를 작성했습니다. 은퇴 후 책을 읽고 글을 쓰며 조용히 살고 싶다는 생각을 한 적이 있는데, 이 기간은 그 꿈의 작은 실현 같았습니다.

저를 아는 분들은 제가 일을 안 하면 심심해서 견디지 못할 거라고 했습니다. 컨설팅 업무 특성상 사람들과의 교류가 많았던 제 라이프 스타일을 잘 아는 분들은, 조용히 사는 삶이 저에게 맞지 않을 것이라 생각했던 것이었습니다. 하지만 정반대였습니다. 자연 속에서 보내는 시간은 제게 완벽히 맞았고, 제 인생에서 두 번 다시 오지 않을 선물 같은 시간을 선사해 주었습니다.

더 끈끈해진 가족애

제주 생활로 인해 주말 부부가 되었지만, 션파와 매일 저녁 통화로 소소한 이야기를 나누며 부부 간 대화는 더 많아졌습니다. 어느 날 션파가 함께

버킷리스트를 만들어 보자고 제안했습니다. 각자 하고 싶은 활동도 있지만, 함께할 수 있는 것들을 정리해 보자는 이야기였습니다.

션은 엄마가 정성껏 준비해 준 식사를 같이 하는 것만으로도 충분히 만족해 했습니다. 엄마가 음식을 하는데 서툰 것을 알기 때문에, 함께 살게 되면 맛있는 밥은 포기해야겠다고 생각했습니다. 그런데 매번 멋진 밥상을 차려줘서 놀랐다며 엄지척을 보내주었습니다. "오늘은 어떤 밥상을 차려주었을까?"를 기대할 정도가 되었습니다.

저는 션의 기분과 컨디션을 가까이서 살필 수 있는 것만으로도 행복했습니다. 션이 제주로 와 달라고 요청했을 때, 입시를 준비하며 불안감과 조바심이 생긴 눈치였습니다. 그러나 엄마가 곁에 있는 것만으로도 금세 안정을 되찾았습니다.

얼떨결에 선택한 제주행이었습니다. 한 번도 생각해 보지 못했던 생활이었고, 시작하면 죽도록 힘들 줄만 알았습니다. "이 또한 지나가리라."라며 견뎌 보자고 시작한 일이었지만, 예상과 달리 우리 가족 모두에게 긍정적인 내적 변화를 선사했습니다.

션파의 말처럼, 훗날 션의 고3을 돌아보며 정말 잘 선택했다고 말할 자신이 생겼습니다. 더 나아가 제 인생에서도 이렇게 충만한 기쁨으로 가득했던 한 해가 또 있었을까 싶을 정도로 특별한 시간이었습니다.

"새로운 길을 선택할 때, 새로운 세상이 열립니다."

54

마지막 봄 방학, 끝이 보인다

제주에 내려오기 전, 두 개의 프로젝트를 동시에 추진 중이었지만, 제주에 도착하자 첫 번째 프로젝트가 돌연 무산되었습니다. 흔히 말하는 계약서에 사인하기 전까지는 끝난 것이 아니라는 말을 실감했던 순간이었습니다. 서울에 있었다면 실망감이 컸겠지만, 막 제주에 정착한 상황이어서 션과 더 많은 시간을 보낼 수 있다는 점이 위안이 되어 감정의 동요 없이 넘길 수 있었습니다.

다행히 두 번째 프로젝트는 무사히 계약되었고, 이 프로젝트가 글로벌 프로젝트인데다 코로나19로 인한 거리두기 영향으로 제주 생활과 업무를 병행할 수 있었습니다. 결과적으로 전화위복이 된 셈이었습니다.

어린 시절부터 '긍정의 아이콘'이라는 말을 자주 들었고, 실행력이 좋다는 평을 받았지만, 이번 제주 생활을 통해 제대로 확인했습니다. 낯선 환경에서 새로운 장점을 발견하고, 사고의 전환을 통해 문제를 긍정적으로 해석하는 저 자신을 보며, 션에게도 긍정이 주는 힘을 전해주려 부단히 애썼습니다.

입시, 흔들리는 마음을 다잡다

때로는 여느 부모들처럼 불안한 마음이 불쑥불쑥 올라오곤 했습니다. "눈에 띄는 화려한 활동을 추가해야 하나?"라는 고민을 한 적도 있습니다. 션이 고등학생 2학년 때는 무엇을 지원해줘야 할지 갈피를 잡지 못해 불안감이 최고조에 달했고, 고등학생 3학년이 되자 입시가 코앞에 닥친 만큼 마음이 더욱 급해졌습니다. 선배들과 주위 친구들은 학교 밖에서 엄청난 실적을 쌓고 있는 것처럼 보였고, '션은 이대로 괜찮을까?'라는 걱정이 스쳐 지나가곤 했습니다.

그러나 남들 가는 길을 쫓아가기보다는, 션만의 특별한 점을 보여줄 수 있도록 활동의 변별력을 '진정성'에서 찾기로 했습니다. 모든 활동은 '가까운 곳'에서 시작한다는 원칙을 세웠습니다. 션도 이에 동의하며 몇 개월 동안 아이디어를 정리하고 이를 실천에 옮기기 시작했습니다.

결과적으로, 션의 대표적인 활동은 학교와 지역사회를 중심으로 3~4년간 꾸준히 발전시킨 것들이었습니다. 션 혼자 한 것이 아니라, 친구들과 후배들이 함께 참여하면서 더욱 의미 있는 결과를 만들어냈습니다. 션이 몇 개월간 수학 동아리에서 아이들과 함께 진행한 Math action week는 이를 대표하는 사례입니다. 직접 수학 프로젝트를 기획하고 실행하며 많은 성과를 이루었고 그 과정에서 션은 자신의 역량을 크게 키울 수 있었습니다. 지나치게 열심히 하니 수학 선생님께서 오히려 걱정을 할 정도였습니다. 밤을 새워 준비한 탓에 피로가 쌓여 시험 중 잠들어 버리는 일까지 있었습니다.

그동안 션이 전화로 들려주는 말만 듣다가 가까이에서 지켜보니 션이 끝까지 잘 해낼 수 있겠다는 확신이 들었습니다. 입시에는 정답이 없습니다.

대학은 거창한 실적보다는 아이의 개성이 드러난, 어디에도 본 적 없는 특별하고 신선한 활동을 원합니다.

봄방학, 마지막 이정표

고등학교 마지막 봄방학은 그 어느 때보다 특별했습니다. 션은 2주간의 짧은 방학 동안 서울로 가지 않고 제주에 머물며 국제 수학 모델링 대회(IMMC) 준비, Final Test 대비, 관심 있는 과목 심화 학습 등으로 바쁘게 보냈습니다.

션이 스스로 할 일을 챙기게 되면서, 제 역할은 그저 곁에 있어 주는 것으로 바뀌었습니다. 얼마 전까지만 해도 중요해 보이는 것부터 하라고 간섭 아닌 간섭을 하고 싶었습니다. 하지만 서울에 있으면서 제주에 있는 아이에게 강요할 수 없는 상황이 반복되다 보니 속이 타는 날도 많았습니다. 설득하기 어려워 션을 내버려둔 동안, 션은 실패와 좌절을 겪으며 경험을 쌓아갔습니다. 결국 하나씩 의미 있는 결과를 만들어가는 과정을 지켜보면서 이제는 믿고 응원하는 것이 최선임을 깨달았습니다.

봄 방학이 끝나면 2주간의 Final Test가 이어집니다. 이 성적은 곧바로 입시에 연결되기 때문에, 봄 방학 동안 모든 학생이 열심히 공부에 매진합니다. 션은 그동안 좋아하는 주제에 깊이 몰입하거나 어려운 수학문제를 풀고 책을 읽는 것을 놀이처럼 즐겼습니다. 하지만 IB 과정을 제대로 소화하려면 암기와 꼼꼼함도 필요로 하므로 이번 방학에는 내신 공부에 집중했습니다.

거실에 있다 보면 방에서 "파이널 테스트 싫어, 내신 싫어."라고 중얼거리는 소리가 들려오곤 했습니다. 그런 모습을 볼 때마다 귀여워서 웃음이 나왔습니다. “하기 싫은 공부를 하니 당연히 성적이 잘 나올 거야.”라며 짧은 위로의 말을 건넸습니다.

가족이 함께 채워가는 따뜻함

주말마다 션파는 제주로 내려와 냉장고를 채우고, 세탁기 통을 세척하고, 베란다 청소를 해주었습니다. 션파의 세심한 배려 덕분에 저는 한결 편안하게 제주 생활을 이어갈 수 있었습니다. 집에만 있는 제가 답답할 것 같다며 드라이브를 시켜 주는 남편에게 마치 반려견이 산책 나가는 기분이라는 농담을 건네며 웃기도 했습니다.

션은 엄마가 올레길을 걷거나, 엄마와 아빠가 단둘이 시간을 보내는 것을 전혀 신경 쓰지 않았습니다. 오히려 “엄마가 하고 싶은 것을 해서 좋아.”라고 말해주었습니다. 덕분에 저는 세상에서 가장 마음 편한 고3 엄마로 지낼 수 있었습니다.

입시라는 긴 여정의 마지막 이정표였던 봄방학. 우리 가족은 서로의 따뜻함을 채우며 남은 여정을 힘차게 마무리하기로 했습니다.

“입시의 막바지일수록 밖으로 나가 심호흡을 해 보세요. 긴장보다는 여유가 더 필요한 순간입니다.”

55

간이 배 밖에 나온 고3 엄마

자녀가 고등학생 3학년이 되면 많은 엄마들이 은둔 생활을 시작합니다. 아이들 간의 경쟁이 부모들 간의 신경전으로 그대로 이어질 수 있기 때문에, 대개 각자 조용히 입시준비를 하며 외부와 거리를 둡니다. 특히 이름이 알려진 아이들의 부모들은 불필요한 관심을 피하려고 더욱 조심스럽게 행동합니다. 입시 막바지에 이르면 누구나 이른바 '자가격리' 상태로 접어듭니다. 합격 소식을 알리기도 조심스럽고, 반대로 불합격 소식을 마주한 부모들은 마음을 추스르기 위해 더더욱 외부와의 소통을 멀리하곤 합니다.

예측할 수 없는 입시 풍경

매년 선배 학생들과 부모님들을 보며, 션과 저는 마음속으로 진심 어린 응원을 보냈습니다. 선배들이 원하는 대학에 합격하면 덩달아 기뻤고, 예상 밖의 결과를 마주하면 함께 안타까워했습니다. 선배들의 성공은 후배들에게 롤모델이 되고, 희망을 심어줍니다. 그래서 모두가 원하는 곳에 합격하기를 바라는 마음이 간절했습니다.

최근 몇 년간 해외 대학 입시는 예측 가능성이 크게 줄었습니다. NLCS

는 영국 대학 입시에 강한 경쟁력을 자랑합니다. 그러나 브렉시트 이후 EU 국가 학생들이 외국인 범주에 포함되면서 외국인 경쟁률이 높아져 버렸습니다. 그 결과, 한국 학생들의 영국 명문대 합격 비율도 줄어들었습니다. 홍콩 명문대는 한때 인기가 높았으나, 중국과의 관계 악화와 홍콩 정세 불안으로 지원자가 줄어드는 추세입니다. 미국의 경우 코로나19로 인해 입시가 더욱 예측하기 어려워졌습니다. 미국 명문대에서 SAT를 선택 사항으로 바꾸면서 지원자가 급증해 경쟁이 치열해졌습니다. 팬데믹이 심해지자 전년도에 입학 허가를 받고도 대학 진학을 연기하는 학생들이 늘어서 이번 해에는 추가 합격 가능성마저 낮아졌습니다. UC 계열 대학은 외국인 학생 비중 축소를 발표하며 상황을 더 어렵게 만들었습니다.

별다를 바 없는 고3 엄마의 생활

션의 입시는 11월 영국 대학 지원을 시작으로, 미국 Early Decision(ED), UC 계열, 그리고 마지막으로 12월 미국 Regular 지원으로 이어졌습니다. 미국 Regular로 지원하는 대학 수는 적게는 한 자릿수에서 많게는 20개 이상에 이르기도 합니다. NLCS에서는 최대 10개 대학까지 지원이 가능합니다. 대학마다 요구하는 에세이가 달라서, 이를 제대로 준비하려면 시간이 턱없이 부족합니다. 션 역시 몇 달 동안 에세이를 쓰고 고치는 작업을 반복하며 바쁜 나날을 보냈습니다.

저도 고3 엄마가 되면 자연스럽게 은둔 생활에 들어갈 줄 알았습니다. 하지만 예상과는 달리, 블로그에 평소와 다름없이 고3 엄마로서 느낀 점과 생각을 꾸준히 기록했습니다. 션과 함께 생활하며 대화가 늘었고, 식사를 준비하는 과정에서 여전히 즐거움을 느꼈습니다. 바쁜 션 덕분에 션파와 데이트를 더 자주 하며, 제 나름의 균형 잡힌 일상을 이어갔습니다.

올레길을 걸으며 마음관리를 하다

은둔하지 않은 또 하나의 이유는 마음관리 덕분이었습니다. 대학 입시 결과가 좋지 않더라도 저부터 타격감을 받지 않기 위해 스스로의 마음을 단단히 다졌습니다. 션이 원하는 대학에 떨어졌을 때, 진심으로 "괜찮다."라는 말을 하고 싶었습니다. 이를 위해 1년 내내 마인드 컨트롤을 했습니다.

30여 년의 사회생활 동안 "이미 발생한 일에 일희일비할 필요 없고, 오늘 실패해도 내일 새로운 도전이 있다."라는 진리를 수차례 경험했습니다. 올레길을 걷는 동안 엄마로서의 욕심과 자존심을 내려놓겠다고 다짐했고, 그러한 다짐들을 블로그에 기록하기 시작했습니다.

션의 학교 선배 중에는 평소 실력보다 다소 낮아 보이는 대학에 합격했지만 대학에서 더 큰 성취를 이루며 만족스러운 생활을 하는 사례들이 많습니다. 우리는 보통 '어느 대학에 합격했는가'에만 초점을 맞추곤 합니다. 하지만 선배들이 대학에서 '어떤 생활을 하느냐'를 바라보면 큰 위로를 얻을 수 있습니다.

그래서 션에게 수시로 말했습니다. "원하는 대학에 떨어져도 괜찮아. 두세 군데만 붙으면 가장 마음에 드는 곳으로 가자. 원하는 학교는 나중에 석사로 가도 돼. 드림스쿨에 떨어진 선배들이 대학에서 더 잘 살고 있더라."

이 말은 제 마음을 다잡기 위한 다짐이기도 했습니다. 엄마는 아이를 '위로해야 할 사람'이지, '위로받아야 할 사람'이 아니기 때문에, 저부터 강해지기로 했습니다.

워킹맘의 긍정의 힘

워킹맘으로 살며 얻은 가장 큰 강점은 나쁜 감정을 금방 떨쳐낼 수 있다는 점입니다. 지금 당장 해야 할 일에 집중하다 보면 부정적인 감정은 자연스럽게 사라지곤 합니다. 고3 엄마로서 남은 시간이 짧아질수록 더욱 바쁘게 지냈습니다. 진행 중인 프로젝트를 마무리하고, 새로운 프로젝트 제안서를 작성하며 매일을 꽉 채웠습니다. 그렇게 정신없이 지내다 보니 일주일, 한 달이 훌쩍 지나갔습니다.

이무렵, 션은 자신의 내적 변화에 대해 솔직히 털어놓았습니다.

그동안 주변에서 "너 정도면 당연히 명문대에 합격하겠지."라는 말을 자주 들으며, 스스로 지나치게 낙관적인 태도를 가지게 되었다고 합니다. 그러던 중 고3 시작 무렵, 전체 학생회장은 자타공인 션이 될 것으로 모두가 예상했습니다. 그러나 예상과 달리 학생회장 선거에서 낙선했고, 그 이유를 아무도 알 수 없었습니다. 아이가 학생회장이 되면 부모가 학부모회를 이끌어야 해서, 션에게는 미안했지만 저는 내심 안도했습니다. 이미 과거 2년 동안 학부모회 활동을 하며 일과 가정을 병행하느라 힘들었던 기억이 있었기 때문입니다. 그러나 션은 이 일로 큰 충격을 받았습니다. 자신이 그동안 학교에 열심히 기여해왔던 만큼, '내가 무엇을 잘못했을까?'라는 생각이 들었다고 했습니다. 그러나 이 경험은 션이 스스로를 돌아보고, 앞으로의 방향을 재정비할 계기가 되었다고 말해 주었습니다.

션은 이렇게 말했습니다.

"넘어졌을 때 그 자체를 자책할 것이 아니라, 지금까지 온 길을 뒤돌아보고 앞으로 달릴 길을 가늠하며 신발끈을 다시 묶으면 된다는 걸 처음으로 배웠어."

학생회장에 떨어진 대신, 션은 수학 동아리에 모든 열정을 쏟아붓기 시작했습니다. 그 결과, 더 빛나고 의미 있는 활동을 할 수 있었습니다. 새로 시작한 길은 이전보다 더 아름다웠고, 션 역시 이때부터 '긍정의 힘'을 믿게 되었습니다. 션이 이렇게 자신의 길을 묵묵히 걸어가는 동안, 저와 션파도 각자의 길을 따라 최선을 다하며 나아갔습니다.

"아이를 진심으로 위로하려면 엄마가 먼저 강해져야 합니다."

56

고3에 해준 '엄마 노릇'

프로젝트를 진행할 때 사람들의 말과 행동을 관찰하는 습관이 있습니다. 왜 그런 반응을 보이는지 이유를 찾다 보면, 그 사람을 이해하게 됩니다. 이 과정을 통해 자연스럽게 상대방의 장점이 눈에 들어오고, '좋은 사람, 나쁜 사람, 이상한 사람'처럼 이분법적으로 보지 않게 됩니다. 대신, '단점은 있지만 좋은 사람, 착한 마음을 표현하지 못하는 나쁘게 보이는 사람, 자신만의 세계가 분명한 이상한 사람'처럼 입체적으로 바라보게 됩니다.

이런 관찰은 타인뿐만 아니라 제 자신에게도 적용해보곤 합니다.

10대까지는 내성적이고 수줍음 많던 제가, 20대 이후로는 사람들과 잘 어울리고 적극적인 성격으로 변했습니다. '긍정적이다.', '실행력이 강하다.'라는 말을 자주 들었습니다. 반면, 코로나19로 혼자 있는 시간이 많아졌을 때 우울하거나 답답하기는커녕, 고요 속에서 자신만의 시간을 즐겼습니다. 이 일을 계기로, 제 성격이 변한 것이 아니라, 제 안에 여러 모습이 한데 어우러져 있다는 것을 알 수 있었습니다.

처음으로 해준 '엄마 마중'

명절날 친지들에게 "제주에서 재택근무를 하다 보면 하루 중 유일하게 만나는 사람이 션이에요. 션이 학교에서 돌아오면 '오늘 사람 처음 본다!'라며 두 팔 벌려 안아줘요."라고 말하니 다들 웃음을 터뜨렸습니다.

션은 일하는 엄마를 둔 탓에 어릴 적부터 엄마와 함께할 시간이 많지 않았습니다. 배밀이를 하던 아기 때부터 엄마를 보기 위해 밤늦게까지 자지 않으려고 애썼습니다. 어릴 적 "나도 유치원 끝나면 엄마가 마중 나와 있으면 좋겠어."라고 말한 적도 있었지만, 끝내 해 준 적이 없었습니다. 중학생이 되어 제주도로 내려가면서 우리 사이의 물리적 거리는 더욱 멀어졌습니다. 그래서 이번 제주살이 동안만큼은 유치원 시절 션이 바라던 '엄마 마중'을 꼭 해 주고 싶었습니다.

션이 학교에서 돌아올 때마다 두 팔 벌려 현관으로 달려가 "울 아들 왔어!"라고 안아주었습니다. 겨울에는 차가운 손을 감싸며 온기를 나눴습니다. 이런 따뜻한 마중은 어린 시절부터 해주지 못했던 마음의 빚을 조금이라도 갚는 시간이었습니다.

또 하나 해 주고 싶었던 엄마 노릇은, 션이 입시 준비로 지친 마음을 조금이라도 달래기 위해 정성껏 1인 밥상을 차려주는 것이었습니다. 입시에 지친 션이 따뜻하고 예쁜 밥상을 받은 순간만큼은 행복하길 바랐습니다.

언젠가 먼 곳에서 엄마를 떠올릴 때, 늘 바빴던 엄마 모습이 아니라 "울 아들 왔어!"라고 두 팔 벌려 맞아주던 모습과 정성 어린 밥상을 기억해 주길 바랐습니다.

이런 마음은 주변에 굳이 말하지 않았습니다. 각자 행복을 느끼는 방식이 다르니까요. 하지만 제게는, 그동안 엄마로서 부족했던 시간을 조금이라도 보상하는 일이었습니다.

책의 힘을 다시 느끼다

션과 저는 정서적 교류와 대화가 많습니다. 그 덕분에 '찐친' 같은 관계를 유지하며 여전히 다양한 주제의 대화를 즐깁니다. 철학, 과학, 예술, 문학에 대한 의견을 나누고, 괴델과 조르바에 대해 이야기하는 것을 재미있어 합니다. 이럴 때마다 저는 책의 위력을 느낍니다. 책이 없었다면, 션의 커가는 사고와 지식을 따라잡기 어려웠을 것입니다.

어떤 사람에게 책은 공부의 도구일 수 있지만, 제게 책은 '밥'과 다름없습니다. 하루치의 영양소를 음식으로 섭취하듯, 하루치의 지식을 책으로 얻습니다. 맛있는 음식을 먹으며 행복하듯, 좋은 책을 만나면 하루가 특별해집니다.

션은 존경하는 인물로 저를 꼽았습니다. 미국 대학 에세이에 엄마 이야기를 썼다고 했습니다. 성실히 사는 삶도 아들에게 존경을 받을 수 있구나 싶어서 흐뭇해졌습니다. 션에게 더 나은 모습으로 다가가기 위해서라도 책을 늘 곁에 두어야겠다고 생각했습니다. 꾸준히 통찰을 얻는다면, 앞으로도 '지혜로운 엄마'로 살 수 있지 않을까 하는 기대도 해 봅니다.

엄마 1기에서 2기로

제주살이는 부족했던 '엄마 1기'를 벼락치기로 마무리하는 시간이었습니다. 따뜻한 밥 한 끼와 두 팔 벌린 환대를 통해 그동안 채워주지 못했던 엄마의 빈틈을 메울 수 있었습니다.

이제는 인생 선배, 사회 선배로서의 역할을 하는 '엄마 2기'가 시작됩니다. 앞으로는 제가 션에게 배우며 새로운 모습으로 나아갈 날들을 꿈꿔 봅니다.

"엄마로서의 시간은 길지 않습니다. 할 수 있을 때 마음을 다해 채워 주어야 합니다."

57

손품을 팔았던 이유

"입시에 성공하려면 할아버지의 경제력, 아빠의 무관심, 엄마의 정보력, 아이의 두뇌, 그리고 동생의 희생이 필요하다."라는 말이 있습니다. 이 중 엄마의 정보력은 주로 고급 교육 정보를 얻는 능력을 뜻합니다. 하지만 저는 다른 엄마들과 교류가 적은 터라 손품을 팔고 책과 인터넷을 뒤지며 엄마의 정보력을 키웠습니다.

제가 손품을 판 이유는 크게 세 가지였습니다.

1. 조언을 구할 곳이 없어서

워킹맘이라고 해서 모두 조언을 구할 곳이 없는 것은 아닙니다. 하지만 제 주변에는 이상하게도 육아나 교육과 관련해 실질적인 도움을 받을 사람이 드물었습니다. 친가와 외가를 통틀어 션이 가장 먼저 태어났고, 친구들의 아이들도 션보다 한두 해 늦어 육아 경험담을 나누기가 어려웠습니다. 직장 동료들 역시 아이들의 기질이나 부모의 교육관이 달라 조언을 받기 쉽지 않았습니다. 션과 비슷한 성향의 아이를 키운 선배맘을 만났다면 도움을 받을 수 있었을 것입니다. 하지만 그러지 못해 책과 인터넷을 통해 스스로 답을 찾게 되었습니다.

책은 제가 가장 의지했던 친구였습니다. 션이 초등학생일 때는 몇몇 엄마와 경험담을 나눌 기회가 있었지만 이는 제한적이었습니다. 중학생이 되어 제주로 간 이후에는 엄마들과의 모임이 더욱 줄어들었습니다. 그럼에도 정보력에 대한 미련은 없었습니다. 책과 인터넷에서 얻은 경험담만으로도 충분히 많은 것을 얻을 수 있었기 때문입니다.

이 과정에서 친구처럼 지내는 한 지인의 응원은 큰 힘이 되어주었습니다. 그분 역시 워킹맘으로 동년배 아이를 두고 있었지만, 아이의 성향이 너무 달라 구체적인 정보를 주고받을 수는 없었습니다. 하지만 서로의 삶을 공감하며 나눈 격려와 응원은 저에게 든든한 버팀목이 되어주었습니다.

2. 몰라서 생기는 후회를 막기 위해

저는 '몰라서 못한 것'만큼 억울한 일이 없다고 생각했습니다. 선택할 수 있는 다른 대안이 있었음을 뒤늦게 알게 되거나, 해야 할 일을 몰라 놓친 일이 후회로 남는 것을 피하고 싶었습니다.

교육에서도 '최적의 선택'을 하기 위해 무엇이 있는지부터 알고 싶었습니다. 부모 안부 자주 묻기, 건강 관리, 해로운 음식 피하기처럼 알고도 실천하지 않는 일은 많습니다. 하지만 교육은 '알고도 안 하는 것'보다는 '몰라서 못 했던 것'으로 인해 더 많은 기회를 놓친다고 여겼습니다.

아이는 환경과 교육의 영향을 크게 받습니다. 그러기에 훗날 "그때 이것만 했어도 좋았을 텐데…."라는 후회를 줄이고 싶었습니다. 두 가지 이상의 선택지가 있을 때, 기회비용을 제대로 파악해야 섣부른 판단으로 인한 후회를 방지할 수 있습니다. 당장은 션과 맞지 않는 교육 정보처럼 보여도 관심을 두고 조사했던 이유가 바로 이 때문이었습니다.

3. Plan B를 위한 준비

컨설팅 프로젝트에서는 비상계획(Contingency Plan)을 세우는 경우가 있습니다. 시스템 오픈 직전에 심각한 문제가 발생했을 때 빠르게 대응하기 위한 일종의 Plan B입니다. 하지만 실제로는 시스템 오픈 직전 이미 문제를 발견하고 대안을 마련하기 때문에 비상계획이 실행되는 경우는 드뭅니다.

아이의 성장 과정에서도 마찬가지라고 생각합니다. 지금은 방향성이 뚜렷하더라도, 예상치 못한 상황에 대처하기 위해 Plan B를 마련할 필요가 있습니다. 션을 제주 국제학교에 보낸 것은 저의 Plan B에 해당합니다. 국제학교에 대해 깊이 알지는 못했지만, 평소 관심을 두고 있었기에 빠르게 결정을 내릴 수 있었습니다. 당시 제주 국제학교는 역사가 짧아 검증되지 않은 부분도 있었지만, 션의 성향과 잘 맞을 것이라고 판단했습니다. 하루아침에 결심한 듯 보였지만, 그 이면에는 어릴 때부터 봐온 션의 성향을 어떻게 하면 장점으로 살려줄 수 있을지 끊임없이 고민해 온 덕분에 Plan B로의 급전환이 가능했습니다.

제주로 보내기로 한 후, 3년이 흘렀을 때 "그 당시 결정에 후회가 없어."라는 말을 할 수 있다면 성공이라고 생각했습니다. 그리고 지금, 제 선택이 옳았음을 확신했습니다.

손품의 결실

다음 장에서는 입시와 관련한 손품 사례를 소개해 보겠습니다. 션이 어릴 때부터 성장하기까지 이어진 엄마표 놀이, 엄마표 공부법, 손품으로 얻은 정보는 션의 자기주도 학습의 기반을 다지는 데 큰 역할을 했습니다. 이만하면 손품 팔아 충분히 남는 장사를 했습니다.

"손품을 팔아 얻은 정보는 후회 없는 선택으로 가는 가장 확실한 투자입니다."

58

[입시손품]
엄마 공부

션을 키우던 시절은 전업맘과 워킹맘의 구분이 뚜렷했던 때였습니다. 아이가 학교나 학원에 간 사이 많은 엄마들이 카페에서 모임을 갖곤 했지만, 저는 사무실에서 일과 씨름하다 보니 모임에서 어떤 이야기가 오가는지 알기 어려웠습니다. 그래서 서점과 도서관을 찾거나 인터넷을 뒤져가며 필요한 정보를 얻었습니다.

공부를 하며 깨달은 점은, 좋은 학습 방법이라도 모든 아이에게 딱 맞는 것은 없다는 사실이었습니다. 그래서 내린 결론은, '션 맞춤으로 하자'는 것이었습니다. 시행착오가 있더라도 내 아이에게 맞는 방법을 찾아가는 게 더 낫다고 판단했습니다. 다만, 다가올 일들을 미리 파악해 대비하자는 원칙을 세웠습니다.

교육 정보에 밝은 부모가 아이를 잘 이끌 경우 흔히 저지르는 실수는, '내 방법이 맞다'는 착각에 빠지는 것입니다. 아이를 객관적으로 바라보려면 겸손한 자세가 필수인데, 당장의 성취가 부모의 눈을 가릴 때가 많습니다. 저 역시 션이 어릴 때 그런 실수를 여러 번 했습니다.

그러나 아이를 키운다는 것은 장거리 경주에 비유할 수 있습니다. 지금

선두에 있다고 해서 결승선까지 앞설 수 있는 것은 아닙니다. 아이의 성장에 따라 부모도 끊임없이 배워야 한다는, 이른바 '엄마 공부'가 필요하다는 사실을 절실히 깨달았습니다.

미리 공부하자

학교 커리큘럼은 초등학교를 지나 중 · 고등학교에 이르면서 급격히 어려워집니다. 미리 책을 많이 읽고 배경지식을 쌓아두지 않으면, 나중에 학업에서 벅찬 시기가 올 수밖에 없습니다. 아이가 흥미를 보이는 분야를 일찍 접하게 해 주는 이유가 여기도 여기에 있습니다.

다른 아이들의 성공담을 듣고 무작정 따라 하거나 학원 선생님에게만 맡기는 대신, 엄마가 직접 서점에 가서 '내 아이가 지금 무엇을 배우고 있고, 다음에는 무엇을 배울지'를 스스로 찾아보기를 권합니다. 처음에는 어려워 보일 수 있지만, 꾸준히 관심을 가지다 보면 점점 익숙해질 것입니다.

부모 교육서를 읽는 것도 큰 도움이 됩니다. 다만, 전문가가 쓴 책과 부모의 자녀교육 경험담이 담긴 책을 균형 있게 읽어야 합니다. 전문가의 책은 지나치게 이론적이거나 이상적인 내용을 담고 있을 수 있고, 부모 경험담은 특정 사례에 치우칠 가능성이 있기 때문입니다.

엄마 공부의 사례 1. 영어

션이 어릴 때, 다른 엄마들이 아이들에게 일찍 영어를 가르치기 시작하는 모습을 보았습니다. 저도 무작정 따라 하려다 문득 '왜 어릴 때부터 영어를 해야 할까?', '어디서부터 어떻게 시작해야 할까?'라는 의문이 들었습니다.

그래서 영어 교육과 관련된 책과 자료, 학교 커리큘럼 등을 찾아보기 시작했습니다. 영어를 일찍 시작할수록 좋다는 주장과, 모국어를 먼저 배우는 것이 중요하다는 반대 의견이 팽팽히 맞섰습니다. 영어 유치원을 보내야 한다는 이야기와 별 효과가 없다는 주장도 상충했습니다. 엄마표 영어를 어떻게 하는지도 꼼꼼히 살펴봤습니다.

· 오디오 학습: 흘려듣기와 집중듣기를 병행

· 말하기 훈련: 쉐도잉, 낭독, 음독 활용

· 읽기 독립: 파닉스를 배우고 권장 도서 완독

이처럼 다양한 의견 속에서 신중히 선택했습니다. 한쪽을 선택할 때 다른 선택지로 인한 불이익이 생기지 않도록 신경 썼습니다. 영어 교육의 기본 이론을 익히고, 다른 엄마들의 실패 경험까지 참고한 후에야, 션에게 영어를 접하게 해주었습니다.

엄마 공부의 사례 2. 태권도

초등학교 시절, 션은 다양한 분야에 호기심을 보였기에 그때마다 미리 알아봐야 할 것들이 많아졌습니다. 태권도를 배우기 전, 나중에 어떤 품띠까지 도달할 수 있을지, 어떤 점이 좋은지 등을 먼저 조사했습니다.

태권도에서 4품까지 도달하려면 약 10년의 시간이 필요했습니다. 중학교까지 꾸준히 배운다면 4품에 이를 수 있었지만, 국기원 심사 시기가 학교생활과 겹치게 되면 포기할 가능성이 높았습니다. 그래서 심사 시기를 션의 학교 일정과 미리 조율해 나갔습니다. 그 결과, 션은 8년 동안 꾸준히 태권도를 배우며 4품에 도달했고, 이후 태권도 4단 전환까지 성공적으로 마무리할 수 있었습니다.

엄마 공부의 사례 3. 해외 입시

중학생 1학년이 시작될 무렵, 션을 제주 국제학교로 보내기로 결정했습니다. 하지만 당시 국제학교 커리큘럼이나 해외 입시에 대해 아는 것이 단 하나도 없었습니다. SAT가 무엇인지도 몰랐기 때문에 다시 서점과 도서관으로 달려갔습니다.

해외 입시 관련 책은 많지 않아 시중의 책을 모조리 읽으며 정보를 수집했습니다. SAT, AP, IB가 무엇인지, 해외 대학 입시에서 사용하는 Early Decision, Single Choice Early Action 같은 용어들을 하나씩 알아가기 시작했습니다. 처음엔 외계어처럼 느껴졌지만, 노트에 정리하며 공부하니 조금씩 이해가 되기 시작했습니다.

약 3개월간의 독서를 통해 국제 입시에 대한 기본적인 틀을 잡을 수 있었고, 이를 바탕으로 션의 중고등학교 생활과 입시 준비를 도울 수 있었습니다. 부족한 부분은 유튜브의 다양한 영상을 통해 보충하며, 시간을 두고 천천히 배워 나갔습니다.

손품의 장점

지금 돌이켜보면 제가 했던 방법들은 꽤 효과적이었습니다. 단편적인 정보에 휘둘리지 않고 긴 호흡으로 아이의 미래를 바라보며, 션에게 가장 적합한 방법을 찾아 적용했기 때문입니다.

초등학교 시절, 책과 엄마표 학습을 통해 공부습관을 키워 주었더니, 션은 중학생이 되면서 서서히 자기주도 학습을 시작할 수 있었습니다. 그 결과, 고등학생이 되면서는 제가 학습에 관여할 일이 거의 사라졌습니다.

가끔 제가 과거 애썼던 이야기를 들려주면, 션은 고마운 눈빛을 보내줍니다. 궁금한 것이 생길 때마다 서점과 도서관을 찾지 않았다면, 저 역시 정보의 홍수 속에서 방향을 잃었을 것입니다. 손품을 팔아 얻은 정보들은 션의 성장에 중요한 디딤돌이 되었습니다. 이를 통해 부모 공부는 아이를 키우는 가장 기본적인 준비 과정임을 다시금 확인했습니다.

"부모 공부는 육아와 교육에서 방향을 잃지 않도록 도와주는 등대가 됩니다."

59

[입시손품]
입시 로드맵

프로젝트에서 '계획'은 매우 중요한 요소입니다. 하지만 이를 간과하거나 '계획 따로, 실행 따로'로 진행하는 경우를 자주 보게 됩니다. 이런 상황에서는 프로젝트 중반까지는 별다른 문제가 없는 것처럼 보이다가, 막판에 일정이 밀리고 선후관계가 꼬여 품질 저하, 일정 연기, 혹은 범위 축소로 이어지기 쉽습니다.

그래서 저는 늘 '어떤 일이든 기본부터 단단히 하자.'라는 신조를 가지고 일을 해 왔습니다. 이 원칙은 제 인생관으로 자리 잡았고, 입시를 준비하는 과정에서도 자연스럽게 적용되었습니다.

예뻐지고 싶다면 피부부터 관리해야 합니다. 비싼 화장품에만 의존하면 원하는 효과를 얻기 어렵습니다. 살을 빼려면 건강한 음식을 먹고 꾸준히 운동해야 합니다. 살 빼는 보조식품에만 의존하면 요요 현상이 찾아올 수 있습니다.

어떤 일이든 시간이 걸리더라도 기초부터 차근차근 해 나가는 것이 가장 확실하고 올바른 방법입니다. 저는 "교과서로 공부해서 서울대에 갔어요."라는 말을 믿습니다.

입시 로드맵 만들기

국제학교와 입시에 대해 석 달간 책으로 공부한 후, 익힌 정보를 실제로 적용해 보기로 했습니다. 션에게 필요한 표준시험과 대회를 조사하기 위해 각 시험과 대회의 공식 홈페이지를 방문해 정보를 수집했고, 이를 바탕으로 일정을 정리한 뒤 한눈에 볼 수 있도록 1장짜리 '로드맵'을 만들었습니다. 간단한 그림이지만 향후 4년 동안 학년별로 필요한 시험과 활동을 일정에 표시해 두어 션이 시험 날짜에 임박해서 부랴부랴 서두르는 일이 없도록 했습니다. 이 로드맵은 매년 션과 함께 새로운 일정으로 업데이트해 나갔습니다.

션은 기숙사 벽에 이 로드맵을 붙여놓고 하나씩 실천해 나갔습니다. 로드맵은 션이 스스로 시간 관리와 목표 달성을 하는 데 큰 도움을 주었습니다. 특히, 가장 효과를 본 것은 SAT를 포함한 표준시험을 IB 과정 이전인 IGCSE 기간 동안 모두 마친 일입니다. 그 덕분에 고등학생 2, 3학년 때 IB 과정과 다양한 활동에만 집중할 수 있었습니다.

그 엄마에 그 아들인지, 션은 고등학생이 되면서부터 스스로 계획표를 짜기 시작했습니다. 필요한 정보를 얻기 위해 관련 홈페이지를 방문하고, 경험자에게 질문하며 필요한 데이터를 수집했습니다.

이런 로드맵 만들기는 엄마가 직접 하지 않아도 됩니다. 시기 적절할 때 컨설턴트나 선생님을 찾아가는 것만으로도 도움을 받을 수 있습니다. 제 지인 중 한 분은 학습은 선생님의 몫이라며 아이에게 잘 맞는 선생님을 찾기 위해 늘 애썼습니다. 저 역시 전문가를 찾아보라는 권유를 받았지만, 손품으로 얻은 정보와 학교 설명회에 참석하는 것만으로도 필요한 정보를 충분히 확보할 수 있었습니다.

때로는 학원의 도움을 받아볼까도 했으나, 상황이 여의치 않았습니다. 션에게 잘 맞는 선생님을 찾기가 어려웠습니다. 션의 발달 순서가 다른 아이들과 달랐기에 친구들이 다니는 학원에 보낼 수도 없었습니다. 특히 선택지가 제한적인 제주에서는 더욱 어려움이 있었습니다. 다행히 션은 어릴 때부터 몰입하고 탐구하는 습관을 길러 왔고, 제주에서 그 능력은 더 키워졌습니다. 션의 경우는 학원을 다니는 것보다 대회에 나가거나 시험 준비를 하는 것이 실력을 쌓는 데 훨씬 더 효과적이었습니다.

경험이 적성을 찾게 한다

엄마들과 정보 교류가 부족했고, 학원에 보내지 않았다는 이야기를 여러 차례 했습니다. 손품만으로도 충분히 좋은 정보를 얻을 수 있었기에, 더 이상 새로운 정보를 찾아야 한다는 필요성을 느끼지 못했습니다. 그렇게 알아온 정보조차 션이 학교 안팎에서 워낙 다양한 활동을 했기 때문에 권할 여유가 없었습니다.

오히려 저는 션이 하고 있는 활동 중에서 "그건 별로 쓸모 없어 보이니 하지 말자."라고 말하고 싶었던 적이 많았습니다. 디베이트 활동도 적당히 하라고 했고, 국제 수학 모델링 대회(IMMC)도 말렸으며, 국내 최초 온라인 디베이트 대회(JFNODC)를 만들었을 때도 탐탁지 않게 여겼습니다. 봉사활동과 수학 동아리 행사 개최 역시 과도하게 몰입하는 듯 보여 적당히 하라고 권했습니다. 션은 이미 바쁜 일정과 스트레스로 지쳐 있었는데, 엄마까지 하지 말라고 하니 정말 힘들었다고 말한 적이 있습니다. 지금 생각해 보면,

엄마가 대학 입시에 도움을 준 것이 아니라 오히려 방해를 한 셈입니다.

그때만 해도 저는 로드맵에 적어둔 대회 실적과 시험 점수를 더 중요하게 생각했습니다. 지나고 보니, 션이 열심히 했던 활동들이야말로 대학에서 강조하는 '학생만의 특별하고 탁월한 성취'로 빛을 발했습니다. 션의 활동들은 대학 원서 곳곳에서 그 가치를 드러냈습니다. 그제서야 "너 이거 하겠다고 할 때, 엄마는 시간 낭비 같아 보였었어. 그런데 아니더라. 게다가 네가 포기할 줄 알았는데 결국 해내더라."라고 말해 주었습니다.

필요 없는 경험은 없다

엄마들이 입시 컨설턴트나 경험자들에게 "이거 해야 하나요?"라고 물어보면 대부분 너무 쉽게 "그건 필요 없어요, 대학 원서에 안 쓰여요."라는 답을 듣습니다. 그러나 저는 이 질문에는 신중하게 답해야 한다고 생각합니다. 어떤 일이든 단계를 하나씩 밟아가야 하는데, 전문가가 중간 징검다리를 너무 쉽게 필요 없다고 말하는 것이 이해가 가지 않았습니다.

입시에 '최단 코스'란 없습니다. 마지막 학년이 되면 선택과 집중이 필요하지만, 그 전까지는 다양한 경험이 더 큰 도움이 됩니다. 전문가들이 필요 없다고 단정 지은 징검다리 경험들을 아이들이 차근차근 밟아 가야 원하는 목표에 도달할 수 있습니다.

운동이나 예술 분야에서 정상에 오른 사람들이 기초 훈련을 수없이 반복하는 것처럼, 입시도 과정에서의 노력을 무시한다면 요행을 바라게 되고, 결국 후회로 이어질 수밖에 없습니다. 션 역시 그동안 크고 작은 여러 활동 덕분에 션만의 이야기를 완성해 나갈 수 있었습니다. 불필요한 경험은 없었습니다.

"아이와 함께 계획표를 짜보세요, 아이도 마음의 준비가 필요하니까요."

60

자기주도 입시 준비

션이 고등학교 생활을 마칠 무렵, 저는 션에게 입시 준비를 스스로 해 준 것에 대해 고맙다고 말했습니다. 션은 웃으며 자신이 알아서 입시 준비를 한 이유가 '엄마가 내 교육에 점점 손을 놔버려서'라고 했습니다. "인터넷에서 공짜 자료를 찾아보고, 학원 다니는 친구들에게 자료를 받아오고, 선배들에게 물어보고, 선생님을 찾아가 머리 터지게 고민했어."라고 했습니다. 그러면서 이런 자신의 입시 과정을 '장 발장 입시 준비'라고 비유했습니다.

입시의 아이러니

션이 입시를 준비하는 동안, 선배들의 합격 소식을 들으면 함께 기뻐하고, 불합격 소식에는 함께 안타까워했습니다. 특히 명문대에 합격한 선배들에게는 종종 '○○ 대회에서 수상한 국가대표', '○○ 분야에서 탁월한 성과를 낸 학생'이라는 타이틀이 붙곤 했습니다. 이를 들은 후배 부모들은 자연스럽게 "역시 한 방이 필요하구나."라고 생각하게 됩니다. 하지만 당연히 붙을 것 같았던 선배의 불합격 소식을 접할 때면, 대학에서 학생을 뽑는 기준이 도대체 무엇인지 의문을 가지기도 합니다.

몇 해 동안 선배들의 입시 결과를 지켜보다 보니 흥미로운 점을 발견했습니다.

- 특별한 성취를 보이는 학생이 합격하면, 사람들은 "한 가지에 열심히 몰두하니 성공했다."라고 해석했습니다.
- 반대로, 같은 이유로 떨어진 학생을 보며 "너무 한 가지에만 치중해 균형을 잃었다."라고 말했습니다.
- 다방면에서 두각을 드러낸 학생이 합격하면, "골고루 잘했으니 좋은 결과를 얻었다."라고 칭찬했습니다.
- 그러나, 또 다른 다재다능한 학생이 불합격하면, "너무 이것저것 하다 보니 집중력이 부족해 보였을 것이다."라는 추측을 했습니다.

결과적으로, 합격한 이유와 불합격 이유가 같았습니다. 한 가지에 집중했기 때문에 떨어졌다고도 붙었다고도 해석했습니다. 다방면에 두각을 드러내서 떨어졌다고도 붙었다고도 말했습니다. 이는 결과를 통해 과정을 해석하는 전형적인 사례였습니다.

대학마다 원하는 학생의 인재상이 다릅니다. 비슷한 레벨의 대학이라도 각 학교가 찾는 학생의 유형이 다르기 때문에, 아무리 뛰어난 학생이라도 모든 최상위권 대학에 합격하기란 어렵습니다. 대학은 그 해에만 특별히 필요로 하는 재능과 경험을 가진 학생을 찾을 때도 있습니다. 마침 그 조건에 부합하는 학생이 있으면 쉽게 합격하기도 합니다.

미국 명문대에 합격하는 학생들은 한 명, 한 명 걸어온 길이 다 다릅니다. "아, 저렇게만 하면 나도 될 수 있겠구나."라며 그 방법 그대로 따라 했다가는 낭패보기 십상입니다.

'나만의 특별함 찾기'에 대한 고민

내신과 표준시험은 입시 준비의 기본입니다. 하지만 그다음 단계에서는 '나만의 색깔'을 찾아야 합니다. 그래야 대학 에세이에서도 강렬한 훅(Hook)을 만들어 낼 수 있습니다.

누군가 이렇게 말했습니다.

"이름이 적혀 있지 않은 에세이를 떨어뜨렸을 때, 이를 주운 사람이 읽어 보고 "아, 홍길동 거구나."하고 그 학생이 떠오르면 좋은 에세이다."

에세이에 아무리 미사여구로 치장을 해도 그 학생만의 독특한 이야기가 없다면, 입학사정관의 흥미를 끌 수 없습니다. 자신만의 진정성 있는 이야기가 분명해야 입학사정관도 학생 이미지를 상상할 수 있습니다.

션도 이 점을 잘 알고 있었습니다. 그래서 원서를 작성하기 1년 전 겨울방학에 그렇게 깊은 고민에 빠졌던 것입니다. 그동안 '다 잘하는 학생'으로 자신감 있게 살아왔지만, "나는 어떤 색깔을 가진 사람인가?"라는 질문에 마주하자 막막함을 느꼈습니다.

션의 이러한 고민의 시작은 대한민국 인재상 면접에서 받은 질문 때문이었습니다. "션 학생은 다 잘하는 것 같은데, 앞으로 어디에 에너지를 집중하고 싶은가요?" 이 질문은 션이 자신을 돌아보게 만들었습니다. 그때 션의 고민이 얼마나 깊었던지 그 어떤 격려나 위로도 소용이 없었습니다.

엄마의 응원과 밥상머리 대화

션이 어릴 때부터 귀에 못이 박히도록 했던 말이 있습니다. "네가 하고 싶은 일이 생기면, 엄마 아빠 눈치 보지 말고 말해라. 그게 진짜 효도다." 이번에 션은 처음으로 이 '효도 카드'를 꺼냈습니다. 고등학생 2학년 겨울방학, 한 달간의 치열한 고민 끝에 방향을 잡은 션은 저에게 제주에 내려와 달라는 요청을 했고, 저는 실행에 옮겼습니다.

션은 엄마 얼굴을 자주 볼 수 있게 되자 안정감을 되찾았고, 이후 몇 가지 활동에 에너지를 집중했습니다. 새롭고 거창한 것을 시작하기보다, 기존에 해 왔던 활동들을 창의적인 아이디어로 업그레이드하며 자신만의 개성을 드러냈습니다.

엄마로서 해 준 것이 있다면 밥상머리 대화입니다. 식사 시간 동안 션이 하는 말에 귀담아 들으며 진심으로 응원했습니다. 매일 안아주는 것도 잊지 않았습니다. 화려한 스펙을 쌓도록 도와주는 부모님들이 있다고 들었지만, 저는 애초에 그런 무한경쟁은 포기했습니다. 대신 꾸준히 책을 읽고 자료를 찾아보며 좋은 내용이 있으면 션에게 알려주었습니다. 예전에 블로그에 적어둔 글들을 뒤져, 원서에 활용할 만한 내용이 보이면 션에게 전해주는 방식으로 도움을 줬습니다.

션에게는 이렇게 응원했습니다. "화려한 외부 스펙으로 승부하는 건 끝도 한도 없는 무한경쟁이야. 그러지 말고, 네 주변에서 승부를 보자. 너의 관심사, 학교, 인근 지역에서 네가 할 수 있는 최대치를 해 보자."

그 결과, 션은 수학, 디베이트, 봉사활동 등 학교와 지역 사회에서 꾸준히 해 온 활동을 바탕으로 독창적인 프로젝트를 만들어냈습니다. 이 활동들은 학교와 제주를 넘어 전국적인 활동으로 확대되며 션만의 개성 있는 이야기가 되었습니다.

솔직히 말하자면, 저도 불안했습니다. 얼굴도 모르는 경쟁자들은 날개를 달고 날아가고 있을 것만 같아서입니다. 하지만 션이 고민했던 기간, 저 역시 마음을 다지며 믿음을 키웠습니다.

션이 찾은 '나만의 특별함'

션의 활동들은 '션만의 특별함'이 고스란히 녹아 있습니다. 션은 자신이 좋아하고 관심 있는 대상을 스스로의 특별함으로 만들어냈습니다. 다음은 션이 직접 이야기해준 '나만의 특별함'에 대한 생각입니다.

'특별함'이라고 하면, 대부분 대단한 소재가 필요하다고 생각합니다. 그러나 특별함이란 결과물이 아니라 과정을 의미합니다. '어려움이 생길 때 어떻게 대처하는가', '새로운 아이디어가 떠올랐을 때 어떻게 실행하는가', '대인관계에 문제가 생겼을 때 어떻게 풀어가는가'처럼 '어떻게'와 '왜'가 특별함을 만들어 냅니다.

많은 사람들이 소재의 특별함에만 치중하는 나머지, 신선한 재료를 가지고도 평범한 요리를 만들어버리곤 합니다. 하지만 미슐랭 심사위원들은 이미 온갖 산해진미를 다 맛본 사람들입니다. 아무리 비싸고 희귀한 재료로 요리를 해도, 재료만으로 감탄을 이끌어낼 수는 없습니다.

뛰어난 요리사는 평범한 편의점 재료로도 먹는 사람을 생각하며 맛있고 창의적인 요리를 만들어냅니다. 반면, 기본기가 아닌 고급 재료를 사용하는 데만 의존한 요리는 심사위원의 눈길조차 끌지 못합니다.

스탠퍼드 입학사정관도 마찬가지입니다. 매년 45,000개의 원서를 읽는 그들에게는 소재의 특별함만으로는 부족합니다. 10년간 입학사정관으로 일한 사람이라면, 전교 1등이었던 학생들 50만 명의 원서를 읽은 셈입니다.

이들에게 중요한 것은 '무엇을 했는가'가 아니라 '왜 했는가', '어떻게 해냈는가'라는 과정과 태도입니다. 강조하지만, 소재의 특별함은 더 이상 명문대 입학의 결정적 요소가 아닙니다.

자신의 뿌리를 찾다

션은 자신의 이야기를 더 풍부하게 만들기 위해 뿌리를 찾는 일에도 집중했습니다. 어린 시절, 할머니 손에서 자란 경험, 일하는 엄마를 그리워했던 기억, 종갓집에서 겪은 제사와 차례의 추억, 그리고 조부모와 부모로부터 받은 사랑을 션의 에세이에 자연스럽게 녹여냈습니다. 이러한 진솔한 이야기는 션을 잘 드러내는 독창적인 에세이로 완성되었습니다. 그 결과, 입학사정관들에게 강한 인상을 남기며 대부분 대학에서 긍정적인 결과를 이끌어냈습니다.

션의 입시 준비 과정은 자기주도성과 진정성을 가진 준비가 얼마나 강력한 무기가 될 수 있는지를 보여주었습니다.

"아이 스스로 찾아낸 특별함이야말로 누구도 흉내 낼 수 없는 가장 강력한 입시 전략입니다."

61

[자기주도 입학 전략] 수학

[자기주도 입학 전략] 시리즈는 션의 경험을 바탕으로 작성되었습니다. 이번 수학편에서는 '수학 전공'을 희망하는 후배들에게 유용한 정보를 제공합니다. 여기서 언급하는 수학은 학교 내신 성적을 잘 받는 것이 아니라, 해외 대학 입시에서 수학 전공을 목표로 할 때 필요한 방향성과 전략을 제시합니다.

수학에서 두각을 드러내는 방법은 크게 두 가지로 나눌 수 있습니다. 첫 번째는 '수학 문제를 잘 푸는 것', 두 번째는 '수학 연구를 잘하는 것'입니다. 수학 전공을 목표로 할 경우, 수학 경시대회 실적은 물론, 수학에 대한 열정을 다양한 방식으로 표현할 수 있는 활동이 중요합니다. 아래에는 이 두 가지를 조화롭게 활용할 수 있는 전략을 정리했습니다.

부모들 중 "나는 이렇게 어려운 건 잘 모르겠는데.", "이런 정보를 내가 어떻게 찾아?"라고 걱정하실 수 있습니다. 하지만 부모가 모든 것을 알아야 할 필요는 없습니다. 아이에게 "이런 대회가 있다고 하던데, 한 번 찾아볼래?"라고 간단히 소개해 주세요. 요즘 아이들의 정보력은 부모를 훨씬 능가합니다. 스스로 찾고 탐구하며 발전하는 과정에서, 아이들은 이미 자기주도 학습의 첫걸음을 내디딘 것입니다.

1. 경시대회 문제 풀이 및 오답 정리

· 추천 경시대회

▷ AMC, BMO, UKMT, AIME, KMO 등

▷ 경시대회는 난이도가 높으므로 기초부터 탄탄히 다지는 것이 중요합니다. 어릴 때부터 도전하면 점차 수준을 높일 수 있습니다. 참고로 『수학의 정석(실력편)』을 꼼꼼히 풀어두면 내신과 경시 문제 모두에 유리합니다.

· 방법

▷ 대회 공식 홈페이지에서 과거 기출문제(Past Papers)와 답안을 다운로드해 풀어보고 오답을 꼼꼼히 정리합니다.

2. 관련 저널 및 논문 읽기

· 추천 학술지

▷ American Mathematical Monthly, AMS, MAA의 학술지

▷ 응용수학에 관심 있다면 Society of Industrial and Applied Mathematics 학술지

▷ JStor, Google Scholar와 같은 논문 사이트 활용

· 효과

▷ 교과과정 밖의 개념을 접하고 수학을 다양한 시각에서 탐구할 기회를 제공합니다.

▷ 읽어둔 논문들은 IB 과정을 준비할 때 큰 도움이 됩니다.

3. 수학 관련 SNS 활용

· 추천 페이스북 그룹 및 채널

▷ 3 Blue 1 Brown, Numberphile, Veritasium, Black Pen Red Pen, Eddie Woo, MIT OpenCourseWare 등

· 방법

▷ 매일 피드에 올라오는 질문, 자료, 토론을 통해 수학적 사고와 이해를 넓힙니다.

4. 소논문 써보기

· 방법

▷ 학교 과제나 관심 있는 수학 주제를 기반으로 3페이지 분량의 소논문을 작성합니다.

▷ 『Keeping it R.E.A.L.(MAA 출간)』와 『Guide to Writing Mathematics(Kevin Lee)』를 참고하면 논문 작성법을 익히는 데 유용합니다.

· 효과

▷ 수학 연구에 익숙해지고, 창의적인 사고력을 키울 수 있습니다.

5. 선생님과 친밀한 관계 구축

· 중요성

▷ 선생님과 꾸준히 소통하면 대회 정보, 해외 인턴십, 교수님 연결 등 다양한 기회를 얻을 가능성이 높아집니다.

· **사례**

▷ 션도 선생님을 통해 해외 교수님과 연결되어 인턴 경험까지 이어졌습니다.

6. 수학 리서치 대회 참가

· **추천 대회**

▷ KSEF, 국제 수학 모델링 대회(IMMC), HiMCM, 통계활용대회 등

· **사례**

▷ 션은 통계활용대회를 초등학생 고학년부터 고등학생 3학년까지 매년 도전하였고, 고등학생 때는 대상을 두 차례 수상했습니다.

▷ 국제 수학 모델링 대회(IMMC)에서는 팀 협업과 논문 작성법을 익혔고 국제 대회 3위라는 성과를 거두었습니다.

7. 무료 해외 대학 인강 활용

· **추천 강의**

▷ MIT, 하버드 등에서 제공하는 무료 온라인 강좌

· **활용법**

▷ IB 수학을 보완하거나 심화 학습이 필요할 때 활용합니다.

▷ 『수학의 정석』의 수1, 수2, 미적분(실력편), 확률과 통계, 기하와 벡터(기본편) 등을 마쳤다면 대학 과정을 참고해도 좋습니다.

8. 추가 Q&A

· **Q1. 수학 전공 희망자는 KMO/IMO만 준비하면 되나요?**

A. KMO(한국수학올림피아드)와 IMO(국제수학올림피아드)는 준비 과정이 길고, 참가할 수 있는 학생이 제한적이기 때문에 위험 부담이 큽니다. 위 사례처럼 창의적이고 다양한 방식으로 수학을 탐구하는 방법을 추천합니다.

· **Q2. 혼자 공부할 때, 학교 수학, IB 수학, 미국 수학 중 무엇이 좋을까요?**

A. 수학은 언어와 다를 바 없습니다. 기본기가 탄탄하면 어떤 방법으로 공부하든 효과를 볼 수 있습니다. 한국 교재는 난이도가 높아 이를 공부해두면 IB나 미국 수학에서도 좋은 결과를 얻을 수 있습니다.

· **Q3. 경시대회 기출문제를 풀다 모르는 부분은 어떻게 해결했나요?**

A. 구글링을 통해 풀이법을 찾아봤습니다. 대회 홈페이지나 수학 관련 포럼에서 사람들이 올린 풀이와 토론도 참고했습니다.

위의 방법들은 션이 실제로 했던 활동들입니다. 수학 전공을 목표로 할 경우, 한 가지 경로만 고집하기보다는 다양한 경험을 통해 자신만의 길을 찾는 것이 중요합니다. 수학 전공이 아니더라도, 이 정보들에서 아이디어를 얻어 자신의 분야에 적용할 수 있을 것입니다.

"전공을 선택했다면, 시야를 넓혀 다양한 방법으로 깊이 탐구하세요."

62

[자기주도 입학 전략]
옥스브리지

영국 최고의 명문대학인 케임브리지 대학교(Cambridge University)와 옥스퍼드 대학교(Oxford University)는 합쳐서 옥스브리지(Oxbridge)라고 부릅니다. 이 두 대학은 미국의 HYPSM(Harvard, Yale, Princeton, Stanford, MIT)과 더불어 세계적으로 높은 명성을 자랑합니다.

이외에도 세계적으로 명문으로 꼽히는 대학들이 많습니다. 대학 순위를 참고로 학교를 선택하는 것도 좋은 방법이지만, 대학 순위는 산출 기준에 따라 달라질 수 있습니다. 높은 순위가 반드시 더 좋은 학교를 의미하지는 않습니다. 관심 있는 학교가 세계 몇 위인지 알아보는 것도 중요하지만, 순위를 산출하는 기준을 알아보는 것도 의미 있는 과정입니다.

국제학교는 일반적으로 AP 과정을 따르는 경우가 많습니다. 그러나 NLCS는 2년간의 IGCSE 과정과 이어지는 2년 동안 IB 과정을 제공합니다. 이 4년의 기간은 영국과 미국 대학 입시에 모두 중요한 시기입니다. 케임브리지나 옥스퍼드에 지원하려면, 학생이 다니는 학교의 커리큘럼에 따라 지원 방법이 달라집니다. NLCS 학생의 경우, IGCSE/IB 코스로 지원서를 제출하게 됩니다.

옥스브리지 입시는 철저히 학업 중심이며, 입학 전형이 체계적이고 까다롭습니다. 이는 다른 대학과 차별화되는 점입니다. 미국 대학 입시는 비교적 다양한 배경과 경험을 가진 학생을 선호하지만, 옥스브리지는 학생의 학문적 능력과 깊이 있는 지식을 강조합니다.

우스갯소리로, 가장 입학하기 어려운 학교로 하버드, 케임브리지, 서울대라고 말하기도 합니다. 그 이유를 살펴보면, 하버드는 100인 100색으로 뽑으니 어떤 준비를 해야 할지 예측하기 어려워서입니다. 다음으로 케임브리지는 입학 절차가 워낙 길고 복잡하며 까다로워서입니다. 마지막으로, 서울대는 우리나라의 치열한 경쟁을 뚫어야 하기 때문입니다.

* AP(Advanced Placement), IB(International Baccalaureate), IGCSE(International General Certificate of Secondary Education)

영국과 미국 대학 입시의 차이

미국과 영국 대학의 입시 과정은 상당히 다릅니다. 따라서 준비에도 큰 차이가 있습니다.

1. 미국 명문대 입시

미국 명문대에 지원하려면 GPA, 표준시험, 활동, 봉사, 에세이 등 다방면에서 철저한 준비가 필요합니다. 특히 미국 명문대일수록 다양성과 개성을 강조하기 때문에, 학교 1등, SAT 만점만으로 입학 여부가 결정되지 않습니다.

- **GPA**(내신)**:** 4년 동안 꾸준히 최고 점수를 유지해야 하며 상승세가 유리합니다.

- **표준시험:** SAT, ACT 등에서 높은 점수를 획득해야 유리합니다.
- **활동:** 지속성과 진정성이 중요합니다. 또한 학년이 올라갈수록 발전된 모습을 보여야 합니다.
- **에세이:** 대학별로 제시된 6~8개의 질문에 답하며 자신을 효과적으로 어필해야 합니다. 에세이의 개성과 스토리텔링 능력이 매우 중요합니다.

2. 영국 케임브리지 입시

반면, 케임브리지 대학 입시는 학업 중심으로 구성되어 있으며, 그 과정이 길고 까다롭습니다. 특히 인터뷰가 중요한 비중을 차지하며 학생의 학업 능력과 사고력을 면밀히 평가합니다. 인터뷰 결과에 따라 최종 합격 조건이 달라집니다.

- **서류:** 자소서, 추천서, IELTS 점수, IB predicted grade, IGCSE 점수를 포함합니다. 케임브리지는 IGCSE와 IB predicted grade에서 모두 높은 점수를 요구합니다.
- **입학시험:** 지원 전공과 관련된 시험을 치러, 해당 전공에 대한 적합성을 평가합니다.
- **인터뷰:** 심화 전공 인터뷰를 통해 학업 능력과 사고력을 평가합니다. 학생의 학문적 관심과 깊이를 중점적으로 다룹니다.
- **최종 IB 점수:** 인터뷰 후 조건부 합격(Condition Offer)을 받게 되며, 이에 해당하는 조건을 충족해야 입학이 확정됩니다. (예: IB 총점 43 이상, HL(High Level) 과목 7, 7, 6 이상)

3. 주요 차이점 요약

구분	미국 명문대 입시	영국 케임브리지 입시
평가 요소	GPA, SAT/ACT, 활동, 에세이 등 다양한 요소	학업 중심: IB, IGCSE 점수, 전공 관련 시험, 인터뷰
활동 중요성	다양한 활동 경험과 진정성 강조	학업 외 활동보다는 전공 적합성 및 학문적 열정 중시
에세이	개인적 스토리와 독창적인 개성을 어필	Personal Statement에서 전공 적합성을 구체적으로 설명
인터뷰	생략하는 경우도 많음	필수: 전공 관련 심화 인터뷰로 학문적 능력 평가
입학 기준	다양한 평가 요소를 종합적으로 판단	학업 능력 중심, 조건부 합격 후 최종 IB 점수 충족 필요

옥스브리지 입시 전략

1. 자기주도 학습 습관 기르기

옥스브리지는 스스로 공부하고 자료를 찾는 능력을 매우 중시합니다. 중학생 시기부터 필요한 자료를 찾고 정리하는 습관을 들이면, 대학 입시를 준비할 때도 정보의 유용성과 필요성을 판단하는 능력이 길러집니다. 부족한 부분을 보완하기 위해 학원을 활용할 수 있지만, 수동적으로 학원 수업에만 의존하면 스스로 공부하는 능력을 잃을 위험이 있습니다.

2. 미국 입시와 병행 준비

미국 입시를 준비하면 내신(GPA) 관리와 활동을 병행하게 되어 전반적인 학업 태도가 향상되고, 예상치 못한 입시 변화에도 유연하게 대응할 수 있습니다. 미국 입시는 4년간의 GPA가 중요하므로, 내신 관리를 철저히 해야 합니다. 반면, 영국은 최종 성적인 IGCSE와 IB 점수에 초점이 맞춰지므로 내신은 상대적으로 덜 중요하게 여겨지는 경향이 있습니다.

하지만 입시 상황은 언제든지 바뀔 수 있습니다. 특히 코로나19 시기에 IB Mock Test 점수가 IB 본 점수로 대체되었던 사례는 좋은 교훈이 됩니다. 미국 입시를 준비한 학생들은 평소 내신과 모의고사 점수를 관리했기 때문에 큰 영향을 받지 않았습니다. 반면, 영국 입시에만 집중한 학생들은 불리한 상황에 처하기도 했습니다. Mock Test 이후 3개월 동안 본 테스트를 준비하려 했다가, 아예 기회 자체를 잃어버렸기 때문입니다.

3. 활동과 프로젝트를 통한 적성 탐구

학교 활동은 관심 분야를 심화하고 적성과 흥미를 찾을 수 있는 중요한 계기가 됩니다. 처음에는 눈에 띄는 성과가 없어 보여도, 꾸준히 활동을 이어가면 자연스럽게 자신이 좋아하는 것과 잘하는 것을 알게 됩니다.

영국 대학을 목표로 하는 어린 학생들 중 '이건 영국 대학 입시에 반영되지 않으니, 안 해도 돼.'라는 생각으로 활동을 등한시하는 경우가 있습니다. 하지만 그랬다가는 나중에 고2, 고3이 되었을 때, 선택의 폭이 줄어 버리게 됩니다. 또한 영국 대학도 활동을 소홀히 하면 원서에 쓸 말이 부족해집니다. 입시 때문이 아니더라도, 좋아하거나 흥미 있는 활동을 꾸준히 해봐야 자신이 진짜 하고 싶은 전공을 찾을 수 있습니다.

4. 인터뷰 대비

옥스브리지 입시에서 인터뷰는 중요한 요소입니다. 인터뷰 준비는 평소 학업과 활동에 대한 진정성이 뒷받침될 때 가장 효과적입니다. "왜 이 전공을 선택했는가?"에 대한 답변은 평소에 깊이 탐구한 결과에서 나오기 때문입니다.

옥스브리지는 암기한 내용을 전달하기보다 논리적이고 창의적 사고 과정을 평가합니다. 전공 관련 문제뿐 아니라 철학적이거나 추상적인 질문에 대해서도 차분히 생각을 정리하는 훈련이 필요합니다. 선생님과 모의 인터뷰를 통해 연습하며 긴장감을 줄이고 자신감을 키울 수 있습니다.

Q&A로 보는 옥스브리지 입시

· Q1. IB 과목 선택 시 쉬운 과목으로 High를 골라도 되나요?

A. 100점을 목표로 해야 90점이 나옵니다. 입시를 할 때 임의로 "이 정도면 충분하겠지?", "이건 너무 과한 것 같은데?"라고 섣불리 판단해서는 안 됩니다. 참고로, IB 과목을 쉬운 과목으로만 구성하면 전체 점수는 높아질지 몰라도, 명문대에서는 높은 점수 자체보다 과목의 난이도와 성실성을 더 중요하게 봅니다. 따라서 도전적 과목 선택은 학업 능력과 태도를 증명하는 중요한 기준이 됩니다.

미국 명문대를 가기 위해서는 IB의 6개 과목 모두 신중한 선택이 필요하며 고난도 과목을 포함하는 구성을 추천합니다. 영국 명문대의 경우 6개 과목 중 High Level 3 과목은 목표 전공과 관련된 도전적 과목으로 선정하는 것이 필요합니다.

· Q2. 학교 활동 참여는 왜 중요한가?

A. 학교 활동에 적극적으로 참여하면 선후배와 교류하며 관계를 넓힐 수 있습니다. 또한 선생님과의 연결고리를 만들어 도움을 받을 기회도 생깁니다. 학년이 낮을 때는 다양한 활동을 시도하며 자신의 적성과 흥미를 탐구

할 수 있습니다. 꾸준히 활동하다 보면 선배나 선생님으로부터 더 많은 기회와 추천을 받을 가능성이 높아집니다.

· **Q3. 종합 정리해 주세요**

A. 옥스브리지 입시는 철저한 자기주도 학습과 꾸준한 준비가 핵심입니다.

1. 스스로 자료를 찾고 공부하는 습관을 길러야 합니다.
2. 미국과 영국 입시를 병행하여 선택의 폭을 넓히고 모든 가능성을 열어두는 것이 좋습니다.
3. 학교 활동과 개인 프로젝트를 통해 관심 분야의 깊이를 키우면 대학 에세이에서 나만의 차별성을 드러낼 수 있습니다.
4. 입학시험과 인터뷰에 대비해 실전 연습을 하며 자신감을 쌓도록 합니다.

"옥스브리지 입시는 긴 여정입니다. 다양한 경험과 학습으로 단단히 무장한다면 원하는 결과에 가까워질 것입니다."

63

[자기주도 입학 전략] 미국

미국 대학 입시는 복잡하고 치열하지만, 자신만의 전략을 세우고 꾸준히 준비하면 충분히 가능성이 열립니다. 이 글에서는 션이 전하는 미국 대학 입시에서의 활동, 전략, 그리고 실제 경험에서 얻은 조언을 공유합니다.

1. 활동에 대한 조언

Small Advice #1: 규모와 숫자보다 "무엇을 배웠나"가 중요

리더 역할을 반드시 맡아야 할 필요는 없습니다. 능력 있는 멤버로 활동하는 것이 자리만 차지하는 리더보다 훨씬 의미 있습니다. 동아리가 아무리 크더라도 리더가 직접 한 일이 없으면, 의미 있는 활동을 했다고 보기 어렵습니다. 중요한 것은 프로젝트의 성공 여부가 아니라, 그 과정을 통해 무엇을 배웠느냐입니다.

저 역시 지금까지 여러 동아리에서 리더 역할을 맡았지만, 마지막 학년에 꼭 맡고 싶었던 학생회 리더를 놓친 적이 있습니다. 당시 상실감이 컸지만, 이후 수학 동아리 리더를 맡으면서 새로운 전환점을 맞이했습니다. 두각을 드러내지 못했던 동아리를 활성화시키기 위해 다양한 프로젝트를 진행하고 실행했으며, 후배 양성과 규모 확장에도 힘썼습니다. 결과적으로 학교에서 가장 인기 있는 모임으로 성장시킬 수 있었습니다.

이 경험을 통해 진정한 리더십이 무엇인지 배울 수 있었습니다. 단순히 타이틀에 안주하기보다는 문제를 해결하고 공동체에 기여하는 과정에서 얻는 배움이야말로 값진 것이었습니다. 당시 놓쳤던 학생회 리더 자리보다 수학 동아리에서 열중했던 시간이 훨씬 더 의미 있었습니다. 이런 경험을 후배들에게 가장 먼저 알려주고 싶었습니다.

미국 대학 입시는 타이틀이나 화려한 스펙보다는 진정성 있는 노력과 배움의 과정을 중요하게 평가합니다. 이를 입학사정관에게 전달하는 것이야말로 가장 효과적인 입시 전략입니다.

Small advice #2 : "상 5개, 활동 10개면 충분하지 않을까?"라는 생각은 NO!

미국 대학 공통 지원서(Common App)에서는 상은 최대 5개, 활동은 최대 10개를 기재할 수 있습니다. 많은 학생이 이 숫자를 채우고 나면 더 이상 하지 않아도 된다고 생각하지만, 하고 싶은 활동이 있다면 계속 도전하는 것이 좋습니다.

공통 지원서에는 추가 정보를 기재할 수 있는 Additional Information 창(650자)이 있습니다. 활동을 10개만 채우면 이 칸을 효과적으로 활용하기 어렵습니다. 여러 대회에 나가고, 다양한 활동을 충분히 해 두어야 마지막 원서를 작성할 때 알차게 채울 수 있습니다.

또한, 5개의 상은 이왕이면 누적된 세월의 힘을 느낄 수 있는 것이면 더욱 좋습니다. 제가 기록한 상 중 일부를 예를 들어보겠습니다.

· **대한민국 인재상**

이 상을 받기 위해서는 최대 48~49개의 상을 제출하여 심사를 받습니다. 따라서 한 장으로 보이는 상이지만 실제로는 수십 개의 상을 포함합니다.

· **통계대회 국제상**

국내 대회에 꾸준히 도전한 끝에 한국 대표로 선발되어 받은 상으로, 7~8년의 세월이 응축되어 있습니다.

· **디베이트 국제상**

수년간 크고 작은 대회에 참가해 받은 여러 상을 포함하고 있습니다.

사례에서 볼 수 있듯이, 상 하나하나가 여러 개의 상들을 뿌리로 두고 있습니다. 이뿐만 아니라 10개 활동도 대부분 4년 이상 지속한 것입니다. 지속성 있는 활동이야말로 나의 진정성을 보여줄 수 있는 강력한 증거입니다.

Small advice #3 : 대학 원서를 많이 내면 원하는 대학에 합격할 수 있을까?

NLCS에서는 대학 원서를 최대 10개까지 허용합니다. 다른 학교는 15~20개까지 허용하기도 하지만, 개인적으로 10개로도 충분하다고 생각합니다.

저는 원서를 낼 대학을 신중히 선택한 후, 학교마다 서로 다른 에세이를 작성했습니다. 특히 드림스쿨인 스탠퍼드 원서를 작성할 때는 수십 번, 수백 번에 걸쳐 수정하며 정성을 쏟았습니다. 비슷한 에세이를 여러 학교에 제출하기보다는 각 대학의 특징에 맞춘 에세이를 작성하는 것이 훨씬 효과적입니다. 그 결과 대부분 지원 대학에서 합격 소식을 들을 수 있었습니다.

평소에는 영국과 미국 중 한쪽만 선호하던 학생들도 입시 시기가 되면 불안한 마음에 양쪽 모두 지원하는 경우가 많습니다. Predict IB 점수가 좋으면 영국 입시가 안정적이므로, 관심 있는 미국 대학을 추가로 지원해도 좋습니다. 반대로 GPA가 높으면 미국 입시가 안전해지므로, 영국 대학에 도전해보는 것도 추천합니다.

제가 미국 대학 입시에서 가장 고민한 것은 Early와 Regular의 분배였습니다. 미국 입시는 복잡해서 Early로 합격했을 때, 다른 대학에 합격해도 갈 수 없는 제약이 생길 수 있어 신중히 접근했습니다. HYPSM이 얼마나 합격하기 어려운 학교들인지 알고 있었기 때문에 영국의 케임브리지를 함께 지원했습니다. 케임브리지에 미리 합격한 덕분에 긴 미국 입시 과정 동안 마음의 여유를 가질 수 있었습니다.

Why 합격

Advice #1 : 남들 입에서 '벌써?'라는 말이 나오도록 하기

저는 중학교 3학년 때 SAT 준비를 시작해 일찍 점수를 확보했습니다. 수학, 과학 과목에서도 중학생 때 SAT II, AP 점수를 미리 받아두었기에, IB 과정을 시작했을 때는 이미 관련 과목들을 독학으로 학습한 상태가 되어 학업 부담이 크게 줄었습니다.

고등학교 1학년 때부터는 대학 에세이 아이디어를 구상했습니다. 에세이에 대한 아이디어를 일찍 고민했기에 고품질 글을 쓸 기회가 많아졌습니다. 그 덕분에 공통 에세이(Common Essay) 버전만 약 70개나 작성할 수 있었습니다.

준비 초기에 친구들에게 “왜 벌써 해?”라는 소리를 자주 들었습니다. 이렇게 1년씩 앞당겨 준비한 덕분에 고등학교 3학년 때 내신 관리와 활동에 여유를 가질 수 있었고 더 많은 시간을 투자할 수 있었습니다.

이 방법은 자기주도 학습이 충분히 몸에 밴 학생들에게 적합합니다. 그렇지 않은 학생들에게 무작정 SAT와 같은 표준시험을 일찍 준비하게 하면, 시간과 돈 낭비가 될 뿐 아니라 실력이 충분히 쌓이지 않는 부작용이 생길 수 있습니다. 일찍 시작하는 것은 자기주도 학습과 기초가 탄탄히 뒷받침될 때 효과를 발휘합니다.

Advice #2 : 흥미에 자신만의 색깔을 더하기

· 중학생 3학년: 다양한 활동에 도전(동아리, 봉사, 독서, 캠프 등)

· 고등학생 1학년: 흥미를 느낀 분야를 찾고 리더십 발휘(리더십 포지션 받기, 경시대회 등)

· 고등학생 2학년: 깊이 있는 탐구(논문, 인턴십, 권위 있는 대회 참가)

· 고등학생 3학년: 자신만의 색깔이 드러나는 창의적 활동

중학생 3학년까지는 하고 싶은 것을 모두 시도했습니다. 수학, 엔지니어링, 디베이트, 컴퓨터 사이언스, 봉사, 아트, 힙합, 럭비 등 다양한 활동을 즐겁게 경험하며 가능성을 탐색했습니다. 이 시기의 목표는 특정 분야에 얽매이지 않고 폭넓게 경험하며 흥미와 적성을 찾는 것이 좋습니다.

고등학생 1학년이 되면서 수학이 저의 적성임을 알게 되었고, 수학 관련 활동에 집중하기 시작했습니다. 리더십을 발휘할 수 있는 기회도 적극적으

로 찾아 나섰습니다.

고등학생 2학년부터는 수학적 모델링, 데이터 과학, 컴퓨터 그래픽 등으로 관심 영역을 확장했습니다. 이 시기에는 깊이 있는 탐구를 목표로 삼아, 논문 작성, 인턴십, 국제 대회 참가 등을 통해 심화된 경험을 쌓았습니다. 이러한 과정은 지식과 역량을 한 단계 더 끌어올리는 계기가 되었습니다.

고등학생 3학년이 되자, 창의적 활동에 초점을 맞추었습니다. 사회 현안을 수학적 모델링에 접목시키고, 이를 컴퓨터 사이언스, 물리, 아트와 융합하여 독창적인 결과물을 만들어냈습니다.

Advice #3 : 할 때하고, 쉴 때 쉬기

입시 막바지에는 체력과 멘탈 관리가 무엇보다 중요합니다. 열심히 준비하려 해도 몸과 마음이 지치면 집중력과 효율이 떨어질 수밖에 없습니다. 컨디션이 좋지 않을 때는 과감히 책을 내려놓고 쉬는 것이 더 효과적입니다. 가끔은 하루를 온전히 쉬며 재충전하는 시간이 필요합니다.

Advice #4 : 그냥 시작하기

시작도 하기 전에 "내가 이걸 할 수 있을까?"라는 고민은 하지 마세요. 아무것도 안 하는 것보다, 일단 무엇이든 시도해 보는 것이 훨씬 낫습니다.

1. 경험 쌓기

처음부터 큰 성과를 기대할 필요는 없습니다. 저 역시 처음에는 실패를 반복하며 배웠습니다. 도전이 쌓여 경험이 되고, 경험이 성취로 이어졌습니다. 경험이야말로 가장 중요한 자산입니다.

2. 기회가 기회를 낳는다

10개 활동 중 하나가 Korea Math circle에서 리더를 맡았던 경험입니다. Korea Math circle은 상당히 규모가 큰 전국 수학 클럽입니다. 국제 수학 대회에 꾸준히 참가하며 실력을 키우던 어느날, 클럽 활동을 도운 계기로 리더 역할을 맡게 되었습니다. 해외 인턴십 기회를 얻은 것도 마찬가지였습니다. 학교 수학 동아리 활동을 하던 중 해외 교수님들을 강연자로 초대하게 되었습니다. 그중 한 분에게 인턴 지원서와 선생님 추천서를 제출해서 기회를 얻었습니다.

3. 큰 물에서 놀기 = 자기객관화 + 인맥

여러 대회와 캠프에 참가하다 보니 뛰어난 친구들을 만날 기회가 많았습니다. 그들 중 상당수가 HYPSM에 진학했습니다. 이런 친구들을 만나면 자신의 현재 수준을 객관적으로 볼 수 있게 됩니다. 또한 그들에게 자극받아 "어떻게 저 친구처럼 될 수 있을까?"를 고민하게 됩니다. 서로 관심사도 비슷하기 때문에 건설적인 좋은 친구가 될 수 있습니다.

4. 언제 어떻게 도움이 될지 모른다

제가 했던 활동 10개 중 7개는 대학 입시를 염두에 두고 시작한 것이 아니었습니다. 단지 재미있어 보였기 때문에 참여했습니다. 광주 디베이트 대회에 갔다가 펭귄마을을 보고 감명을 받아 제주로 돌아와 펭귄마을을 만들었습니다. 수학동아리를 가입할 당시에는 수학 전공을 생각하지 않았습니다. 이런 활동들로 인해 "왜 그런 데에 시간 낭비를 해?"라는 말을 듣기도 했지만, 결과적으로 진정성 있는 에세이 소재가 되었습니다. 언제 어떻게 도움이 될지 모르니 무엇이든 꾸준히, 제대로 하면 언젠가 예상치 못한 결과를 얻을 수 있습니다.

5. 꿈이 커야 부서진 조각도 크다

100점 목표로 공부해야 80~90점을 얻을 수 있습니다. 자신의 한계를 정해 두면 그것을 넘어서기 어렵습니다. 목표를 높게 잡아야 겨우 한계 근처까지 도달할 수 있습니다. 일단 목표를 세웠다면 재미있게, 열정적으로 도전하세요.

Advice #0 : 즐겁게 하세요

대학 입시 시즌이 다가오면, 원하는 전공 대신 상대적으로 합격 가능성이 높은 전공을선택해 우회하려는 전략을 고민합니다. 그러나 약한 분야에서 약한 후보로 지원하는 것보다는, 자신이 강점이 있는 분야에서 강한 후보로 나서는 것이 더 나은 선택입니다.

진정으로 사랑하는 학문을 선택해야만 에세이에서 자연스럽게 열정이 드러납니다. 한 번 더 강조하지만 무엇이든 즐겁게 하는 것이 중요합니다.

"무엇이든 열정을 가지고 꾸준히 해 보세요. 즐겁게 시작한 길이 결국 나만의 길이 됩니다."

64

[자기주도 입학 전략] HYPSM과 아이비리그

다음은 션이 전해주는 장 발장 입시 준비의 구체적 사례입니다.

GPA 관리의 중요성

아이비리그에 지원하려면 중학생 3학년부터 GPA 관리를 철저히 시작해야 합니다. 그 이전 성적은 영향을 전혀 미치지 않습니다. 탑티어 대학에 지원하는 학생들은 갈수록 GPA 4.0을 받아오는 경향이 강해지고 있어 중학생 3학년 때 성적이 생각보다 중요하게 작용합니다.

학교 내에서 최상위권에 오르면 친구들과 선생님들의 기대감이 높아져 학교로부터 더 많은 기회를 받을 가능성이 생깁니다. 이런 기대감은 때로 부담이 되기도 하지만 긍정적인 효과가 더 큽니다. 명문대를 지원하는 학생들의 경쟁력이 갈수록 우수해짐에 따라, 대학들은 학생들의 4년간 성실성과 꾸준함을 중요하게 평가하는 경향이 강해졌습니다.

이러한 흐름은 영국 대학 입시에서도 비슷합니다. 케임브리지와 같은 대학은 IGCSE 점수를 예전보다 더 비중 있게 참고하고 있습니다. 제가 합격

할 당시, 케임브리지 합격자의 평균 IGCSE 점수는 10과목 중 9과목이 A*이었습니다.

진로 고민은 일찍 시작하기

진로 고민을 일찍 시작할수록 진정성과 깊이를 갖춘 구체적인 비전을 세울 수 있습니다. 단순히 '수학자가 되고 싶다'고 하기보다는, '데이터 과학과 수학적 모델링을 통해 NGO와 정부의 정책 결정을 돕는 수학자'처럼 차별화된 목표를 제시하는 것이 중요합니다.

- 중학교 3학년: 다양한 관심사를 탐색하며 좋아하는 분야를 찾습니다.
- 고등학교 1학년: 찾은 분야에서 세부적으로 집중하고 탐구를 시작합니다.
  - ▷ 예: 수학의 경우 geometry, algebra, mathematics in physics, mathematics in social sciences, statistics 등 탐구
  - ▷ 학교에서 배우기 어려운 디테일은 여름 캠프나 자기주도 학습으로 보완
- 고등학교 2학년 이후: 특정 분야에 심화 연구를 진행하며 독창적인 아이디어를 개발합니다. 관심 분야 간의 융합을 시도하여 자신만의 훅(Hook)을 만듭니다.
  - ▷ 예: 수학과 음악, 혹은 과학과 예술을 결합한 독특한 접근이 강렬한 인상을 줄 수 있습니다.

가장 중요한 것은, '린치핀(대체 불가능한 존재)'이 되는 것입니다. GPA 4.0을 가진 수많은 후보 가운데, 내가 왜 대체 불가능한 학생인지, 내가 왜 뽑혀

야 하는지를 설득력 있게 답할 수 있어야 합니다. 이는 자신만의 독창적인 진로 비전과 구체적인 성취를 통해 가능합니다.

큰 물에서 놀기: 자기 객관화와 경험의 힘

경쟁력 있는 캠프에 참여하거나 명문대에 진학한 선배들을 만나보는 것은 자신의 목표를 구체적으로 세우는 데 큰 도움이 됩니다. 이를 통해 HYPSM 레벨이 어느 정도인지 감을 잡을 수 있습니다. 주변에 열정 있는 사람들과 교류하면 얻을 수 있는 자극과 아이디어는 분명히 다릅니다.

학교 성적이 좋다고 자만하지 말고, 대회, 시험, 경쟁력 있는 캠프에 도전하면서 자신의 수준과 위치를 객관적으로 파악해야 합니다. 저도 학교 밖에서 알게 된 선배들의 입시 성공과 실패 사례를 통해 자만하지 않고 미래를 준비할 수 있었습니다.

참고할 유용한 정보

A. 추천 웹사이트

1. College Essay Guy

- 내용: 커먼앱에 및 서브 에세이 작성 팁과 체계적인 접근법을 제공, 36개 이상의 커먼앱 에세이 예시를 제공함
- 링크: https://collegeessayguy.com/

2. Collegevine

- 내용: 서브 에세이 팁과 예시 제공
- 특징: college essay guy보다 세부적이며 example essay가 풍부함

· 링크: https://www.collegevine.com/guidance

B. 추천도서

1. College essay essentials

· College essay guy 웹사이트를 내용을 바탕으로 출판한 책

2. 50 successful 시리즈

· 내용: 대학별 성공적 에세이 사례 모음

· 추천: 하버드 시리즈가 가장 잘 집필된 것으로 평가됨

· 주의: 최신판 여부 확인 필요 (3~4년 주기로 업데이트)

3. 0.1% 아이비리그 자소서

· 이과 학생에게 적합한 예시 중심 책. 초보자보다는 에세이에 감을 잡은 사람에게 권장

4. 현지 학부모가 알려주는 미국대학 진학코디

· 중고등학생을 위한 대회, 캠프, 활동 정보 제공

C. 추천 팟캐스트, 유튜브

1. Inside the Yale Admissions Office

· 예일 입학 담당자가 제작한 팟캐스트

· 말을 약간 두리뭉실하게 한다는 단점이 있지만, 학생들이 흔히 할 수 있는 실수들을 잘 짚어줘 에세이 초안을 작성할 때 유용

2. Getting in: Your College Admissions Companion

· 예상치 못한 상황(GPA문제, 디퍼 등)에 대한 유용한 팁 제공

· 그 외 college essay example을 검색하면 자신의 에세이 내용을 나누는 학생들이 많아 유용

D. 비추천 웹사이트

1. College confidential
2. Reddit r/chanceme
   · 부풀려진 스펙과 부정적 댓글이 많아 자신감을 떨어뜨릴 수 있음

GPA 관리, 구체적인 진로 탐색, 자기 객관화, 그리고 풍부한 정보를 활용한 준비 과정을 통해 자신만의 강점을 보여줄 수 있습니다. 꾸준히 탐구하고 경험하며 대체 불가능한 자신만의 스토리를 만들어 보세요.

"대학이 당신에게 더 큰 관심을 가질 수 있도록 에세이를 완성해 보세요."

65

입시 후, 다시 겸손 모드

션의 입시 결과는 기대 이상이었습니다. 케임브리지, 콜롬비아, 스탠퍼드, UC버클리 등 세계적인 명문대에 합격했으니까요. 특히 스탠퍼드 합격 소식을 받았을 때는 저도 눈물이 났습니다. 션의 드림스쿨이었기에 그 간절함을 잘 알고 있었기 때문입니다.

입시가 끝난 후, 가족여행 중에 션과 학창 시절에 대해 깊은 이야기를 나눌 기회가 있었습니다. 그 과정에서 저는 몰랐던 션의 속마음을 알게 되었습니다. 사춘기 남자아이 특유의 '겉으로 드러내지 않는 면'을 보았던 것이지요. 청소년기에 부모와 떨어져 지내며 스스로 해야 할 일이 많아 일찍 성장한 션이 대견했지만, 그 과정에서 외로움과 안쓰러움도 느꼈습니다. 그래서 후배 엄마들에게는 아이가 기숙사에서 잘 지내는 것처럼 보여도 자주 보러 가고, 전화도 자주 하라고 조언합니다.

코로나19와 예기치 못한 변수

입시를 준비하며 션이 가장 당황했던 일은 코로나19였습니다. 국제 대회들이 줄줄이 취소되면서 실력을 증명할 방법이 사라졌기 때문입니다. 그러나 많은 대회가 온라인으로 전환되면서 새로운 기회가 열렸습니다. 션은 온라인 대회를 통해 국제 무대에서 경쟁하며 실력을 키웠고, 뛰어난 성과를 거둘 수 있었습니다.

션은 학원을 다니지 않고 책과 인터넷을 통해 스스로 공부해 왔기에, 팬데믹으로 인한 온라인 수업에도 큰 영향을 받지 않았습니다. 자기주도로 준비한 아이들이 코로나19 기간 동안 오히려 더 좋은 결과를 냈습니다.

입시 준비의 막바지에는 또 다른 예기치 못한 일이 있었습니다. 션이 Final Test를 준비하며 원서를 쓰던 중, 아버님이 돌아가신 것입니다. 시험을 치르다 말고 저와 션은 부랴부랴 장례를 치르기 위해 비행기에 몸을 실었습니다. 한동안 우리 모두 큰 슬픔에 잠겼습니다. 션은 할아버지가 하늘에서 손주를 지켜보고 계실 것이라는 믿음으로 마음을 다잡고 최선을 다했습니다.

합격 이후, 과정에 대한 재해석

입시 결과가 좋으면 그 과정도 미화되는 경우가 많습니다. 명문대 합격 소식을 들은 부모들은 학생이 합격한 이유를 분석하며 비결을 찾으려 하지만, 저는 그렇게 큰 의미를 두지 않습니다. 누구도 합격한 학생의 자질과 노력을 정확히 평가할 수 없기 때문입니다. 심지어 저도 션을 완벽히 이해했다고 말할 수가 없습니다. 다만, 대학이 학생과 학교의 적합성을 정확히 파악한다는 점에는 동의합니다.

올해도 HYPSM의 낮은 합격률 소식이 들려왔습니다. 그 가운데 션의 합격 소식은 더욱 감사한 일이었고, 이 과정에서 도움을 준 모든 분께 깊은 감사를 느꼈습니다.

어머니는 1년간 매일 아침 손주들의 합격을 위해 기도해 주셨습니다. 저조차 하지 않은 기도를 어머니께서 해 주시는 모습을 보고 얼마나 감사했는지 모릅니다. 남편 역시 집안일을 나눠 하며 저를 배려해 주었기에, 저는 일과 션에게 집중할 수 있었습니다.

입시에 도움을 준 학교 선생님들

션은 입시 과정에서 학교 선생님들에게 큰 도움을 받았습니다. 특히 김보영 카운슬러 선생님은 여름방학 동안 매주 줌으로 원서를 리뷰하며 아낌없는 조언을 주셨습니다. 션은 각 대학의 원서를 모두 다르게 작성했습니다. 대학교 홈페이지에서 인재상을 분석하고 전공, 졸업 후 진로, 전공 변경 가능성 등을 꼼꼼히 조사하며 자신과 가장 잘 맞는 학교를 선택했습니다.

그중 션의 꿈과 목표를 모두 충족할 수 있는 학교로 스탠퍼드를 1순위로 정했습니다. 원서를 작성한 후에도 수십 차례에 걸쳐 수정하며, 김 선생님께 지속적으로 리뷰를 요청했습니다. 번거로웠을 텐데도 끝까지 성심껏 도와주신 선생님께 션과 저는 진심으로 감사하고 있습니다.

수학 선생님들의 도움도 컸습니다. Mr. Munier는 수학동아리 운영에 큰 도움을 주셨고 프랑스 연구소 인턴십 및 대학 추천서를 써주셨습니다. Mr. Pettifor는 케임브리지 원서 리뷰와 인터뷰 연습, 방과 후 수학 심화 수업을 해주셨습니다. 차민수 선생님은 국제 수학 대회 참가를 적극 지원해 주셨습니다. Ms. Bulut은 수학에 관한 전반적인 지원과 격려를 아끼지 않으셨습니다.

제가 가장 감사하는 선생님은 Ms. Graham입니다. 션이 사춘기를 벗어나던 시기에 큰 도움을 주셨고, 엄마인 저보다 더 션의 가능성을 알아봐 주셨습니다. 션이 학년 대표를 맡았을 때도 큰 지지와 응원을 보내주신 덕분에 션은 자신감을 가지고 활동할 수 있었습니다.

션의 또 다른 자산은 다양한 친구 인맥입니다. 디베이트와 수학 대회를 통해 알게 된 친구들과 선배들은 입시 과정에서 큰 도움을 주었습니다. 대학 재학생 선배들에게 직접 연락해 입시 정보를 얻고 원서 리뷰를 받았습니다. 친구들간에는 서로 용기를 주었습니다. 특히 아버님의 갑작스러운 별세로 션이 슬픔에 빠져 있을 때 친구의 위로가 큰 힘이 되었습니다.

새로운 시작

션 덕분에 저는 입시 과정에서 다른 엄마들과 소통할 필요가 없었습니다. 션이 직접 발품을 팔아 입시 정보를 찾았기 때문에 저는 다른 아이들과 비교하지 않아 정신적으로 편안했습니다. 무엇보다 감사한 점은 션이 문을 두드릴 때마다 많은 분들로부터 도움과 응원을 받을 수 있었다는 것입니다. 시간이 오래 걸리긴 했지만, '손품'을 좋아하는 엄마의 아들은 '발품'의 대가가 되었습니다.

대학 입학은 인생의 목표가 아니라 '새로운 시작'입니다. 사회에서 자신의 몫을 다하기 위해서는 실력뿐 아니라 인성도 중요합니다. 이제 저는 션이 겸손한 태도로 꿈을 키워나갈 수 있도록 조언하고 격려하는 부모의 역할을 충실히 임하려 합니다.

입시의 여운을 뒤로하고, 저는 일터로 복귀했습니다. 이제 파티는 끝났고, 일상으로 돌아갈 시간입니다.

"입시는 끝났지만, 진짜 여정은 이제부터 시작입니다."

66

인과관계가 아닌 상관관계

블로그를 오래 운영해서 쌓여 있는 글이 많다 보니, 어떤 내용이 있는지 모른 채 질문하시는 분들을 종종 만납니다. 그러나 가끔 제 블로그의 모든 글을 꼼꼼히 읽어보신 후 질문하시는 분들도 있습니다. 책을 내기로 한 이유 중 하나는 이처럼 적극적으로 정보를 찾는 분들에게 조금이라도 더 도움이 되고 싶었기 때문입니다. 이런 분들을 만날 때면, 정보가 부족했던 시절의 제 모습이 떠오르곤 합니다.

요즘은 정보 과잉의 시대라 양질의 정보를 선별하는 노하우가 필요하지만, 10~20년 전만 해도 정보가 늘 부족했습니다. 당시에는 최상위권 아이들의 경우, 학년에 따라 해야 할 일들이 공식처럼 정해져 있었습니다. 지금도 이런 경향은 여전하지만, 저는 한 가지 공식에 매몰되기보다 다양한 교육 사례를 알고 싶었습니다.

정보에 목말랐던 저는 새로운 정보를 발견하면 밤새 관련 사이트를 샅샅이 뒤지고, 시중의 육아 및 교육서를 모조리 섭렵했습니다. 다른 엄마들의 조언도 참고했지만, 수천 년간 내려온 지혜는 책에 있다고 믿었습니다. 책을 읽을 때는 한 권에 의존하지 않았습니다. 최소 열 권 이상을 읽으며 서로 다른 전문가들의 의견을 비교했습니다. 그 과정을 통해 저만의 방향을 정리했습니다. 이렇게 얻은 교훈을 '션 맞춤형'으로 적용하며 실천했습니다.

상관관계가 높은 선택들

션의 입시 결과는 놀라웠습니다. '대한민국 인재상과 대통령 장학금 수여, 케임브리지, 콜롬비아, 스탠퍼드 등 세계적인 명문대 합격.'

이런 성과를 보고 많은 분들이 "처음부터 체계적인 플랜이 있었던 것 아닌가요?"라고 묻곤 합니다. 하지만 전혀 그렇지 않았습니다. '하다 보니 이렇게 되었다'는 표현이 더 적합합니다.

좋은 대학을 보내기 위해 책으로 키우고 엄마표 학습을 한 것이 아닙니다. 우연히 시작한 책 읽기와 놀이가 창의력을 키우고 공부 습관을 잡아준 것입니다. 션의 성향을 꾸준히 관찰하다 보니, 미국 교육이 더 잘 맞겠다고 판단해 방향을 바꾼 것입니다. 이 모든 것들은 자연스럽게 흘러갔던 일이었지, "이 아이를 국제학교를 통해 하버드나 스탠퍼드에 보내야겠다."라는 목표가 있었던 것이 아닙니다.

결과와 원인을 껴 맞추려는 태도

사람들은 종종 결과를 보고 원인을 껴 맞추려는 경향이 있습니다. 하지만 제 경험상, '인과관계'처럼 보이는 것들 중 실제로는 단순한 '상관관계'인 경우가 더 많았습니다.

저를 오래 지켜보신 분들은 제가 션을 철저한 계획 아래 키운 것이 아니라는 사실을 잘 압니다. 사무실에서 보내는 시간이 많아 육아와 교육에 세세히 신경 쓸 여유도 없었습니다. 이 아이를 반드시 명문대에 보내야겠다는 목표는커녕, 그저 하루 10분이라도 진심으로 션과 소통하려고 노력했을 뿐입니다. 육아와 일을 희생이 아니라 삶의 보람이자 기쁨으로 받아들였기에, 이런 작은 실천을 꾸준히 이어갈 수 있었습니다.

제주행을 결정했을 때도 마찬가지였습니다. 응원해 주는 분들도 있었지만, 의아해하는 분들도 적지 않았습니다. 션이 사춘기 때 공부와 담을 쌓을 때는 "그래, 대학이 뭐가 중요해."라며 마음을 내려놓은 적도 있습니다. 하지만 결과가 좋다 보니, 당시의 행동들이 마치 지금의 결과를 만들어낸 원인인 것처럼 포장되어 보이곤 합니다.

예를 들어, 제주 국제학교를 선택한 것이 '명문대 합격의 원인'이었다고 해석하는 분들이 많습니다. 하지만 이는 단순한 상관관계일 뿐입니다. 어떤 결정을 내릴 때마다 최선을 다하고 치열하게 고민했기에, 그 결과가 자연스럽게 '좋은 선택지'로 이어졌을 뿐입니다.

제가 늘 최선을 다했던 예는 일상에서 쉽게 찾아볼 수 있습니다. 모유수유라는 개념조차 생소하던 시절, 회의가 끝나자마자 화장실에서 유축하고, 밤늦게 퇴근해서 새벽까지 책을 읽어주던 일이 저에게는 '최선'의 기준입니다. 그런 하루하루가 쌓였기에 지금의 저와 션이 있을 수 있었습니다.

결국 뒤로 가도, 앞으로 가도 상관없습니다. 중요한 것은 멈추지 않고 그때그때 할 수 있는 작은 걸음을 걷는 것입니다. 다만, 가끔은 내가 가려는 방향대로 가는지 확인하는 일을 잊지 말아야 합니다.

스탠퍼드로 이끈 일등 공신: 책

션의 스탠퍼드 합격의 일등 공신을 꼽으라면, 저는 주저 없이 '책'이라고 답하겠습니다. 션뿐만 아니라 저 역시 책을 많이 읽었습니다. 저는 지금도 1년에 300권 이상의 책을 읽고 있습니다. 학생이 책을 많이 읽는다고 반드시 좋은 대학에 갈 수 있는 것은 아니지만, 긍정적인 영향을 준다고 확신합니다.

많은 분들이 "A를 하면 B에 도움이 되나요?"라고 묻습니다. 제 대답은 늘 같습니다. "저도 모릅니다. 하지만 그냥 해보세요."

무엇이든 시도하면 언젠가는 도움이 됩니다. 중요한 것은 과정을 즐기며 하는 것입니다. 과정이 즐겁지 않다면, 좋은 결과를 얻어도 행복을 느끼기 어렵기 때문입니다.

선택의 합이 미래

어떤 일이든 할까 말까 망설여질 때는 그냥 해보는 것이 제 신조입니다. 하다가 중단하더라도 그 경험은 다음에 반드시 도움이 됩니다. 반대로 시도조차 하지 않는다면, 미래의 가능성이 조금씩 닫히게 됩니다.

요즘 저는 '미니 은퇴'라는 새로운 시도를 하고 있습니다. 일을 하는 사이에, 은퇴 후 삶을 미리 맛보듯 경험하며 새로운 것을 배우고 탐구하는 시간을 보내고 있습니다. 이 과정에서 저도 몰랐던 제 모습을 발견하곤 합니다.

과거의 선택들이 지금의 저를 만들었듯, 앞으로의 도전들도 더 나은 미래를 만들어 줄 것이라 믿습니다. 눈앞에 주어진 일에 최선을 다하고 과정을 즐기다 보면, 모든 선택과 경험들이 자연스럽게 연결되어 더 큰 그림을 완성할 것입니다. 그것이 지금까지 배운 제 삶의 방식입니다.

"좋은 선택이 좋은 결과를 만든 것이 아닙니다. 최선을 다했기에 좋은 결과가 따라왔을 뿐입니다."

V

입시를 마치고

학부모에서 부모로

“입시는 육아의 끝이 아니라, 아이와 부모 모두 새로운 삶을 시작하는 출발점입니다. 학부모의 역할을 내려놓고, 자녀가 스스로 길을 찾아 나아가도록 지켜보며 성인 자녀와 새로운 관계를 정립하는 시기입니다. 자녀의 독립은 부모에게 제2의 인생을 시작할 신호탄이 되기도 합니다. 바쁘게 일하고 아이를 키우느라 미뤄두었던 자신의 삶을 돌아보고, 새로운 도전을 시작할 기회를 제공합니다.”

67

육아(育兒)에서 육아(育我)까지

부모의 육아 방식은 가정의 분위기와 가족 구성원의 성향에 따라 자연스럽게 정해집니다. 어떤 부모는 "아이를 방목하는 것이 좋아요. 스스로 하도록 내버려두는 게 중요하죠."라고 말합니다. 반면, 다른 부모는 "부모가 되었으니 책임감 있게 아이를 이끌어줘야 해요. 지나친 간섭은 해가 되겠지만, 적절한 개입과 훈육은 필수죠."라고 말합니다.

아이를 키우는 과정을 우리는 흔히 '육아'라고 부릅니다. 한자로는 '기를 육(育)'과 '아이 아(兒)'로 이루어져 있습니다. 그러나 아이를 키우다 보면 부모 역시 함께 성장하게 되는 여정임을 깨닫게 됩니다.

얼마 전, 한 웹툰에서 이런 글귀를 본 적이 있습니다.

"부모란 원래 그런 것이지요. 한없이 아이를 사랑하고 믿으면서도, 아이가 남에게 폐를 끼치진 않을까, 밖에서 실수를 하지는 않을까 늘 노심초사하는…."

이 글귀를 읽으며 깊이 공감했습니다. 저 역시 아이가 어릴 때는 바깥에서 예의 바르고 똑똑해 보이기를 바랐던 기억이 납니다. 그럴 때면 '혹시 이것도 내 욕심인가?'라는 질문을 스스로에게 던지곤 했습니다. 아이가 남의 시선에서 완벽하게 보이길 바라는 것은 어쩌면 제 허영심일지 모른다는 생각이 들었기 때문입니다.

아이들이 바깥에서 잘못된 행동을 하면 사람들은 종종 그것을 '부모의 잘못'으로 치부합니다. 물론 아이의 행동과 부모의 역할은 일정 부분 연결될 수 있지만, 항상 그런 것은 아닙니다. 분명 최선을 다해 노력하고 애쓴 부모도 있습니다. 하지만 아이는 부모의 의도와 다르게 행동하곤 합니다.

부모로서 아이를 사랑하고 배려하는 마음이 아무리 깊어도, 때로는 그 방식이 서툴거나 부족할 수 있습니다. 그렇다 보니 부모는 더욱 더 남의 시선을 더 의식하는 악순환에 빠지게 합니다.

아이를 키우며 배운 교훈: 나의 시선에서 아이의 시선으로

아이를 키우며 가장 크게 배운 점은 '아이의 입장에서 생각하는 법'이었습니다. 그 과정에서 제 시야가 넓어지고, 타인에 대한 이해의 폭도 깊어졌습니다.

어린 시절, 아이는 생존을 위해 부모에게 전적으로 의존합니다. 이 시기에는 부모의 충분한 사랑과 관심이 필수입니다. 그러나 아이가 커가면서 청소년기로 접어들면, 부모도 점차 '방목형'으로 변해야 합니다. 그래야 아이가 정신적으로 독립해 사회에서 스스로 설 준비를 할 수 있기 때문입니다.

부모가 한 가지 육아 방식에만 머물면, 언젠가 아이와 충돌할 가능성이 큽니다. 예컨대, 부모가 방목형으로 전환해야 할 시점에 지나치게 간섭하면, 아이는 부담을 느끼고 반발하기 쉽습니다. 저 역시 그랬습니다. 중요한 시기라 여겨 잔소리가 늘었고, 아이가 목표에 집중하지 않으면 불안해졌습니다. 친구와 비교하지 않는다고 하면서도, 유명 인물의 성공 사례를 들며 아이에게 동기부여를 하려 했습니다. 그러나 아이 입장에서는 그것도 결국 비교였습니다.

그러던 어느 날 문득 깨달았습니다. "나도 하지 못하는 것을 아이에게 강요하는 것은 아닐까?"

'오늘 배운 것을 복습하고, 내일 준비물을 스스로 챙기며, 책상 주변을 깔끔히 정리하고, 배려 깊게 행동하며, 친구들 사이에서 리더십을 발휘해 주었으면 좋겠어.' 같은 기대 말입니다.

저 자신을 돌아보았습니다. '나는 그렇게 살고 있나? 주변 사람들에게 배려 깊게 행동하고, 퇴근 후 집안일을 깔끔히 마무리하고, 끊임없이 자기계발을 하고, 꿈을 이루기 위해 노력하는가?' 이 모든 것을 완벽히 해내는 것은 불가능했습니다.

신체적, 정신적으로 성장 중인 아이에게 이런 완벽함을 요구하는 것은 부모의 욕심이라는 결론에 도달했습니다. 누군가의 성공담이나 실리콘밸리의 신화보다, 부모인 제가 일상 속에서 보여주는 태도가 아이에게 더 큰 영향을 미칠 것입니다.

육아(育兒)에서 육아(育我)로

아이가 책을 읽길 바란다면 내가 먼저 책을 읽고, 아이가 일찍 일어나길 원한다면 내가 먼저 일찍 일어나며, 아이가 예의 바르게 행동하길 바란다면 나부터 아이를 존중해 주는 모습을 보여주는 것이 필요했습니다.

그렇게 육아란, '아이(兒)를 기르는 것'에서 '나 자신(我)를 기르는 과정'으로 변화했습니다. 대학 입학이 육아(育兒)의 끝인 줄 알았더니, 인생 전체가 육아(育我)라는 사실을 알게 되었습니다.

이제는 오늘 하루를 허투루 보내지 않고, 소소한 행복을 느끼며 살아가는 것이 곧 '나 자신을 기르는 삶'이라는 생각이 듭니다. 아이를 기르는 동안 타인을 이해하는 법을 배웠고, 그 끝에서 '부모로서 희생한 나'가 아니라 '나 자신을 이해하는 나'를 만나게 되었습니다.

션이 지금은 성공한 누군가를 목표로 삼고 있더라도, 중년이 되었을 때 "엄마와 아빠처럼 살고 싶다."라고 느낄 수 있도록 삶의 본보기가 되고 싶다는 꿈이 생겼습니다.

"육아는 아이를 키우는 과정인 동시에, 부모의 삶을 일구는 여정입니다."

68

조언을 얻었던 사람들

교육에 대한 정보가 부족하면 불안한 마음에 아이를 학원이나 입시 컨설팅에 의존하게 될 것 같아 부지런히 책을 읽었습니다. 전문가가 쓴 책은 교육 전반을 이해하는 데 도움을 주었고, 부모가 쓴 책은 실제 양육 경험을 공유받을 수 있어 유익했습니다. "과연 이게 가능할까?" 싶었던 일들을 해낸 아이들과 부모님들의 이야기를 통해 나도 할 수 있겠다는 용기를 얻기도 했습니다.

온라인 학부모 카페에서는 현실적인 글들을 많이 접할 수 있었습니다. 또래 자녀를 둔 부모들의 고민은 공감을 이끌어냈고, 선배 부모들의 경험담은 다가올 문제를 미리 준비하게 해주었습니다. 가끔 '고수'의 글을 발견하면 다른 글까지 찾아 읽으며 교육 노하우를 배웠습니다. 특히 탁월한 학업 성취를 보이는 자녀를 둔 부모들의 경험은 최상위권 학생들의 학업 속도와 수준을 가늠하는 데 큰 도움이 되었습니다.

이렇게 온라인에서 많은 정보를 얻었던 반면, 오프라인에서는 별 움직임이 없었습니다. 아이가 태어나면 산후조리원부터 커뮤니티가 형성되고, 이후 동네, 유치원, 학교, 학원으로 엄마들 모임이 자연스레 생긴다고 합니다. 하지만 저는 워킹맘으로 출근해야 했기에 이런 모임에 참여할 수 없었습니다. 그럼에도 제게 가끔 영감과 용기를 준 분들이 계셔서 그분들에 대해 이야기하려 합니다.

1. 육아·교육책이 1순위

육아 · 교육 관련 책을 집중적으로 읽었던 시기는 두 번이었습니다. 션이 네다섯 살 무렵과 중학교 입학 전 시기입니다. 이때 저는 서점과 도서관을 열심히 드나들며 관련 책들을 섭렵했습니다. 처음에는 한두 권으로 시작했지만, 읽다 보니 제가 무엇을 모르는지 알게 되어서 꼬리에 꼬리를 무는 독서를 이어갔습니다.

책을 통해 우리나라 교육과정, 국공립과 사립 초등학교의 차이, 국제중과 특목고, 외국인 학교, 현재의 입시 제도 등을 이해할 수 있었습니다. 또 미국 사립 중고등학교, 교환학생 유학, 미국 대학 입시에 대한 책들도 읽으며 국내외 다양한 사례를 접했습니다. 초등학생을 위한 교육서부터 대학 입시 책들까지 연이어 읽다 보니 조금씩 길이 보이기 시작했습니다.

그때 어린 션은 옆에서 해맑게 웃으며 그림을 그리고 있었습니다. 책을 읽으며 '많은 길이 있으니 션의 성향을 잘 관찰해야겠다'고 생각했지만, 당시에는 션이 제주에서 공부하고 미국 대학에 다니게 될 줄은 상상도 하지 못했습니다.

2. 나와 다른 성향의 엄마들

책에서 얻은 지식을 실생활에 적용하기 어려울 때는, 션보다 큰 아이를 둔 엄마들의 경험이 큰 도움이 되었습니다. 그분들 덕분에 지금 당장, 혹은 1~2년 후 무엇을 해야 할지에 대한 힌트를 얻을 수 있었습니다.

특히 저와 반대 성향을 가진 엄마들이 많은 참고가 되었습니다. 아이의 진로 방향이 뚜렷하고 학원을 잘 활용하는 엄마들과 대화를 나누면, '학습의 추월차선'이 어느 정도인지 감을 잡을 수 있었습니다.

가끔, "일찍 수학 공부를 시켜라.", "독서와 공부는 다르다.", "교육에 좀 더 신경 써라."같은 조언을 들었습니다. 섭섭하기는커녕 진심으로 감사했습니다. 이런 조언 하나하나가 계기가 되어 제가 무엇을 놓치고 있는지 돌아보게 되었고, 션에게 적합한 방법을 찾는 데 큰 도움이 되었습니다.

예를 들어, 초등학교 2학년 때부터 션이 학습지를 시작한 것도 이와 같은 과정을 통해 이루어진 것입니다. 션이 잘 따라와 준 것도 있었습니다. 그러나 미리 전체 수학 과정을 조사하고 수학 대회, 수학 학습지와 문제집들을 살펴보면서 어떻게 하면 쉽고 지치지 않게 진도를 잘 나갈 수 있을지를 고민했기 때문에 션이 흥미를 가지고 꾸준히 수학 진도를 나갈 수 있었습니다.

3. 무작정 연락한 사람들

앞이 보이지 않을 때는 수소문 끝에 낯선 사람들에게 도움을 요청하기도 했습니다.

첫 번째는 션이 초등학교에 입학하기 전이었습니다. 초등학교 생활이 궁금해 인터넷에서 인상적인 댓글을 쓴 학부모님께 연락해서 만났습니다. 이 분은 "아이를 막상 학교에 보내면 걱정할 일이 별로 없어요. 남자아이니까

학기 초 축구팀에 가입시켜 친구들을 많이 사귀게 도와주세요."라며 안심시켜 주셨습니다.

두 번째는 션이 초등학생 6학년 때, 제주 국제학교(NLCS)에 대해 알고 싶어 졸업생 부모님과 통화 연결된 경우입니다. 재학생보다는 졸업생 부모님이 더 객관적인 평을 해 줄 것 같아 지인을 통해 연락을 드렸습니다. 이 분은 NLCS가 스스로 공부하려는 아이에게 좋은 학교라고 추천해 주셨습니다.

세 번째는 우연히 만난 NLCS 졸업생입니다. 재학생의 경험과 느낌이 중요하다고 생각해 만남을 요청했습니다. 학창 시절이 즐거웠는지, 학교와 교육과정에서 어떤 점을 신경 써야 할지, 학원 보충이 필요한지 등을 물어봤습니다.

네 번째는 입시 2년 전, 막연한 불안감이 몰려왔을 때 인터넷 댓글을 통해 연결된 분과의 통화입니다. 이분의 조언 덕분에 션은 HMMT(Harvard-MIT Math Tournament)에 참가 신청을 했고, 션의 시야가 넓어진 계기가 되었습니다.

모두 1시간 정도의 일회성 대화였습니다. 하지만 저에게는 단비와 같았습니다.

4. 주변의 보통 사람들

어머니, 남편, 주변 부모님들, 직장 동료들도 중요한 조언자였습니다. 아이의 성향, 기질, 재능은 다 다릅니다. 션도 마찬가지입니다. 뛰어난 면도 있지만, 부족한 면도 많습니다. 하지만 교육열이 높은 부모님들일수록 아이의 '학습 능력'에 주로 초점을 맞춥니다.

아이가 학교에 입학하면 그때부터 부모는 '학부모'가 됩니다. 아이가 학생의 신분이 되면 배움이 중요해지는 것은 당연한 일입니다. 하지만 학습에만 초점을 맞추면 부작용이 생깁니다. 성적이 낮게 나오면 실패와 패배가 각인되고, 성적이 평균일 경우, 아무리 열심히 해도 안 된다는 한계를 그어버릴 위험이 있습니다. 그 결과 아이는 호기심을 잃고 안정적인 길만을 추구하려 할지도 모릅니다.

반대로 공부를 잘할 경우에도 위험 요소는 있습니다. 우월감이 생기기 쉽기 때문입니다. 마이클 샌델의 『공정하다는 착각』에서도 지적했듯, 인성이 부족한 엘리트는 사회에 악영향을 끼칩니다. 따라서 부모의 태도가 중요합니다. 아이에게 바른 자존감과 가치관을 심어주기 위해서는 꾸준한 사랑과 관심을 주는 것이 핵심입니다.

남편과 주변의 평범한 조언에도 귀를 기울여야 합니다. 공부를 더 시키겠다고 사회성과 인성을 키울 기회를 빼앗고 있는 것은 아닌지 늘 점검해야 합니다. 가끔 남편의 의견이 섭섭하게 느껴질 수도 있겠지만, 한 발 물러서서 들어보면 맞는 말인 경우가 많습니다.

교육과 양육은 부모 혼자서 감당할 수 없는 여정입니다. 책, 주변 사람들, 우연히 만난 인연까지 모두가 소중한 조언자가 될 수 있습니다.

이들을 통해 배운 점은 "아이의 학습만이 아니라 정서, 인성, 사회성까지 균형 있게 키워야 한다."라는 것이었습니다. 그동안 들었던 수많은 조언은 지금도 제게 유용한 나침반이 되어주고 있습니다.

"한 아이를 키우려면 온 마을이 필요합니다."

69

선택이 '후회'가 없도록

션이 저에게 배운 것 중 하나는, 어떤 계획을 세울 때 "할 수 있을까?" 혹은 "실패하면 어쩌지?" 같은 걱정보다, "어떻게 하면 잘할 수 있을까?"라는 실천적인 태도를 가지는 것이었습니다. 물론 모든 상황에서 이렇게 하기는 어렵지만, 중요한 순간에는 이 태도가 큰 차이를 만들어냅니다.

선택의 순간, 행동이 답이다

프로젝트를 진행하다 보면 항상 선택의 순간이 찾아옵니다. A안과 B안을 두고 긴 논의를 이어가다 보면 고려해야 할 요소가 많아 의사결정이 지연되기도 합니다. 특히 결정에 따른 책임 문제가 따를 것을 염려하다 보니 더욱 신중해지곤 합니다. 하지만 이미 문제가 발생한 상황에서 결정을 미루다 보면 상황은 더 악화되어 '가래로 막을 일을 호미로 막는 경우'까지 생깁니다.

49:51의 미세한 차이로 고민할 상황이라면, 너무 많은 것을 따지기보다 빠르게 결정 내리고 실행에 옮기는 것이 더 현명합니다. 차라리 이후 발생할 수 있는 위험 요소를 보완하는 데 집중하는 것이 낫습니다. 의사결정을

지연하면 문제는 더욱 커질 가능성이 큽니다.

이 태도는 직장에서뿐 아니라 일상에서도 중요한 교훈으로 적용됩니다. 중요한 결정을 앞뒀을 때, 주저하기보다는 방향을 정하고, '어떻게 실천할 것인가'에 집중하는 태도가 필요합니다.

제주로 보내기로 한 선택

션을 제주로 보내기로 했을 때, 저 역시 "이게 과연 옳은 선택일까?"라는 고민이 컸습니다. 하지만 저는 '몇 년 후 이 결정을 후회하지 않도록 최선을 다하자.'라고 다짐했습니다. 물론 회의가 들 때도 있었지만, 긴 호흡으로 션을 지켜보며 단기적인 계획들을 세워 하나씩 실천해 나갔습니다. 시간이 흘러 션이 엄마의 조언보다는 격려만 필요한 시점에 이르렀을 때, 비로소 우리가 잘해왔다는 안도감을 느낄 수 있었습니다.

처음 션을 제주에 보냈을 때는 "왜 그런 결정을 했느냐?"라는 질문을 자주 받았습니다. 하지만 시간이 지나고 입시 결과가 나오자 "정말 잘한 선택이었다."라는 평가로 바뀌어 있었습니다. 심지어 서울에 남은 션의 친구들 중 몇몇은 "나도 제주에 갔으면 좋았을 텐데…."라고 말하기도 했습니다.

그렇지만 만약 결과가 기대에 못 미쳤다면 상황은 달라졌을 겁니다. 사람들은 결과만을 기준으로 선택을 재평가하는 경향이 있습니다. 하지만 결과만 보고 선택의 가치를 판단한다면 누구나 선택의 순간마다 주저하게 될 것입니다.

결과보다 중요한 것은 태도

션과 저는 수많은 선택의 순간을 겪었지만, 단 한 번도 '성공을 확신한 선택'을 한 적은 없습니다. 다만 후회하지 않기 위해 최선을 다하며 방법을 찾아 행동으로 옮겼을 뿐입니다. 때로는 좌절을 겪기도 했지만, 결국엔 해답을 찾아내며 앞으로 나아갈 수 있었습니다.

목표를 세운 뒤 '할 수 없는 이유'를 찾는 사람과, '할 수 있는 방법'을 고민하는 사람의 태도는 완전히 다릅니다. 전자는 걱정 때문에 시작조차 어려워하고, 첫 시련에 부딪히면 "역시 내 예상대로잖아."라며 쉽게 포기합니다. 반면, 후자는 시련이 찾아올 때마다 '또 다른 방법'을 찾아내며 끝내 목표를 이뤄냅니다.

션이 배운 삶의 태도 역시 이런 것이었습니다. "할 수 있을까?", "후회하면 어떡하지?"라는 두려움에 갇히지 않았습니다. "어떻게 해야 할까?"를 고민하며 행동으로 옮기는 태도가 후회 없는 선택을 만드는 열쇠라고 믿습니다.

"성인이 된 자녀에게 알려줄 가장 중요한 삶의 태도는, '후회 없는 선택은 결과가 아닌 과정에서 만들어진다'는 것입니다."

70

흐릿한 꿈도 길을 만든다

많은 사람들이 인생을 바꾼 책을 만났다고 하지만, 저에게는 그런 책이 없었습니다. 하루아침에 저를 완전히 변화시킨 책은 없었지만, 수많은 책을 통해 조금씩 변화해 왔습니다. 독서를 통해 제가 어떤 방향으로 나아가고 있는지 깨닫게 되면서 점차 가치관과 목표가 뚜렷해졌습니다.

자기계발서를 읽다 보면 종종 등장하는 메시지가 있습니다. "간절히 원하면 이루어진다. 자신을 믿고 꿈을 향해 나아가라." 저자마다 표현은 다르지만, 본질은 비슷합니다. 꿈을 구체적으로 정하고 매일 생생하게 상상하면 원하는 바를 이룰 가능성이 높아진다는 이야기입니다. 하지만 자신이 무엇을 원하는지 명확히 알지 못할 때가 많습니다. 저 역시 그랬습니다. 그래서 책을 읽고 나면 작은 것부터 한 가지씩 실천해 보려고 노력했습니다. 한 권, 두 권 따라 하다 보니 작은 실천들이 모여 좋은 습관이 되었고, 점차 삶에 긍정적인 변화를 가져왔습니다.

독서량이 늘면서 비슷한 메시지가 반복되기 시작했습니다. 처음에는 새로운 실천을 위한 동기를 찾았다면, 나중에는 이미 형성된 좋은 습관을 유지하고 개선하는 데 초점이 맞춰졌습니다. 독서는 단순히 지적 호기심을 채워주는 것을 넘어 삶의 의미를 성찰하게 해주었습니다. 같은 책을 읽더라도 사람마다 실천 방식이 다를 수밖에 없습니다. 각자의 가치관에 따라 중요하게 여기는 것이 다르기 때문입니다.

작은 행동에서 시작된 변화

제가 기억하는 몇 가지 사례를 들어보겠습니다. 임신 중 읽었던 『삐뽀삐뽀 119 소아과』는 완모수를 실천하는 데 큰 도움을 주었습니다. 당시에는 수유실이나 냉장고도 없어 환경이 열악했지만, 책을 참고 삼아 끝까지 해냈습니다. 『베이비 사인』을 읽고 갓 태어난 션과 비언어로 소통하려고 노력했던 순간도 기억에 남습니다. 육아서에서 독서의 중요성을 배운 뒤, 션에게 늘 책을 읽어주었습니다. 영어 습득법 관련 책을 통해서는 동화책과 영어 CD를 활용해 자연스러운 언어 노출을 시도했습니다.

책을 읽을 때마다 묻지도 따지지도 않고 최소 한 가지는 실천해 보았고, 그렇게 시작된 작은 행동들이 시간이 지나면서 점차 저만의 육아 방법으로 자리 잡았습니다. 모든 실천에는 나름의 효과가 있었습니다. 작은 행동 하나하나가 쌓이며 저만의 육아 철학을 만들어 갔습니다.

워킹맘의 롤모델이 필요했던 시절

아쉬운 점은, 당시 평범한 워킹맘을 위한 롤모델이 담긴 책이 많지 않았다는 것입니다.

전업주부로서 아이를 명문대에 보낸 경험담이나, 전문직 여성이 자신의 업무에서 성공한 이야기는 있었습니다. 그러나 일과 가정을 병행하며 두

가지를 동시에 해낸 분들의 책은 찾기 어려웠습니다. 사회적으로 위대한 성취를 이룬 분들의 이야기는 가끔 볼 수 있었지만, 그들의 크나큰 성공은 현실적으로 다가오지 않았습니다. 전혜성 박사님과 같은 분의 이야기는 제 삶과는 차원이 다르게 느껴졌습니다. 이는 보통의 직장인이 일과 육아를 병행하는 것이 그만큼 어려운 일임을 반증하는 것만 같았습니다.

우리는 종종 '성공'을 명예나 돈, 혹은 명문대 합격 같은 성과로 정의하곤 합니다. 그러나 성공과 행복은 그러한 성과만으로 설명되지 않습니다. 어디까지를 성공으로 볼 것인지, 일과 육아 중 무엇에 더 비중을 둘 것인지는 어떤 가치를 우선시하느냐에 달려 있습니다. 행복은 성적순도 아니고, 돈이 많다고 해서 반드시 성공했다고 말할 수 없는 이유이기도 합니다.

한 가지를 제대로 해내는 것만으로도 쉽지 않은 세상에서, 일과 육아 모두에서 성공을 이루려면 중간 어디쯤에서 끊임없이 줄타기를 해야 합니다. 때로는 한쪽을 포기해야 할 수도 있습니다. 이건 단순히 의지부족의 문제가 아니라, 환경과 상황이 주는 현실적인 어려움 때문입니다. 그래서 저는 평범한 워킹맘이 현실적인 상황을 견디며 성공한 사례를 찾고 싶었던 것입니다. 결국, 더 이상 워킹맘의 롤모델 찾기를 그만하고, 제가 워킹맘의 롤모델이 되어보기로 했습니다.

꿈에 대한 다른 시선

오래전, 션이 어릴 때 대학 입시 성공담을 쓴 학생들의 책을 읽은 적이 있습니다. 당시 하버드, 예일, 프린스턴 같은 명문대에 입학한 학생들의 이야기가 인기였습니다. 그중 한 학생의 열정과 끈기가 인상 깊어 동료와 나누었지만, 동료의 반응은 예상 밖이었습니다.

"그 학생 사는 게 너무 힘들어 보이네. 그렇게까지 악착같이 해야 해요?"

그 말에 잠시 당황했습니다. 제게는 도전정신으로 다가온 이야기가 동료에게는 자기착취처럼 보였던 것입니다. 시간이 흘러, 우리는 각자의 길을 걸어갔고 아이들 역시 대학생이 되었습니다. 되돌아보면, 우리가 중요하게 여기는 가치는 이미 오래 전에 결정되어 있었습니다.

저는 션과 보내는 시간을 소중히 여기며, 아이와의 교감을 우선했습니다. 반면 동료는 자신에게 더 많은 휴식과 성장의 기회를 주는 선택을 했습니다. 똑같이 밤을 세운 날에도 저는 션과 시간을 보낸 후 휴식을 취했고, 동료는 자신을 회복시킨 후 아이들에게 다가갔습니다. 서로 다른 선택을 했지만, 우리는 각자 나름의 행복을 선택했던 것입니다.

그 당시 미국 명문대 합격생들의 책을 보면서도, 션이 그런 학교에 입학할 것이라는 상상을 하지 못했습니다. 아니, 미국에 있는 대학에 보낼 생각 자체가 없었습니다. 그저 세 살짜리 아이를 둔 3년 차 엄마에 불과했습니다. 하지만 무의식적으로 했던 선택들이 션에게 좋은 교육환경을 제공할 수 있도록 프로그래밍이 되어 갔던 모양입니다.

제 동료는 아이들에게 거창한 목표를 제시하기보다, 바르고 건강하게 자라기만을 바랐습니다. 바람대로 아이들 역시 행복하고 무탈하게 자랐습니다. 대신 동료 자신은 커리어에서 꾸준히 성과를 쌓아 원하는 사회적 지위를 얻었습니다.

주변을 살펴보니, 일할 때 모두가 열과 성의를 다하는 게 아니었고, 아이를 키울 때 모두가 정성을 다하는 게 아니었습니다. 사람마다 일과 육아에

쏟는 에너지의 총량도 다르고, 둘 사이의 균형을 맞추는 방식도 달랐습니다. 어떤 사람은 일에 더 무게를 두고, 어떤 사람은 아이와의 시간을 우선시하기도 합니다.

결론적으로, 우리는 각자 나름대로의 행복을 선택했던 것입니다. 특별히 눈에 띄는 목표를 향해 달려가거나, 성공이라는 이름을 쫓아 갔던 것이 아닙니다. 각자의 방식대로 자기 자리에서 최선을 다했을 뿐입니다.

흐릿한 꿈도 길을 만든다

"꿈꾸면 이루어진다."라는 말을 다시 생각해 봅니다. 저는 구체적인 목표를 세우고 이를 이루기 위해 달려간 것이 아닙니다. 그저 '어렴풋한 바람'이 있었고, 그 바람이 선택의 순간마다 저를 이끌었습니다. 중요한 것은 꿈이 구체적이지 않아도 그 방향으로 나아가는 행동 자체가 이미 변화의 시작이라는 점입니다.

꿈이 없어도 조급해할 필요는 없습니다. 작은 행동이라도 실천하는 사람은 자신만의 가치를 찾아가고 있다는 증거입니다. 행동에 옮기지 않는 사람도 절망할 필요는 없습니다. 오늘부터 작은 행동 하나를 시작하면 됩니다. 그 사소한 행동이 언젠가 꿈꾸는 미래를 실현하게 할 씨앗이 될 테니까요.

"꿈이 흐릿해도, 작은 행동 하나가 미래를 바꾸는 첫걸음이 될 수 있습니다."

71

나비 효과

션이 대학생이 된 지도 벌써 1년이 흘렀습니다. 함께 입학했던 친구들은 어느덧 대학 생활에 적응했고, 재수를 선택했던 친구들은 결과를 마무리 지어 3월부터 새내기 대학생으로서 첫발을 내딛게 됩니다. 대학생이 되었다가 목표를 새로 설정하고 재도전하는 친구들도 생겨났습니다.

제가 10대와 20대였을 때는 재수라는 1년의 시간이 매우 길게 느껴졌습니다. 하지만 지금 돌아보니, 인생이라는 큰 흐름 속에서는 1~2년은 전혀 걸림돌이 되지 않는다는 사실을 깨닫게 됩니다. 그래서 션에게도 가끔 이렇게 말하곤 했습니다.

"조금 늦게 하고 싶은 일이 생기거나 방향을 틀고 싶을 때, 늦은 건 아닌지 고민하지 말고 결정해도 괜찮아. 시작이 늦더라도 그 시간이 계속 늦어지는 건 아니거든. 나중에 돌아보면 그 차이는 별 의미가 없게 느껴질 거야."

서로 다른 길로 나아가는 아이들

션이 태어난 지 얼마 되지 않았을 때, 시댁에서 며칠 차이로 태어난 션의 사촌들과 함께 포대기에 싸여 나란히 누워 있던 모습이 떠오릅니다. 뒤집기도 하지 못하고, 그저 꼼지락거리며 옹알거리기만 하던 아기들이 유치원 때는 맑게 웃고, 초등학교 시절에는 초롱초롱한 눈망울로 세상을 바라보며 자라났습니다.

중고등학교 시절에는 솜털이 보송보송한 얼굴로 각자의 앞길을 향해 한 발씩 내딛기 시작했습니다. 비슷한 환경에서 출발했지만, 아이들은 저마다 자신만의 '틀'을 만들어가기 시작했습니다. 과거에는 션과 비슷하다고 생각했던 친구들도 이제는 서로 다른 길을 걷고 있습니다.

2월 중순이 되어 친구들의 대학 진학이 정리된 후, 션에게 이렇게 이야기했습니다.

"네가 태어났을 때 사촌들이랑 포대기에 싸여 나란히 누워 있던 모습이 기억나. 그때는 너희가 할 수 있는 게 입을 오물거리거나 꼼지락거리는 것밖에 없었지. 네 친구들도 비슷했어. 함께 배우고 놀고 자랐어. 그런데 10년, 20년이 지나면서 너랑 친구들, 사촌들 모두 각자 다른 길을 가고 있잖아.

아이들만 그런 게 아니라 엄마 나이대도 마찬가지야. 같은 대학을 다니고, 같은 회사에서 일하고, 같은 프로젝트를 하던 사람들이 시간이 지나고 나니 각자 다른 길을 걷고 있어. 어떤 사람은 늘 변함없고, 어떤 사람은 완전히 다른 방향으로 가기도 했어.

무슨 차이가 있길래 출발점은 비슷했는데 시간이 가면서 이렇게 달라졌을까? 그 차이는 바로 '우리가 무심코 했던 작은 선택들' 때문인 것 같아. 별거 아닌 행동이라서 선택이라고 느끼지도 못했던 사소한 행동들이 시간이 흐르면서 삶의 방향을 바꾼 거지. 처음에는 그 간격이 거의 티가 안 나는 수준이지만, 시간이 지날수록 그 거리는 각도계처럼 점점 더 크게 벌어지는 것 같아."

사소한 행동이 만든 큰 차이

우리가 선택을 했다는 생각이 들지 않는 이유는 그것이 너무 사소한 행동에 불과하기 때문입니다. 아침에 눈을 뜨자마자 바로 일어나느냐, 아니면 조금 더 누워 있느냐, 골고루 음식을 먹느냐, 아니면 간식으로 때우느냐, 책을 읽느냐, 아니면 핸드폰만 들여다보느냐.

오늘 주어진 1시간을 누군가는 책을 읽으며 보낼 수 있고, 누군가는 인스타그램이나 유튜브를 보며 보낼 수도 있습니다. 이는 큰 선택이라기보다는 습관적인 행동에 가깝습니다. 하지만 누군가가 "숙제부터 하고 쉬어야겠다."라고 마음먹는다면, 그 사소한 행동이 그 사람의 삶의 방향을 조금씩 바꿔놓을 것입니다.

우리는 태어날 때 모두 빈 도화지에서 출발합니다. 뒤집기를 하고, 배밀이를 하고, 기어 다니고, 걷기까지는 다들 비슷한 과정을 거칩니다. 하지만 철이 들면서 각자의 행동이 오늘의 작은 선택이 되고, 그 선택들이 우리 삶의 방향을 점점 틀어줍니다.

오늘 빵이나 과자를 먹는 것은 그저 흔한 일상입니다. 하지만 내일도, 모레도 그렇게 10년 동안 계속 과자만 먹는다면 10년 후에는 건강한 몸을 기대하기 어려울 겁니다. 과자를 먹는 행동은 '선택'이라고 느끼지 않을 수 있지만, 이 사소한 행동들이 쌓여 큰 차이를 만들어냅니다.

오늘 과자를 먹지 않고 건강한 음식을 먹기로 선택하는 건 그렇게 어려운 일이 아닙니다. 하지만 10년 후, 체중을 감량하기 위해 다이어트를 결심하는 건 훨씬 더 큰 결단과 노력이 필요할 것입니다.

습관과 의도적인 선택

습관처럼 반복하는 작은 행동도 이렇게 큰 차이를 만드는데, 의도를 가지고 신중하게 한 선택은 얼마나 더 큰 영향을 미칠까요?

우리가 흔히 말하는 '기회'도 사실 이런 작은 행동들이 쌓여 만들어지는 결과물입니다. "기회가 왔을 때 그것을 잡으려면 준비가 되어 있어야 한다."라는 말을 자주 들었을 겁니다. 이때 말하는 준비란 단지 미래를 위해 열심히 노력하는 것만을 의미하지 않습니다. 평소에 꾸준히 쌓아온 작은 행동들이야말로 진정한 준비입니다.

오늘의 선택, 내일의 나를 만든다

"오늘 할 일이 많아서 힘들었다면, 그건 너도 모르게 좋은 선택을 했다는 증거야. 해야 할 일을 미루지 않았거나, 대충하지 않고 꼼꼼히 해냈기 때문에 힘들었던 거지. 그러니 유달리 힘든 날엔 '아, 나도 모르게 좋은 선택을 했나 보다.' 하고 기분 좋게 스스로를 칭찬해 줘. 반대로 오늘 친구들과 재미있게 놀았다면, 그것도 좋은 선택이야. 좋은 관계를 쌓았고, 필요한 휴식을 가졌으니 의미 있는 선택이라고 할 수 있어."

이처럼 사소해 보이는 선택들이 쌓여 나비 효과처럼 우리 삶을 크게 바꿔 놓습니다. 오늘의 작은 선택들이 10년 후의 나를 만들어가고 있는 것을 션이 기억해 주기를 바라며 해 준 말입니다.

"오늘의 작은 선택과 행동이 쌓여 미래를 결정짓는 나비 효과를 만듭니다."

72

자녀가 스무 살이 되었을 때

올해 초, 프로젝트에서 함께 일하는 분과 업무 이야기를 나누던 중 자연스럽게 자녀 이야기가 나왔습니다. 그분의 자녀가 막 대학 입학 결과를 받은 상황이었는데, 은근히 결과를 묻기를 기대하는 듯한 눈치였습니다. 혹시라도 결과가 좋지 않을까 조심스러웠지만, 분위기를 보니 좋은 소식인 듯하여 물어보았습니다. 의대 합격 소식이라는 대답에, 함께 기뻐하며 진심으로 축하해 드렸습니다. 쑥스러워하며 웃는 모습이 순박한 시골 아저씨 같아 왠지 친근하고 정겹게 느껴졌습니다.

주변에서 자녀의 대학 합격 소식을 들으면 축하를 건네곤 하지만, 언제부터인가 저는 션의 대학에 대해서는 잘 이야기하지 않게 되었습니다. 션의 합격 소식은 제 자랑거리가 아니라, 션 스스로 이뤄낸 성과이기 때문입니다. 이제는 션의 대학 합격이 마치 오래된 일처럼 느껴집니다. 급여가 오를 때 기쁨이 잠시뿐인 것처럼, 션의 대학 합격 소식에 대한 기쁨도 오래가지 않았고, 금세 일상이 되어버렸습니다.

합격 당시에도 친한 지인 몇 명에게만 소식을 전했을 뿐, 이제는 션의 이야기를 잘 꺼내지 않았습니다. 누군가 물으면 그저 "미국에서 공부하고 있어요." 정도로만 답합니다.

션이 성인이 되면서 보호자로서 제 역할은 줄었습니다. 요즘은 션이 하고 싶은 이야기를 들어주고, 필요할 때 격려하는 것이 제 역할입니다. 최근에는 AI와 양자컴퓨터의 관계에 대해 이야기를 나누다가 객체지향 프로그래밍의 출현과 IT 패러다임 변화로 대화가 이어졌습니다. 성인이 된 아들과 이런 주제로 대화를 나누게 될 줄은 상상도 못 했습니다.

몇 달만 지나도 션이 더 많은 지식을 쌓아, 제가 오히려 배우는 입장이 되고 있습니다. 독서를 해 두지 않았다면 이해하기 어려운 내용도 많아졌습니다. 독서가 성인 자녀를 둔 부모로서의 소양을 쌓는 데도 중요한 역할을 한다는 걸 새삼 깨닫게 됩니다.

인성 교육은 평생의 과제

요즘 션에게 자주 하는 말은 "작은 이익을 탐하지 말고, 정직하게 살아라."입니다. 좋은 말도 자주 하면 잔소리가 되겠지만, 인성 교육만큼은 꾸준히 이어져야 한다는 생각에 자꾸 강조하게 됩니다. 눈앞의 결과에 일희일비하지 말고, 인생을 긴 안목으로 보라는 조언도 자주 합니다. 주위 사람들이 빠르게 성공하더라도 조급해하지 말고 자신만의 때를 기다리라는 격려도 덧붙입니다.

처음 선택한 길이 외로울 수 있어도 진정으로 좋아하는 일을 꾸준히 하다 보면 언젠가 결실을 맺을 수 있다고 믿습니다. 션은 엄마의 경험담에서 많은 도움을 얻는다고 말합니다. 이래라저래라 지시하는 대신, 부모로서의 실패와 성공 경험을 나누는 것이 더 효과적이라는 걸 새삼 느끼게 됩니다.

쉰 살이 되었을 때 비로소 평가할 수 있는 것

한 번은 션에게 물었습니다. "엄마와 아빠, 괜찮은 사람 같아?" 션은 주저 없이 그렇다고 대답했습니다. 저는 웃으며 덧붙였습니다. "그럼 할머니, 할아버지가 자식을 잘 키우신 거네. 김형석 교수님이 그러셨거든. 자녀가 쉰 살이 되어야 부모가 잘 키웠는지 판단할 수 있다고."

김형석 교수님은 쉰 살이 되기 전에는 인생을 평가하지 말라고 말씀하셨습니다. 자녀를 키울 때도 이 아이들이 쉰 살이 되었을 때 어떤 사람이 되어 사회에 기여하고 있는지를 기준으로 삼아야 한다고 하셨습니다.

많은 부모들이 자녀의 대학 입학이나 직업을 기준으로 양육의 성과를 평가합니다. 하지만 저는 션이 쉰 살이 되었을 때 진정한 평가를 내릴 예정입니다. 명문대 졸업장이나 화려한 직업이 아니라, 션이 사회에 선한 영향력을 미치며 살아가고 있다면, 그때 비로소 '잘 키웠다'고 말할 수 있을 것입니다.

"자녀의 삶이 선한 영향력으로 빛나는 날, 비로소 부모로서의 역할을 다했다고 말할 수 있습니다."

73

꼰대와 멘토

션이 대학에 간 후에도 가끔 부모 교육 관련 동영상을 보곤 했습니다. 아이를 다 키운 시점에서 왜 이런 동영상을 보는지 스스로 어이없어 하며 여러 생각이 들었습니다. 과거로 돌아가 다시 아이를 키워보라고 한다면, "이제는 자신 있어."라고 말하기보다는 여전히 어설프게 좌충우돌하며 키울 것 같습니다. 부모 교육에서 제시하는 대로 하려 해도 마음처럼 되지 않을 게 분명했습니다. 어쩌면 아무것도 모르고 키울 때가 더 속 편할지도 모릅니다.

아이를 키우는 일이 왜 이렇게 어려울까 곰곰이 생각해 보았습니다. 저는 분명 아이 한 명만 키웠습니다. 하지만 실제로는 션의 나이만큼이나 많은 션들을 키웠습니다. 션이 스무 살이니, 저는 스무 명의 션을 키운 셈입니다. 다섯 살의 션, 열 살의 션, 열다섯 살의 션, 그리고 스무 살의 션은 모두 다른 사람이었습니다. 처음에는 이 사실을 깨닫지 못했습니다.

어제의 아이와 오늘의 아이는 다르다

션이 어릴 적, 어느 날 이 아이가 한 명의 인격체라는 사실을 깨달은 뒤,

션의 기질을 유심히 지켜보기 시작했습니다. 사춘기에 접어든 션은 전혀 다른 사람처럼 느껴졌습니다. "재가 원래 저렇지 않았는데 요즘 왜 이러지?"라고 생각했던 시절도 있었습니다.

사춘기가 끝나갈 무렵에는 "드디어 원래 션으로 돌아왔구나."라고 안도했지만, 이전과는 어딘가 달라진 느낌을 받았습니다. 알고 보니 션은 원래의 모습으로 돌아온 것이 아니라 매일 조금씩 성장하며 변하고 있었습니다. 제가 낯설게 느꼈던 것은 바로 그 보이지 않는 성장 때문이었습니다.

어느 순간부터 "어제의 션과 오늘의 션은 다른 사람이다."라는 생각을 하게 되었고, 그 후부터 제 태도도 조금씩 바꿀 수 있었습니다. 오늘의 션을 새로 만난 다른 사람이라고 생각하면, 우리의 관계도 늘 새로워지는 건 당연합니다. 새로운 사람을 만날 때처럼, 션과의 관계도 매일 새롭게 만들기 시작했습니다.

변하는 관계 속에서 배우는 것

최근의 션은 또 달라져 있습니다. 몇 개월 전 션을 떠올리며 이야기를 나누다 보면 어딘가 대화가 어긋난 느낌을 받습니다. 이제는 제가 넘겨짚거나 어설프게 조언하면 오히려 해가 된다는 것을 알게 되었습니다. 조금씩 성숙해 가는 션을 보며, 20대 아이의 부모로서 저 역시 새로운 소양을 배워 가고 있습니다.

사실, 이와 같은 변화는 부모와 자녀 관계에만 해당하지 않습니다. 부부, 친지, 친구, 동료 등 우리가 맺는 모든 인간관계에서 시간이 지나면서 관계는 변화하고, 그에 따라 우리 자신도 변해야 합니다.

저 또한 그렇습니다. 기본 성향은 크게 바뀌지 않겠지만, 10년, 20년 전의 저와는 달라졌습니다. 세월에 따른 제 변화가 긍정적이었기를 바라며, 가끔씩 스스로를 돌아보곤 합니다.

꼰대와 멘토의 차이

한 번은 션에게 꼰대가 무엇인지 물어본 적이 있습니다. 션은 꼰대는 '나'를 기준으로 남을 설득하려는 사람이고, 멘토는 '상대방'을 기준으로 생각하며 조언하는 사람이라고 했습니다.

션의 말대로, 우리가 흔히 하는 실수는 나를 기준으로 남을 납득시키려 하는 데 있습니다. 상대방의 입장을 들으려 하지 않고 내 말을 앞세우니, 멘토보다는 꼰대가 되기 쉽습니다.

어제와 다른 오늘의 제 아이에게, 저의 경험이 '나 때는 말이야.'가 아닌, 아이 입장에서 멘토로 설 수 있기를 바랍니다. 그러려면 저 역시 업그레이드된 '오늘의 나'가 되어야 할 텐데 갈수록 쉽지 않음을 느낍니다.

공자는 이렇게 말했습니다.

"나는 열다섯 살에 학문에 뜻을 두었고, 서른 살에 자립했으며, 마흔 살에 미혹되지 않았고, 쉰 살에 천명을 알았으며, 예순 살에 귀가 순해졌고, 일흔 살에 하고 싶은 대로 행동해도 법도에 어긋나지 않았다."

공자조차 마흔이 되어야 인생을 통찰할 수 있었고, 쉰 살이 되어서야 내면의 완성에 도달했습니다. 그리고 예순 살에 이르러서야 다른 이들의 말을 자연스럽게 받아들일 수 있었다니, 그 일이 어찌 쉬웠겠습니까.

하지만 귀를 열고 마음을 넓히려 꾸준히 노력하다 보면, 비록 공자처럼 예순 살에 이르지는 못하더라도 일흔, 여든에는 귀가 순해지지 않을까 합니다.

"성인 자녀의 부모라면, 상대의 입장을 이해하려는 노력이 멘토가 되는 길임을 기억하세요."

74

행복한 과정 VS 좋은 결과

'과정을 즐겨라'는 말은 흔히 듣는 조언입니다. 저 역시 이 말에 동의합니다. 큰 목표를 꾸준히 이루려면 마음 관리는 필수입니다. 즐겁지 않으면 끝까지 해내기 어렵기 때문입니다. 하지만 매 순간 늘 즐거울 수는 없습니다. 아무리 좋아하는 일이라도 반복되면 흥미가 떨어지고 실력을 올리기 위해서는 고통이 동반되니까요.

즐거움을 느끼는 방법에는 여러 가지가 있습니다. 맛있는 음식을 먹거나 아름다운 풍경을 보며 느끼는 순간의 기쁨도 있지만, 제게 더 큰 즐거움은 크고 작은 고비를 넘기며 성취를 이루었을 때입니다. 그 순간에는 외부에서 오는 즐거움뿐만 아니라 내면의 자존감도 함께 쌓입니다.

마음을 다잡아 준 것들

션이 고등학생 3학년이던 해, 저는 종종 "고3 엄마가 이렇게 행복할 수 있을까?"라는 생각을 하곤 했습니다. 모두가 힘들다고 말하는 시기에 제가 행복했던 비결은, 제 자신에게 했던 이 말 덕분이었습니다. "결과에 연연하지 말자."

제가 션 대신 공부를 할 수는 없었기에, 션이 공부할 동안 저는 제 삶에 집중하며 몇 가지 '엄마의 역할'에만 충실하려 했습니다. 그것은 학교에서 돌아온 션을 두 팔 벌려 반겨주는 일, 정성껏 차린 밥상머리에서 이야기를 나누는 일, 그리고 잔소리를 하지 않는 것이었습니다.

흔들리기 쉬운 고3 엄마의 마음을 다잡아 준 것은 '무작정 걷기'와 '독서'였습니다. 매일같이 수련하듯 걷고 책을 읽으며 성찰을 하다 보니, 저도 모르게 마음이 다스려졌고 행복한 고3 엄마로 1년을 보낼 수 있었습니다. "결과에 연연하지 말자."라는 다짐은 저 자신에게 끊임없이 최면을 건 것이었는지도 모릅니다.

기대가 크면 실망도 클 것이기에, 결과가 좋지 않을 경우를 대비해 마음을 하루하루 예방접종하듯 다독였습니다. 그러나 부모의 마음이라는 것은 참으로 묘합니다. 아무리 마음을 다잡으려 해도 자녀의 감정에 이입하게 되는 순간이 많습니다. 션이 그렇게 애쓰는데 결과가 좋지 않으면 얼마나 실망할까 걱정되기도 했습니다. 하지만 제가 할 수 있는 일은 진심을 담아 괜찮다고 격려해 주는 것이었습니다. 이 마음을 지키기 위해 400km 넘는 제주 올레길을 홀로 걸었습니다. 대자연을 걸으며 욕심과 불안을 떨쳐냈습니다.

션의 선택: '좋은 결과'

션의 입시는 코로나19라는 변수 속에서 진행되어 예측이 어려웠습니다. 다행히 운도 따라 주었지만, 문득 궁금해졌습니다. "고3 엄마의 과정은 행복했지만, 션의 고3은 행복했을까?"

션에게 물었습니다. "행복한 과정과 좋은 결과 중 하나만 고르라면 넌 어떤 걸 택할래?"

션은 주저 없이 '좋은 결과'를 선택했습니다. 이어서 이렇게 덧붙였습니다.

"행복한 과정과 좋은 결과가 같이 있으면 가장 좋겠지. 만약 결과만 좋다면 과정이 힘들어도 뿌듯할 것 같아. 반면 과정이 행복하고 결과가 좋지 않다면 실망이 너무 클 것 같아. 그래서 좋은 결과를 택할래." 그러면서 자신의 고3은 괴로웠지만 행복했다고 말했습니다.

같은 질문을 대학생이 된 후 다시 던졌더니, 이번에는 '행복한 과정'을 선택했습니다. 아무래도 고3 때처럼 목표지향적 삶을 살 시기와는 달리, 대학생이 되면서 마음의 여유가 생겨 대답이 바뀐 듯했습니다.

션파의 선택: '행복한 과정'

같은 질문을 션파에게 던졌습니다. 션파는 '행복한 과정'을 선택했습니다.

"결과는 언제나 좋을 수 없고, 결과 자체가 중요한 것도 아니야. 과정이 행복하지 않은 채 확실하지 않은 결과를 바라보고 참고 사는 것보다는, 결과에 상관없이 과정을 즐기는 게 더 의미 있어."

저도 션파처럼 '행복한 과정'을 선택했습니다. 제 성격이 성취지향적이라 목표를 세우면 이루기 위해 노력하는 편이지만, 긍정적인 성향 덕분에 어떤 상황에서도 행복을 찾으려는 편입니다. 물론 션의 말처럼 '좋은 결과가 과정을 미화하는 힘'이 있다는 점도 알고 있습니다.

하지만 과정 속에서 찾아오는 고비를 이겨내며 즐기다 보면 결국 더 나은 결과를 맞이할 확률이 높아진다고 믿습니다. 그리고 지금의 결과가 기대에 미치지 못하더라도, 인생은 끝이 아니기에 앞으로 더 큰 열매를 키워 나갈 수 있다고 생각합니다.

그런데 션이 이렇게 말합니다. "아빠는 성격상 행복한 과정을 택한 것이 이해가 가는데, 엄마는 아닌 것 같은데? 과정이 중요하다고 늘 말하지만, 사실 결과도 중요하게 생각하잖아. 엄마도 좋은 결과 쪽 아니야?" 제법 예리한 지적입니다. 제가 행복한 과정을 택한 이유는 사실 최대한 열심히 해서 결국 좋은 결과를 얻어내는 스타일이라는 것을 알아챈 겁니다. 과정이 중요한 건 맞지만, 그 끝에 좋은 결과를 기대하지 않는 건 아니니까요.

다양한 답변

이번에는 동료, 친인척, 친구들에게도 같은 질문을 던져보았습니다. 마침 가족 모임도 있어서 10대부터 80대까지 다양한 연령대의 답변을 들을 수 있었습니다. 결과는 7:3 비율로 '좋은 결과:행복한 과정'이었습니다.

'좋은 결과'를 택한 사람들의 답변은 대부분 비슷했습니다. 결과가 좋으면 힘들었던 과정을 보상받는 기분이 든다고 말했습니다. 반면, '행복한 과정'을 택한 사람들은 결과에 관계없이 과정을 즐기는 것에 더 큰 의미를 두었습니다.

사회적 성공을 이루고 은퇴한 한 선배는 '결국 남는 것은 함께한 동료들과의 추억'이라며 과정의 중요성을 강조했습니다. 과정을 강조한 또 한 명은, 고속도로에서 무리하게 달려도 도착해 보면 안전거리 유지한 사람과 겨우 몇 분 차이라며, 그 몇 분을 단축하기 위해 광란의 스피드를 올리는 것보다 경치를 보면서 가는 것이 훨씬 낫다는 말씀도 하셨습니다.

행복한 과정의 재정의

션의 고3 시절이 떠올라 재미로 시작한 질문이었는데, 주변 사람들의 다양한 생각을 듣게 되어 흥미로웠습니다. 특히 이들의 말이 모두 일리가 있어서 더욱 인상 깊었습니다.

행복한 과정이 좋은 결과를 보장해 준다면 참으로 좋겠지만, 누구도 그것을 장담할 수 없습니다. 하지만 괴롭고 치열한 과정을 거친 사람이 '좋은 결과'에 이를 확률이 더 높을 것이라는 제 생각은 여전히 변함이 없습니다.

사람들의 이야기를 들으면서 '행복한 과정'에 대한 정의를 새로 해야겠다고 생각했습니다. 웃고 즐기는 것이 '행복'이 아니라, 거센 파도와 지루한 망망대해를 견뎌내는 힘이 행복의 근원이라는 것입니다. 그리고 그 행복은 나 혼자가 아니라, 함께 헤쳐 나갈 사람이 있을 때 비로소 완성됩니다.

결과는 불확실하지만, 함께하는 시간 속에서 행복을 찾는다면 그것이야말로 성공이라고 할 수 있습니다.

"힘들고 지루한 과정도 가족과 함께한다면 이미 좋은 결과가 곁에 있는 것과 다름없습니다."

75

미국 명문대 부모

미국 명문대 자녀들의 공통점과 부모의 교육관

션이 대학에 간 후, 미국 명문대(HYPSM)에 진학한 친구들의 특징에 대해 물어보았습니다. 물론 션의 관찰은 특정 표본에 기반한 것이기에 일반화에는 한계가 있을 수 있습니다. 하지만, 다양한 사람과 교류하는 편이라 의미 있는 통찰을 제공할 것이라 생각했습니다.

션의 대답은 간단했습니다. 천재급 친구들을 제외하면 재능이나 자질에서 큰 차이는 느껴지지 않았다고 합니다. 다만, 해외 명문대는 각 대학이 원하는 학생상이 명확하기 때문에 '적극적이고 독창적인 기질'을 가진 학생들이 합격할 가능성이 높다고 덧붙였습니다. 국내 친구들은 한국 입시제도에 맞춰 준비하다 보니 개성을 드러낼 기회가 부족했을 뿐, 잠재력 면에서는 큰 차이가 없었다고 말했습니다.

반면, 시키는 공부만 묵묵히 해나가는 수재형 타입은 학문적으로 탁월한 업적이 없다면 HYPSM에 합격하기 쉽지 않다고 했습니다. 하지만 꼭 이런 대학들만이 전부는 아니며, 새로운 환경에서 자극을 받아 자신도 몰랐던 잠재력을 발휘하는 사례도 많이 보았다고 덧붙였습니다.

방임형과 관리형 부모

션에게 스탠퍼드 자녀를 둔 부모들의 특징을 물어보니, 공통점은 부모의 교육열이 놀랍도록 높다는 것이었습니다. 우리나라 부모들의 교육열을 훨씬 웃돈다고 했습니다. 하지만 그 방식은 크게 두 가지로 나뉘었습니다. 약 30%는 자녀를 엄격히 통제하는 '관리형' 부모였고, 70%는 자율성을 중시하는 '방임형' 부모였다고 합니다.

션은 통제형 부모의 사례로 한 중국계 미국인 친구의 어머니를 소개했습니다. 이 어머니는 어려운 가정형편에도 홀로 자녀 5명을 모두 하버드와 스탠퍼드에 진학시켰고, 자녀들을 엄격하게 관리했다고 합니다. 반면 저는 교육열이 높은, 대표적인 방임형 부모라고 했습니다. 저는 션을 늘 관찰하고 적합한 교육 환경과 자극을 제공해 주는 데 집중했고, 션이 자라면서 점차 자율권을 넘겨주면서 방임형 부모가 되었습니다.

통제형 부모의 자녀들은 자기 통제력이 강한 반면, 방임형 부모의 자녀들은 스스로 길을 개척하는 성향이 강하다고 말했습니다. 그래서 방임형 부모의 자녀들이 시행착오를 더 많이 겪는 경향이 있습니다. 아무래도 새로운 시도를 많이 하기 때문으로 보입니다.

저 역시 혼란스러웠던 점은, 제가 자유를 줘서 션이 독립적이고 진취적인 성격이 된 것인지, 아니면 션의 기질이 원래 그랬기 때문에 자유를 준 것인지 알 수 없다는 겁니다.

션이 대학에서 만난 친구들 대부분은 중고등학생 때 유학 경험이 있거나, 주변에 해외 명문대 진학 사례가 있는 등 다양한 경로를 통해 스탠퍼드를 꿈꿨다고 합니다.

결론적으로, 특별한 케이스를 제외하면 어떤 방식으로 자녀를 양육하든, 부모가 자녀에게 꾸준한 관심과 적합한 교육 환경을 제공한다면, 아이의 꿈과 목표가 훨씬 커질 수 있습니다.

션의 사례

션의 사례를 다시 살펴보겠습니다.

션이 초등학교 6학년 말, 저희 부부는 제주 국제학교 진학을 제안했습니다.

"그때는 국제학교나 해외 대학에 대해 전혀 몰랐어. 가족과 떨어져 지내는 게 어떤 의미인지도 몰랐지. 그냥 얼떨결에 갔는데, 다행히 나와 잘 맞는 환경이었어. 그리고 제주 국제학교에서는 대부분 해외 대학 진학을 하니까, 나도 자연스럽게 해외 대학을 꿈꾸게 됐고. 엄마, 아빠 아니었으면 유학은 생각도 못했겠지."

션의 이야기를 듣던 션파가 말했습니다.

"우리가 너를 제주로 보낸 건, 우리가 특별히 여유로워서도 아니고 해외 명문대에 보내야겠다는 의지가 강해서도 아니었어. 단지 네 기질이 국내보다 국제 교육에 더 잘 맞을 거라는 확신이 들어서 그 환경을 선택한 거지."

저희 부부는 늘 '션의 기질과 재능'에 대해 고민하곤 했습니다. 션의 초등학교 6학년은 어떤 길로 갈지 결정하는 분기점이었습니다. 국내 입시를 준비한다면 션이 가진 장점 중 일부는 봉인해야 했을 겁니다. 이 과정에서 부모와의 갈등이 불가피했을 가능성도 큽니다. 반면, 해외 입시는 션의 기질과 강점을 더욱 키워줄 수 있는 선택지처럼 보였습니다.

물론 제주 국제학교로 보낸 뒤에도 어려움은 있었습니다. 가족과 떨어져 지내는 시간은 쉽지 않았고 시행착오도 많았습니다. 하지만 제주에서의 6년은 션이 미국 대학 생활에서 자생력을 키우는 밑거름이 되었고, 낯선 환경에서도 빠르게 적응하는 데 큰 자산이 되었습니다.

저희 가정이야말로 부모의 교육관이 자녀에게 큰 영향을 미친 대표적인 사례라고 할 수 있습니다.

홀로서기를 준비하는 아이, 함께 성장하는 부모

제가 션에게 이런 질문을 한 이유는 '스탠퍼드 부모가 더 현명하다.', '부모라면 교육열이 높아야 한다.' 또는 '해외 진학이 더 낫다.'라는 점을 강조하려는 것이 아닙니다.

자녀가 어떤 꿈을 꾸고 목표를 세울 때, 어디까지 시야를 넓힐 수 있는가는 결국 부모가 어떤 생각을 가지고 자녀를 양육하느냐에 달려 있다는 점을 확인한 대화를 공유하고 싶었을 뿐입니다.

저는 종종 션에게 가정 형편이나 부모님을 의식해 꿈을 접지 말라고 말하곤 했습니다. 일단 바람을 꺼내 놓으면 함께 방법을 찾을 수도 있습니다. 현실적으로 방법이 없다면 다소 돌아갈지언정, 목표를 이루는 순서를 바꿀 수 있습니다. 부모님 형편을 걱정을 하며 꿈을 속으로 삼킨다면, 훗날 미련만 남을 것입니다.

부모가 열린 마음을 가지면, 아이들도 큰 세상을 바라볼 수 있다고 믿습니다.

부모로서 스스로를 돌아보면, 저도 완벽한 부모는 아니었고, 저 자신이 큰 사람이라고 말하기 어렵습니다. 하지만 아이를 키우는 과정에서 부모 역시 성장한다는 사실이 다행스럽게 느껴집니다.

"아이가 성인이 되기까지의 20년은 부모가 부모다워질 충분한 시간입니다. 그동안 부모가 성장하고 변화한다면, 그 성장은 결국 자녀에게 좋은 양분이 될 것입니다."

76

대치동에서 팥빙수 먹은 날

션이 대학에 합격한 후 얼마 지나지 않은 어느 날, 션파와 함께 대치동을 지나던 중 좋아하는 팥빙수 가게에 들르기로 했습니다. 팥빙수 가게로 걸어가는 동안 골목길에 자리 잡은 대형 도시락 가게가 눈에 띄었습니다. 산더미처럼 쌓인 도시락 상자들과 바쁘게 움직이는 직원들의 모습이 인상적이었습니다.

수천 개 학원이 밀집한 대치동 학원가는 밤 늦게까지 수업이 이어지는 경우가 많습니다. 어떤 부모는 도시락을 직접 싸서 가져다주지만, 여의치 않을 때는 도시락을 배달시키기도 합니다. 도시락 가게의 북적이는 풍경은 대치동의 그런 현실을 잘 보여주었습니다.

KMO 준비와 학원 중단

션이 초등학교 6학년 때 KMO(한국수학올림피아드) 준비를 위해 수학 학원을 다닌 적이 있습니다. KMO는 교과 과정을 넘어선 심화 학습이 필요하기에 대부분 학생들이 전문 학원을 통해 준비합니다. 션 역시 오후 5시부터 늦은 시간까지 이어지는 수업을 듣고, 그 시간 동안 도시락으로 저녁을 해결했습니다. 학부모들은 인근 식당에서 도시락을 주문해서 아이들의 저녁을 챙겨주곤 했습니다. 이런 수요가 쌓이면서 전문 도시락 가게들을 자리 잡게 된 듯했습니다.

하지만 션은 KMO 학원을 1년도 채 다니지 못했습니다. 제주 국제학교로 진학을 결정하면서 학원을 그만두게 했기 때문입니다. 당시 션이 다니던 유일한 학원이었지만, 학원에 쏟아야 하는 시간과 에너지가 초등학생에게는 과중하다고 느껴졌습니다. 학원 수업을 마치고도 학교와 학원 숙제를 해야 했기에 션은 늘 바빴고, 가족과 보내는 시간도 점점 줄어들었습니다. 저 또한 퇴근 후 션과 대화는 줄고 숙제만 시키다 보니 내심 불만이 쌓이기 시작했습니다.

션은 KMO 시험이 얼마 남지 않았으니 시험까지만 다니겠다고 했지만, 저는 고집을 부려 시험도 보지 못하게 했습니다. 대신, NLCS 입학 전까지 몇 달 동안 수영, 배드민턴, 독서 등을 실컷 할 수 있게 해주었습니다. 어린 시절 좋아했던 디베이트도 다시 시작하게 했고, 가족여행도 자주 다녔습니다.

재미있게도, 제주로 간 후 션은 오히려 수학을 진심으로 좋아하게 되었고, KMO뿐 아니라 국제 경시대회에도 도전했습니다. 이 일을 계기로 션은 스스로 경시 공부를 하며 자기주도 학습의 문을 열었습니다. 학원을 강제로 끊게 한 결정이 처음에는 미안했지만, 결과적으로 션에게 긍정적인 영향을 미쳤습니다.

대치동 풍경에서 본 현실

팥빙수를 먹으며 실내를 둘러보니 학원에서 공부하는 아이들을 기다리는 학부모들이 눈에 들어왔습니다. 혼자 앉아 계신 분들도 있었지만, 삼삼오오 모여 대화를 나누는 모습이 더 많았습니다.

팥빙수를 다 먹고 스타벅스에 갔을 때는 분위기가 완전히 달랐습니다. 크고 작은 아이들이 조용히 공부에 열중하고 있었습니다. 마치 카페가 아닌 도서관에 온 것 같았습니다. 지금까지 방문했던 스타벅스 중 가장 조용한 곳이었습니다.

길을 지나며 바라본 대치동의 식당들은 이미 혼밥이라는 개념이 나오기 훨씬 전부터 이미 아이들을 위한 1인 테이블을 마련해 두고 있었습니다.

제가 아는 션의 친구들 중 대치동에서 학창 시절을 보낸 아이들은 결코 불행해 보이지 않았습니다. 그 속에서 나름의 재미를 느끼고 우정을 나누며 각자의 꿈을 키워갔습니다. 하지만 대치동의 치열한 경쟁 풍경은 제 마음을 무겁게 했습니다. 목표와 꿈이 있는 아이들도 있겠지만, 부모의 뜻에 이끌려 억지로 다니는 아이들도 적지 않을 것입니다.

아이를 다 키운 지금, 과도한 경쟁이 가져오는 부작용이 더 잘 보입니다. 지나치게 높은 기대와 끝없는 경쟁은 아이들의 삶에 깊은 상처를 남길 수 있습니다. 중요한 것은 아이가 행복하게 배우고 성장할 수 있는 환경을 만들어주는 일이라는 사실을 새삼 깨닫습니다.

"어린이는 놀아야 합니다"

드라마 〈이상한 변호사 우영우〉의 한 장면이 떠올랐습니다. 어린이 해방군 총사령관을 자처하는 '방구뽕' 에피소드에서 이런 대사가 나옵니다.

"어린이는 놀아야 합니다."

"어린이는 건강해야 합니다."

"어린이는 행복해야 합니다."

우영우 변호사가 문제 해결의 실마리를 찾을 때마다 환상처럼 나타나는 돌고래 장면이 있습니다. 돌고래들이 수면 위를 힘차게 올라갔다가 우아하게 다시 바다로 내려가는 장면입니다. 이번 에피소드에 등장한 돌고래는 다른 회차의 돌고래들과는 달랐습니다. 지느러미가 휜 돌고래가 법정 한가운데를 유유히 헤엄치며 들어와 한 바퀴 돌더니, 햇살 가득한 반대편 문을 향해 천천히 나아갑니다.

법정에 나타난 지느러미가 휜 돌고래는 미국 시월드의 틸리콤(Tilikum)을 떠오르게 했습니다. 과도한 훈련과 스트레스로 지느러미가 휘어진 틸리콤은 결국 조련사를 죽이는 사고를 일으켰습니다. 이 사건은 '고래 해방 운동'의 계기가 되었고, 이후 많은 고래가 자유를 찾았지만, 틸리콤은 수족관에서 생을 마감했습니다. 법정에 나타난 휜 지느러미의 돌고래는 마치 우리 아이들을 틸리콤에 비유한 것 같았습니다.

도시락 가게 앞을 지나며 저는 션파에게 드라마에서 본 '어린이는 놀아야 한다.'는 문장이 떠오른다고 말했습니다. 그런데 그 말을 꺼내는 순간 목이 잠겼습니다. 우리 어른들이 잘못한 것이 많다는 생각에 울컥했습니다. 교육 제도가 잘못되었다고 말하면서도 정작 내 아이만큼은 경쟁에서 우뚝 서기를 바랐던 제 욕심이 떠올랐습니다.

누군가는 이런 말을 했습니다. "워라밸(work-life balance)을 추구하는 어른들이 자신의 시간은 소중히 여기면서, 왜 아이들의 시간은 빼앗아 버리는가."

그럼에도 꿈을 키우는 아이들을 응원합니다

부모들은 아이들에게 행복한 미래를 선물하고 싶어 늘 고민합니다. 하지만, 방법을 몰라 마음이 갈팡질팡합니다. 틸리콤은 넓은 바다를 꿈꾸는 돌고래였겠지만, 사람과 교감하며 재주를 부리는 것을 좋아하는 돌고래도 있을 것입니다. 그러나 우리는 틸리콤을 좁은 수족관에 가두고, 사람을 좋아하는 돌고래를 멀리 바다로 보내는 실수를 합니다.

션은 수학 학원을 끊고 스스로 탐구하며 스탠퍼드에 입학했습니다. 반면 션의 친구는 학원의 체계적 교육과 피나는 노력 끝에 MIT에 입학했습니다. 운 좋게도 각자에게 맞는 길을 찾아간 경우입니다.

학원을 다닌다고 해서 자기주도를 하지 않는 것은 아닙니다. 자신의 꿈을 이루기 위해 학원을 제대로 활용한다면, 그것 또한 자기주도 학습이라 할 수 있습니다. 다시 대치동 학원가에서 공부에 매진하는 아이들을 바라보았습니다. 그들 중에서 틸리콤과 같은 아이는 없기를 간절히 바라봅니다.

"아이를 다 키운 후, 어린이는 놀아야 한다는 말의 의미를 알게 되었습니다. 어린이들이 어른들의 욕심으로 희생되고 있지 않은지 가끔씩 멈춰 돌아보기를 바랍니다."

77

그저 지켜보기

아이와 부모 사이에도 '궁합'이 있습니다. 어떤 부모와 아이는 성향이 잘 맞아 마치 '원 팀'처럼 보일 때가 있습니다. 예를 들어, 성실한 수재형 아이와 매니저형 부모가 만나면 시너지 효과를 내는 경우를 자주 봅니다. 물론 이들 사이에도 갈등이 전혀 없는 것은 아니지만, 비교적 해결책을 빨리 찾아내곤 합니다.

그러나 대부분의 부모는 우당탕탕 육아를 합니다. 육아서에 적힌 대로 따라 하려 애써보지만, "왜 우리 집만 이렇게 예외가 많은 걸까?"라며 한숨이 나오는 순간이 많습니다. 아이는 예상치 못한 방향으로 엉뚱하게 튀고, 부모의 가르침은 쉽게 통하지 않습니다. 공부를 잘하든 못하든, 이런 예외 상황은 누구에게나 찾아옵니다.

다름을 인정하는 데 걸린 시간

저 역시 다르지 않았습니다. 육아는 '1+1=2'처럼 딱 떨어지는 '수학'이 아니라, 해석하기 어려운 '추상미술' 같았습니다. 아이의 행동이나 마음을 이해하기 힘든 순간이 많았습니다. 설사 이유를 알아낸다 해도 '아, 이 아이는 나와 정말 다르구나.'라는 사실을 깨닫는 과정의 연속이었습니다.

'나 같으면 이렇게 하지 않을 텐데.'라는 생각에서 출발해, '나와 다르니 저런 생각을 할 수 있겠구나.'라는 깨달음에 이르기까지의 과정은 쉽지 않았습니다. 특히 션처럼 자기주장이 강하고 소신이 뚜렷한 아이는 필요성을 스스로 느끼기 전까지는 절대로 행동하지 않습니다. 억지로 시키려 하면 반발심만 커질 뿐입니다.

제가 현명한 엄마라서가 아니라, 다른 방법을 몰랐기에 '기다려주는' 쪽을 선택할 수밖에 없었습니다. 무언가를 억지로 하게 만들거나 하지 못하게 하면 부작용만 커질 것 같아 주저했을 뿐입니다. 그러다 션이 스스로 깨닫는 순간이 오면, 모든 문제가 순식간에 해결되곤 했습니다.

속으로는 "진작 엄마 말을 들었으면 됐잖아."라는 말이 목구멍까지 올라올 때도 있었지만, 꾹 참았습니다. 기다림이 길어지면서, '내 말을 들었으면 큰일 날 뻔했다.'는 일들이 점점 더 많아지기 시작했습니다. 제가 점차 방목형 엄마가 되어간 이유이기도 합니다.

기다림의 가치

얼마 전, 친한 언니와 아이들 이야기를 나누며 우리의 아들들이 이제 철이 든 것 같다고 말했습니다. 그동안 속을 썩였던 언니의 고등학생 아들도 사춘기를 지나며 어른스러운 모습을 보이기 시작했습니다.

우리는 늘 품었던 한 가지 의문을 다시 꺼내 들었습니다. "진작 엄마 말을 들으면 덜 힘들 텐데, 왜 우리의 아들들은 자기 생각대로만 하려고 할까?" 하지만 곰곰이 생각해 보면, 우리가 아이들을 이해하려 노력한 이유도 아이들이 '시키는 대로만 살지 않았기 때문'이었습니다.

우리가 대학생이던 시절에는 '무엇을 공부해야 하는지', '왜 공부해야 하는지', '내가 무엇을 좋아하는지', '어떤 일을 해야 할지' 같은 질문을 하지 않았습니다. 당시 사회는 지금보다 단순했고, 고도성장 시기라 취업도 비교적 쉬웠기 때문입니다.

반면, 지금의 세상은 너무 복잡하고 변화의 속도도 빨라졌습니다. 이런 세상에서 부모 말을 잘 듣기만 한다면, 아이들이 스스로 생각하고 올바른 판단을 하며 자율적으로 성장하기는 어려울 것입니다. 그래서 막 청년이 된 션이 미래에 대해 고민을 하고 있다는 것이 낯설면서도 부럽기도 합니다. "나도 저 나이에 저런 고민을 했다면, 내 미래는 어떻게 바뀌었을까?" 라는 생각이 들었습니다.

진짜 배움은 직접 경험하는 것

션이 미래에 대해 치열하게 고민하고 있는 지금 이 시간은, 과거 어느 때보다 값진 경험이 될 것입니다. 때로는 엉뚱한 말이나 서툰 아이디어를 내놓기도 하지만, 이제 막 시작한 단계이므로 자연스러운 과정입니다. 이런 시행착오가 없다면 결국 '헛똑똑이'로 남을 가능성이 높습니다.

언니와 다시금 결론을 내렸습니다. "걔들은 직접 겪어봐야 똥인지 된장인지 아는 애들이야. 우린 그냥 기다려주면 돼." 아이들이 시행착오를 통해 몸으로 배우는 날이 오면, 비로소 부모의 조언이 무엇을 의미했는지 이해하게 될 것입니다. 때로는 그 과정에서 우리 역시 부모로서 얼마나 편협된 사고방식에 갇혀 있었는지도 확인하게 될 것입니다.

이제 제가 션에게 해줄 수 있는 일은 목적이나 목표를 설정해 재촉하는 것이 아닙니다. 션은 이미 제 품을 떠났고, 이제는 그저 조용히 '지켜보기'만 남았습니다.

멀리서 바라보며 한 가지 분명히 알게 된 사실이 있습니다. 완벽하지 않아도 션은 자신만의 속도로 조금씩 성장하고 있다는 사실입니다.

스스로 깨달아야 성장한다

대학 입학을 앞둔 여름, 션은 여행을 다니고 친구들과 어울리며 바쁜 시간을 보냈습니다. 겉으로는 그저 놀기만 하는 것처럼 보였지만, 그 시간 동안 인간관계에 대해 많은 것을 배우고 있었습니다.

대학에 진학한 뒤에는 스스로에게 여러 질문을 던지기 시작했습니다. '무엇을 공부하고 싶은지', '어떤 일을 하고 싶은지', '미래의 나는 어떤 사람이 될지' 같은 질문들이었습니다. 션은 답을 찾기 위해 다양한 사람에게 조언을 구하며 자신의 길을 모색했습니다.

하루를 마치고 저에게 전화를 걸어 생각한 것과 느낀 점들을 이야기하곤 했습니다. 때로는 성숙한 이야기를, 때로는 여전히 아이 같은 이야기를 들려주었습니다. 가끔은 제가 이미 답을 알고 있는 주제라 하더라도, 션이 스스로 깨닫고 나아가야 한다는 사실을 알기에 그저 열심히 응원했습니다.

부모의 역할은 삶의 태도를 전하는 것

17세기 과학자 보일은 『의심 많은 화학자』에서 이렇게 말했습니다. "아무도 믿지 마라, 나도 믿지 마라, 대가가 해 놓은 것이라고 함부로 믿지 마라.

네가 검증하고 확인한 것만 믿어라."

이처럼, 아이들도 부모나 선생님의 말을 무조건 따르지 않고 직접 경험하며 자신만의 길을 찾는 것이야말로 진정한 배움의 실천일 것입니다. 제가 션에게 주는 조언은 20년 전에 얻은 '오래된' 배움을 바탕으로 한 것들입니다. 하지만 아이들은 지금부터 다가올 새로운 세상에 적응하고 개척해야 합니다. 따라서 제가 주는 조언은 20년, 30년이 아니라, 실제로는 40년, 50년 이상 시차가 벌어진 관점일지도 모릅니다. 그렇기 때문에 부모가 해주는 '미래에 대한 조언'은 시간이 지날수록 빗나갈 가능성이 높습니다.

서울대학교의 인기 학과나 의대에서 시대별로 주목받는 전공이 변화해온 것만 보더라도, 세상의 흐름이 끊임없이 변합니다. 과거에는 평범했던 분야가 오늘날에는 주목받기도 하고, 한때 다이아몬드로 여겨졌던 것이 이제는 인조 다이아몬드에 밀리기도 합니다.

지식을 암기하고 적용하던 시대는 끝이 났습니다. 특정 직업을 선호하는 시대 역시 작별을 고할 때가 되었습니다. 중요한 것은 타이틀이 아니라, 그 속에서 내가 어떤 역할을 하고 무엇을 성취해 나갈 것인지에 대한 깊은 고민입니다.

AI 시대에서 부모가 자녀에게 가르쳐 줄 수 있는 가장 중요한 것은, 과거의 경험에 기반한 '전망 좋은 직업'에 대한 예측이 아닙니다. '어떻게 살 것인가'라는 근본적인 마음가짐과 삶의 태도를 전하는 것입니다. 미래에 어떤 신기술이 탄생하고 우리의 삶을 뒤흔들더라도, 올바른 인성과 공감 능력을 가지고 있다면 아이들은 우리보다 훨씬 더 현명하고 잘 살아갈 것입니다.

성인이 된 부모의 역할은 더 이상 정답을 제시하는 것이 아닙니다. 아이들이 스스로 삶을 탐구하고 개척할 수 있도록, 삶의 태도를 전하고 지지하는 데 있습니다.

"아이들은 이미 날아오르기 시작했습니다. 이제는 그저 지켜봐야 할 때입니다."

78

빈둥지 증후군은 없었다

션이 미국으로 유학을 떠난 후, 많은 사람들이 "허전하지 않아?", "보고 싶을 텐데 어떻게 견디고 있어?"라는 질문을 하며 걱정했습니다. 저와 션이 가까웠던 만큼, 사람들은 제가 크게 그리워하고 힘들어할 것이라고 생각했던 것 같습니다. 물론 가끔 보고 싶긴 했지만, 그리움은 오래된 친구를 떠올릴 때 느껴지는 정도였습니다. 저는 '평소와 다름없이' 직장에서 열심히 일하고 취미생활을 즐기며 잘 지내고 있었습니다. 오히려 육아와 교육에서 자유로워지니, 요즘은 션파와 함께 시간을 보내며 자주 외출하고 일상을 즐기고 있습니다.

워킹맘의 딜레마와 책임감

션을 낳고 기르는 동안 '모성애'에 대해 자주 생각했습니다. 임신 중에는 아이를 낳으면 본능적으로 모성애가 솟아날 줄 알았지만, 막상 션을 처음 봤을 때 느낀 건 '낯선 신기함'이었습니다. 영화나 소설에서 묘사되는 강렬한 모성애는 그 순간 찾아오지 않았습니다.

퇴근 후 션과 눈을 맞추고 시간을 보내는 제 모습이 지극정성으로 보였는지, 주변 사람들은 저를 모성애가 대단하다고 칭찬했습니다. 하지만 저는 의문에 빠졌습니다. "내 모성애가 그렇게 크다면, 왜 나는 일을 그만두지 않을까?" 션에게 가장 필요한 건 잘 놀아주는 엄마가 아니라 '함께 있어주는 엄마'라는 걸 알면서도, 일을 놓지 못하는 제 모습이 납득되지 않았습니다.

긴 고민 끝에 내린 결론은 이것이었습니다. 제가 션에게 지극정성으로 했던 행동은 '모성애'가 아니라 '책임감'에서 비롯되었다는 것입니다. 일에서도, 가정에서도 맡은 바를 제대로 끝내려는 책임감이 저를 움직이게 했다고 생각했습니다.

워킹맘의 죄책감과 즐거움

워킹맘으로서의 죄책감은 늘 따라다녔습니다. 션에게 미안한 마음에 더 책임감 있게 돌보려 했고, 전업맘들과 비교하며 엄마로서 부족하다는 자괴감을 느끼기도 했습니다. 그럴수록 션과 함께 있는 시간에 더욱 집중하려 노력했습니다.

그러던 사이 육아는 저에게 또 다른 재미를 주었습니다. 션에게 뭔가를 해 주기 위해 이것저것 찾아보고 공부하다 보니, 어느새 제가 더 신이 나곤 했습니다. 아이를 위해 시작한 놀이와 교육이었지만, 제가 좋아서 하다 보니 자연스럽게 즐거움이 되었습니다. 덕분에 저만의 육아 스타일을 찾아가며 션과 행복한 시간을 보낼 수 있었습니다.

션을 기르며 깨달은 것 중 하나는 아이가 부모의 소유물이 아니라는 점입니다. 션이 서너 살 무렵, 저 작은 아기가 어엿한 한 명의 인격체라는 것을 알게 되었습니다. 그때부터 저는 '내가 해주고 싶은 것'이 아니라, '션이 바라는 것'을 보려고 노력했습니다.

빈둥지 증후군을 준비하며

입시 철이 되자 몇몇 엄마들이 자연스레 집에 틀어박히거나, 아이가 대학에 입학한 후 허전함에 우울해한다는 이야기를 해 주었습니다. 이런 심리 상태를 '빈둥지 증후군'이라고 부른다는 것도 알게 되었습니다. 이런 경험을 하신 분들이 감사하게도 저에게 아이가 떠났을 때의 공허감에 대해 미리 주의를 주었습니다. 저 역시 그런 상태가 될까 봐 걱정되었고, 피하고 싶었습니다.

션이 제주로 떠났을 때가 제가 빈둥지 증후군을 처음으로 만날 고비였습니다. 그런데 의외로 큰 허전함을 느끼지 않았습니다. 미리 마음의 준비를 했기 때문입니다. 제주행을 앞둔 3~4개월 전부터 새벽 영어 학원을 다니며 스스로를 바쁘게 만들었습니다. 션이 떠난 후 공허함을 채우기 위한 대비책이었습니다. 영어에 점점 흥미를 붙일 즈음, 션이 제주로 떠났습니다.

주변에서는 괜찮겠냐고 걱정했지만, 정말 괜찮았습니다. 오히려 집에 돌아가도 돌봐야 할 아이가 없으니 처음으로 마음 편히 늦은 시간까지 일할 수 있었습니다. 물론 시간이 흐르며 션에 대한 그리움이 쌓였지만, 미리 마음을 다스린 덕분에 큰 어려움 없이 적응할 수 있었습니다.

이후 6년 동안 서울과 제주, 물리적으로 떨어져 지냈지만, 엄마로서 할 수 있는 범위 내에서 최선을 다했습니다. 매일 통화하며 션의 마음을 헤아리고, 주말이면 제주로 가서 얼굴을 마주하며 대화를 나눴습니다. 션이 사춘기를 겪는 동안에는 대학에 대한 욕심보다, 어떤 인품과 가치관을 가진 사람이 되면 좋을지에 대한 생각을 했습니다. 늘 삶의 태도에 대해 조언하는 데 집중했습니다.

두 번째 고비는 션이 유학을 가고 난 뒤였습니다. 그런데 이번에는 특별한 준비 없이 자연스럽게 적응했습니다. 평소 하던 대로 제 일을 충실히 하고 취미생활을 즐겼습니다. 어쩌면 션이 어릴 때는 제 직장 때문에, 청소년기에는 제주생활 때문에, 서로 떨어져 지내는 환경에 이미 익숙해졌기 때문일지도 모릅니다.

그러던 어느날, 에리히 프롬의 『사랑의 기술』을 읽으며 제가 션에게 가졌던 책임감이 사랑의 한 형태라는 것을 알게 되었습니다. 또한, 늘 션의 입장에서 생각하려 했던 노력도 책에서는 '존경'이라는 사랑의 형태라고 했습니다. 제가 모성애가 부족하지 않은지 의심했던 마음은 20년이 지나서야 비로소 해소되었습니다.

부모로서의 마지막 역할

션이 어릴 때부터 해준 말이 있습니다. "하고 싶은 일이 있다면 부모에게 이기적이 되어라. 엄마나 아빠 바람대로 살지 말고, 부모를 이겨라." 부모가 자녀의 삶을 결정지으려 해서는 안 되며, 자녀가 자신의 꿈을 위해 부모와 협력해 나가야 한다는 뜻이었습니다.

또 션에게 이렇게 말했습니다. "세상이 너를 버릴 때, 너를 감싸줄 최후의 한 사람은 엄마가 돼줄게." 션이 좋은 친구, 배우자, 자녀를 얻게 되면 부모의 우선순위가 달라지는 건 자연스럽고 당연한 일입니다. 그럼에도 불구하고, 션의 편에 서는 마지막 한 명은 기꺼이 제가 되고 싶습니다.

아이가 떠난 빈둥지가 허전한 마음이 드는 것이 빈둥지 증후군이라면, 저는 아이가 언제건 돌아와도 편안하게 쉴 수 있도록 빈둥지를 따뜻하게 데워두고 있을 것입니다. 이것이야말로 제가 빈둥지 증후군이 없는 이유입니다.

"거리가 떨어져 있어도 마음이 가까이에 있다면, 같은 둥지에 있는 것과 다르지 않습니다."

79

버티기, 맞벌이 가정

지금까지 육아와 교육에 대한 이야기를 주로 다뤄왔지만, 이 책이 끝나기 전에 맞벌이 가정에 대해 꼭 이야기하고 싶습니다.

'일을 하며 아이를 키웠다.'는 말은 때로는 족쇄처럼 느껴지기도 하고, 때로는 훈장처럼 여겨지기도 했습니다. 가정에 문제가 생길 때면 '내가 일을 해서 그런 건 아닐까?'라는 자책이 밀려왔고, 반대로 션이 잘해내고 있을 때는 일과 육아라는 두 마리 토끼를 잡았다는 착각에 빠지곤 했습니다.

워킹맘으로 살아오며 가장 힘들었던 것은 '몸의 피로'가 아니라 '마음의 짐'이었습니다. 남편과 아이에게 미안한 마음이 늘 마음 한구석을 무겁게 했습니다. "할머니가 키운 아이들은…." 혹은 "일하는 엄마의 아이들은…." 같은 편견을 바라볼 때마다 내심 씁쓸함을 감추기 어려웠습니다. 직장에서는 '아이가 아파서 일찍 가봐야 한다.'라는 말을 꺼내는 것도 쉽지 않았습니다. 이 역시 결국 제가 스스로 만든 워킹맘의 선입견 때문이었습니다.

워킹맘의 내성

특별한 직업관이 있어서 일을 시작한 것은 아니었습니다. 미래를 구체적으로 설계하지 못한 채 직장 생활을 시작했고, 그저 남들처럼 주어진 일을 성실히 해왔을 뿐입니다. 그러다 보니 어느덧 성취감도 느끼고 재미도 붙었지만, 고비 또한 많았습니다.

"이렇게 힘든데 일을 계속해야 할까?" 싶다가도 관둘 이유를 찾지 못해 일을 이어갔습니다. 한 번, 두 번 고비를 넘기다 보니 어지간한 어려움은 이겨낼 내성이 생겼습니다.

육아에서도 마찬가지였습니다. 해결될 것 같지 않던 날들이 지나고, 마음이 한결 편해지니 더 큰 파도가 와도 무섭지 않았습니다. 넘어지고 일어나기를 반복하며 맷집이 단단해졌습니다.

시간이 흘러 아이는 성인이 되어 자신의 길을 걸어가기 시작했습니다. 제 일은 이제 제 삶의 일부가 되었고, 보람과 자부심으로 자리 잡았습니다.

션파 역시 맞벌이 가정의 또 다른 축으로 묵묵히 고군분투해왔습니다. 말은 하지 않았지만, 션파 또한 내성을 쌓아왔을 것입니다. 어린아이를 키우는 맞벌이 가정의 모습을 볼 때, 웃는 모습 뒤에 가려진 눈물이 먼저 보이는 이유도 이 때문일 것입니다.

과거에 제가 울었을 때, 누군가 "이렇게 힘든 날도 머지않아 끝이 날 거야. 포기하지 마."라고 말해줬다면 큰 위로가 되었을 것입니다.

그래서 젊은 맞벌이 가정에게 이렇게 말하고 싶습니다.

"지금까지 잘 해 왔어요. 조금만 더 버티세요. 포기하지 않으면 머지않아 좋은 날이 옵니다."

변화하는 사회

문득 둘째 아이를 유산했던 기억이 떠올랐습니다. 몇 개월째 몸이 영 좋지 않아서 과로해서 그런 줄 알았습니다. 한참 후에야 유산 사실을 알게 되어 수술을 받았지만, 고작 이틀만 휴가를 내고 다시 일터로 복귀했습니다. 왜 그렇게까지 했을까 곱씹어 보면, 그때는 사회에서 살아남기 위해 스스로를 몰아붙였던 것 같습니다.

제가 버티는 동안, 사회도 많은 변화를 겪었습니다. 션이 어릴 때만 해도 주 6일 근무제가 당연했던 시절에서, 이제는 주 5일 근무제가 정착된 지 오래입니다. 얼마 전 예능 프로그램에서 젊은 출연자가 "이전에는 토요일도 일했다면서요?"라고 묻는 장면을 보며, '그래, 그랬던 때가 있었지.'라며 그 시절을 떠올렸습니다.

현재 많은 나라에서 주 40시간 또는 주 45시간 근무제를 채택하고 있으며, 최근에는 격주 4일 근무제를 도입하는 기업들이 생겨나고 있습니다. 근무 시간이 줄어들수록 맞벌이 가정은 조금 더 숨통이 트일 것입니다.

사회적 약자들이 최전선에서 외치던 목소리 덕분에 세상은 조금씩 변화하고 있습니다. 그들이 욕을 먹어가며 외쳤던 목소리가 더 나은 세상을 만드는 데 기여했습니다. 저 역시 맞벌이 가정과 여성들의 사회생활에 대한 관심을 놓을 수 없는 이유는, 다음 세대가 더 나은 환경에서 살아가기를 바라기 때문입니다.

버티는 것은 단순히 참고 견디는 것이 아닙니다. 가족 간의 대화를 통해 서로를 이해하고, 타인과 비교하지 않으며 스스로의 태도를 조율해 관계를 회복하는 과정입니다. 힘든 순간에도 의미와 재미를 찾아 성장해 나간다면, 어느덧 세상은 조금 더 나아져 있을 것입니다.

맞벌이 가정, 현대사회의 '변이'

맞벌이 가정을 25년 이상 이어오며 최근 새로운 희망이 보였습니다. 사회가 빠르게 변화하면서 맞벌이 가정이 현대사회의 '자연 선택'을 받은 변이처럼 느껴졌기 때문입니다.

다윈의 『종의 기원』에서는 환경 변화에 적응한 변이가 살아남는다고 설명합니다. 변이는 자연 상태에서 불리하지만, 큰 변화가 닥치면 오히려 유리하게 작용하며 생존할 수 있습니다. 반대로 과거에는 유리했던 특성이 새로운 환경에 적응하지 못해 멸종하기도 합니다.

맞벌이 가정은 현대사회의 '변이'라고 생각합니다. 과거에는 남편이 일을 하고 아내가 가정을 지키는 형태가 기본이었고, 사회 시스템도 이를 중심으로 돌아갔습니다. 그렇다 보니 맞벌이 가정이 불리할 수밖에 없었습니다. 하지만 빠르게 변화하는 현대사회에서 맞벌이 가정은 경쟁력 있는 형태로 자리 잡았습니다.

예상치 못한 변화가 닥칠 때, 맞벌이 가정이라는 '변이'가 굳건히 버티며 자연 선택을 받는 사례가 늘어나고 있는 것입니다. IMF 외환위기나 코로나19가 급격한 변화는 맞벌이 가정의 유연성과 회복력을 더욱 돋보이게 했습니다. 고령화 사회나 저출산과 같은 서서히 다가오는 변화 속에서도 맞벌이 가정은 안정적인 모습을 보이며 적응하고 있습니다.

일하는 부모를 바라보는 아이들의 인식도 과거에 비해 긍정적으로 바뀌고 있습니다. 맞벌이 부모가 보여주는 삶의 모습은 아이들에게 자립심과 노력의 가치를 일깨워주기도 합니다. 또한 부모와 자녀 간의 소통이 보다 성숙하고 열린 방향으로 나아가는 경우도 늘고 있습니다. 맞벌이 가정의 버티는 힘은 인내하는 것을 넘어, 사회에 긍정적 변화를 만들고 세상을 변화시키는 동력이 되고 있습니다. 그 힘은 앞으로 점점 더 큰 영향력을 발휘할 것입니다.

"모든 맞벌이 가정에 존경의 마음을 보냅니다. 정말 수고하셨습니다."

80

버티기, 일의 복리

버티기라는 여정의 끝에서

드디어 마지막 장에 도달했습니다. 임신부터 아이의 성장을 지나 대학 입시에 이르기까지 부모로서의 여정을 나눴다면, 마지막은 미래에 대해 이야기하려 합니다.

션은 대학에서 탐색의 시간을 거친 끝에 '뇌공학'을 만나 몰입하고 있습니다. 어릴 때 좋아했던 인체, 우주가 청소년기에 수학으로 넘어가고, 지금은 뇌공학으로 이어지고 있습니다. 처음에는 지적 유희에서 출발했지만, 이제는 뇌공학을 통해 인류에게 기여하고 싶다는 꿈을 품게 되었습니다.

관심이 소명으로 변해가는 과정은 아직도 성장이 끝나지 않았으며 무궁무진하게 발전할 수 있음을 알려줍니다. 앞으로 션의 긴 여정이 예고되어 있지만, 그 과정을 진심으로 응원합니다. "네가 하고 싶은 일을 해라."라는 말은 이제부터가 시작으로 보입니다. 남들의 시선이나 사회에서 정의한 성공에 얽매이지 않고, 자유롭게 날아가기를 바랍니다.

이제는 제 이야기를 할 제 차례입니다. 워킹맘이라는 단어 중 '맘'의 모습으로 지금까지 학부모와 부모로서의 성찰을 여러분과 나누었습니다. 제 나머지 모습은 '워킹'에서 찾아볼 수 있습니다. 바로 'IT 컨설턴트로서의 나'입니다.

IT 컨설턴트로서의 나

40대 초중반, 주위를 둘러보며 한 가지 사실을 깨달았습니다. 어느 순간, 현장에서 발로 뛰는 경험 있는 여성 컨설턴트들이 거의 보이지 않는다는 점이었습니다.

IT 컨설팅 회사들은 흥망성쇠를 반복했고, 많은 컨설턴트가 경력이 쌓이면 기업으로 이직하거나 관리자의 역할로 전환했습니다. 현장은 주로 후배들로 대체되었고, 경험 많은 컨설턴트가 직접 프로젝트를 수행하는 일은 드물어졌습니다. 특히 가정을 꾸리고 육아를 병행하는 여성 컨설턴트가 현장에 남아 있는 경우는 더욱 찾기 어려웠습니다.

저 역시 고민의 기로에 섰지만, 법인을 세우고 현장에서 계속 일하는 낯선 길을 선택했습니다. 영업이나 경영에 대한 경험 없이 오직 '실력' 하나를 믿고 시장에 뛰어들었습니다. 대형 컨설팅사와 SI 업체들이 즐비한 환경에서 제가 믿은 것은 '진심과 실력이 곧 영업'이라는 단순한 믿음이었습니다.

운 좋게도 꾸준히 프로젝트 계약이 성사되었고, 고객들에게서 좋은 피드백을 받으며 소규모 인력으로 지금까지 성과를 이어갈 수 있었습니다.

'일의 복리의 법칙'을 실감하다

『그리스인 조르바』에서 조르바는 세상의 모든 것에 감탄합니다. 포도주 한 잔조차 얼마나 감탄하며 즐기는지 입맛을 다시며 읽었습니다. 그런데 저도 요즘 '버티기'라는 주제를 떠올리며 조르바처럼 감탄합니다.

현장에서 계속 일하는 삶은 흥미롭지만, 절대적인 '시간 부족'과 퇴근 후에도 이어지는 '일의 잔재'는 늘 부담으로 남습니다. 그럼에도 불구하고 중간중간 등장하는 소소한 성취와 재미는 마치 마약처럼 저를 계속 붙잡아 둡니다.

시간이 흘러 제 경력은 어느덧 20년을 넘어 30년을 향하고 있습니다. 문제를 바라보는 시각은 직관적으로 변했고, 고객들은 그런 제게 '촉이 좋다'고 말합니다. 이는 오랜 경험에서 비롯된 결과입니다.

『레버리지』에서 말하는 '일의 복리의 법칙'은 시간이 지날수록 업무의 효율이 높아지고 결과가 축적되는 현상을 뜻합니다. 저 역시 이를 실감하고 있습니다. 오랜 시간 성실하게 버텨온 덕분에 일이 조금씩 더 수월해졌습니다. 힘든 상황 속에서도 버티며 쌓은 신뢰는 고객사들이 우리 회사의 가치를 인정하게 했고, 새로운 사업 기회도 열어주었습니다.

버티기의 끝은 공허함이 아닌 새로운 시작

평생 일해 온 사람들이 은퇴 후 느끼는 공허함에 대해 종종 듣습니다. 저 역시 언젠가는 그런 공허함에 직면할 수도 있겠지만, 단번에 일을 그만두기보다는 점진적으로 전환해 가고 싶습니다.

현재 즐기고 있는 취미생활을 발전시켜 제2의 직업과 연결시키고, 하고 있는 일은 언젠가 현장 경험을 나누는 형태로 전환하는 것이 하나의 꿈입니다. 『클린 애자일』의 저자 로버트 C.마틴이 70대 IT 현직 종사자라는 것을 알고 흥분했던 기억이 납니다. 한국에는 이런 사례가 드물지만, 나이가 들어서도 IT 경험을 나누며 사회에 기여할 수 있지 않을까 하는 희망이 생졌습니다.

보도 섀퍼의 『멘탈의 연금술』을 읽고 아래와 같은 글이 썼습니다.

"우리는 항상 씨를 뿌리지만, 그 열매가 언제 열릴지는 모릅니다. 어떤 열매는 내일 열리지만, 어떤 열매는 40년 후에 열릴 수도 있습니다. 중간에 열매가 열리지 않는다고 물 주기를 포기하면 가장 달콤한 50년짜리 열매를 잃게 됩니다."

이 말은 IT 시장에서 제가 버티며 느낀 것을 담고 있습니다. 지금 받은 기회는 단순한 행운이 아닙니다. 10년 전에 했던 노력이 이제 빛을 발하는 순간입니다.

새로운 미래를 향하여

지금까지 아이를 키우고 일을 하며 몇 번이고 큰 산을 넘었습니다. 그 덕분에 웬만한 일에는 내성이 생겼다고 말했습니다. 버티기는 단순한 인내가 아니라, 자신을 지탱하는 힘이자 새로운 꿈을 향한 발판입니다.

하지만 앞으로의 버티기는 새로운 장벽을 넘어서야 할 것입니다. 그중 하나는 '나이'일지도 모릅니다. 다가올 미래는 어떤 일이 펼쳐질지, 그 일을 통해 또 어떤 꿈을 꾸게 될지 궁금합니다.

과거는 미래의 거울이라고 했습니다. 과거에 용감하게 버텨냈듯이, 앞으로 어떤 일들이 다가와도 희망적일 것이라고 확신합니다.

"버티기는 벼랑에서 떨어지지 않으려는 몸부림이 아니라, 매서운 바람 속에서도 흔들리지 않고 한 발 내딛으려는 의지입니다."

마치는 글

나의 인생은 상대를 거쳐 완성된다

선택의 시대와 달라진 삶의 틀

요즘은 결혼과 출산이 개인의 선택으로 여겨지는 시대입니다. 하지만 제가 20대였던 시절에는 너무도 당연한 일이었습니다. 여성이 20대 중반, 남성이 20대 후반이 되면 결혼하지 않았다는 이유만으로 '노처녀', '노총각'이라는 꼬리표가 붙었고, 비혼을 선택한 사람들은 사회적 편견과 부정적인 시선을 감내해야 했습니다.

결혼 후에도 상황은 크게 다르지 않았습니다. 아이가 생기지 않으면 친지들의 걱정 섞인 말과 명절마다 쏟아지는 "언제 아이를 가질 거야?"라는 물음에 시달려야 했습니다. 아이가 하나뿐이면 "외롭지 않겠니?"라는 말이, 딸만 있으면 "아들이 있어야 든든하지."라는 말이 이어졌습니다. 아들만 있으면 "딸이 하나는 있어야 엄마가 외롭지 않지."라는 말도 흔했습니다. 여성이 일을 하면 "남편 내조나 하고 아이나 잘 키우지 무슨 일을 한다고 그래."라는 말도 쉽사리 했던 시절이었습니다.

남성들 또한 이런 사회적 압박에서 자유롭지 못했습니다. 가장으로서 가정을 책임져야 한다는 중압감 속에서 성실히 역할을 다하려 애썼지만, 내면적으로는 무거운 책임감에 짓눌리곤 했습니다.

우리 부모 세대는 특별한 인생 계획 없이 사회적 틀에 따라 살았습니다. 결혼, 자녀 수, 은퇴 시점까지 모든 것이 공식처럼 결정된 시대였습니다. 이제는 이러한 틀에서 벗어나 개인의 선택이 존중받는 시대가 되었습니다. 물론 선택의 자유가 새로운 고민과 도전을 불러오기도 하지만, 자신만의 삶을 설계할 수 있다는 점에서 분명 긍정적인 변화입니다.

부모의 삶을 이해하며, 나를 돌아보다

어린 시절에는 학년이 올라갈수록 큰 변화가 찾아왔습니다. 초등학교에서 중학교, 중학교에서 고등학교, 대학으로 넘어가며 새로운 환경에 적응해야 했고, 그때마다 세상이 두 배로 넓어지는 듯한 느낌을 받았습니다.

사회생활을 시작하며 학생 시절과는 전혀 다른 책임감과 무게를 짊어지게 되었지만, 그 안에서 성취감과 즐거움도 느꼈습니다. 결혼 후에는 둘만의 관계에서 벗어나 가정을 꾸리며 제사, 명절, 집안일 등 책임감이 몇 배로 늘어났습니다. 그래도 이런 일들은 적응할 수 있었습니다. 새로운 관계에서 오는 즐거움도 있었기 때문입니다.

하지만 아이가 태어난 후에는 상황이 완전히 달라졌습니다. 부모로서 슈퍼히어로가 되어야 했습니다. 가족 중 한 명이라도 아프면 균형이 흔들릴 판이었습니다. 하지만 아이의 웃음은 모든 피로를 날려버리는 힘이 있었습니다.

아이를 키우는 모든 부모는 자녀가 반듯하게 자라기를 바랍니다. 하지만 세상 모든 일이 부모 뜻대로 되지 않습니다. 아이는 인형이 아니니까요. 아이를 온전히 이해하려면 끊임없는 관심과 관찰이 필요합니다. 아이를 이해하려 애쓰다 보니, 자연스레 세상 모든 사람을 포용하게 되었습니다. 누군가의 이해할 수 없는 행동조차도, "그럴 수도 있겠구나."라는 시선으로 바라보게 된 것입니다.

아이의 나이에 따라 저의 어린 시절을 떠올려보며, 과거와 현재가 겹치면서 저 자신을 다시금 돌아보게 되었습니다. 점차 제가 '참된 인간'으로 변해가고 있음을 느끼게 되었습니다.

'아이'라고 불리는 축복, 그리고 진심을 담은 말

션이 어릴 때 이런 말을 한 적이 있습니다.

"엄마가 사회생활을 하는 데 내가 발목을 잡은 거 아니야?"

깜짝 놀라며 저는 이렇게 대답했습니다.

"엄마는 지금까지 너를 키우면서 일을 놓친 적이 없었어. 가족으로서 해야 할 일, 예를 들어 제사나 명절에 맏며느리로서 소홀히 한 적도 없었지. 프로젝트 막바지에 몇 달 동안 야근을 하고 명절에 비상대기를 할 때도 집에 들러 차례를 지내고 돌아오곤 했어. 물론 집안일에 서툰 점도 많았고, 전업주부처럼 완벽히 해내지는 못했지만, 엄마가 중요하다고 생각한 것들은 놓치지 않았어. 이건 너와 아무 상관이 없는 거야. 어쩌면 더 높은 곳으로 갈 기회가 있었을지도 몰라. 하지만 그것이 절대 너를 위한 '희생'은 아니었어. 모든 것은 엄마의 선택이었어.

오히려 너를 키우면서 정신력이 강해져서 어떤 일이건 견딜 수 있게 되었어. 그래서 지금까지 올 수 있었던 거야. 그러니까 넌 단 한 번도 내 발목을 잡은 적이 없었고, 오히려 엄마가 사회생활을 하는 데 큰 원동력이 됐어. 그래서 늘 네가 고마워."

아이와 나를 분리하기

명망 높고 성공한 사람들도 자녀 앞에서는 약해지곤 합니다. 큰 부와 권력을 가진 사람들도 자녀 문제 앞에서는 어쩔 줄 몰라 하고, 바깥에서 존경받는 분들이 자녀 앞에서 약해지고 가슴 아파하는 모습을 볼 때, 저 또한 가슴이 짠해집니다.

젊은 시절 함께 일터에서 동고동락했던 분들이 은퇴 시기에 접어들면서 자녀 이야기를 꺼내기 시작합니다. 이미 성인이 된 자녀들에 대한 걱정은 끊이질 않습니다. 예전에는 동창 모임에서 번듯한 차를 타고 와 명함을 돌리던 사람들이 부러움을 샀다면, 이제는 그 부러움의 대상이 자녀들이 어떻게 살고 있는지로 바뀌었습니다.

우리의 인생과 자녀의 인생은 분명 별개인데도, 왜 마음 한구석에는 늘 자녀의 방을 치우지 못한 채 남겨 두는 걸까요?

그런 생각이 들 때마다 저는 션을 키우며 제 삶과 철저히 분리하려고 노력했습니다. 부모로서 아이에게 욕심을 부리거나 과시하려는 태도가 자칫 부담이 될까 늘 경계했습니다. 욕심이 올라올 때면 차라리 제 일에 매진하며 마음을 다잡았고, 무엇보다 항상 이렇게 스스로를 일깨우려 했습니다.

"션의 성공은 내 성공이 아니며, 션의 실패도 내 실패가 아니다."

제가 해야 할 일은 부모로서 션을 지지하고 응원하는 것, 그리고 일과 육아 사이에서 균형을 맞추는 데 최선을 다하는 것이었습니다. 그렇게 스스로 다짐하며, 엄마로서의 역할과 제 자신의 삶 사이에서 균형을 찾아갔습니다.

삶의 완성은 다음 세대로 이어진다

김형석 교수님의 『백 년을 살아보니』에서 "인생은 50세가 되어야 평가할 수 있다."라는 구절은 늘 제 마음에 남아 있습니다. 부모로서 아이들이 50세가 되어 사회에 어떤 영향을 미칠지 생각하는 것이 중요하다는 말은 큰 울림을 주었습니다.

한 사람이 태어나서 죽을 때까지 인생을 완벽하게 완성하는 경우는 드뭅니다. 사회에 선한 영향력을 미치고 존경받는 삶을 이루는 것은, 빈손으로 태어난 제가 일평생 동안 이루기에는 벅찬 과제일지도 모릅니다. 하지만 저는 그 완성을 다음 세대로 이어지는 긴 여정 속에서 찾아야 한다고 믿습니다.

중년에 이르면 다들 자신이 걸어온 삶을 돌아보며 후회하곤 합니다. "조금 더 열심히 살았어야 했는데….", "다른 선택을 했더라면…." 이런 후회가 자녀에게 더 많은 기회를 주려는 노력으로 이어지기도 합니다. 하지만 자녀를 통해 대리만족을 하거나, 부모의 한을 자녀에게 풀고자 하는 방식은 결코 바람직하지 않습니다. 그저 부모의 욕심일 뿐, 자녀의 삶을 옥죄는 올가미가 될 수 있기 때문입니다.

저는 이런 함정에 빠지지 않기 위해 늘 스스로를 경계했습니다. 대신 제 삶의 길이가 저의 삶과 죽음으로 끝나지 않고, 션과 션의 자녀, 그리고 후손들에게까지 이어질 것이라는 믿음을 가지고 살았습니다. 제가 바라는 삶의 모습이 다음 세대로 전달될 때 비로소 제 인생이 완성된다고 믿었습니다.

자녀에게 기회를 열어주는 이유

제 삶이 션과 션의 자녀에게로 이어질 때, 그 삶이 단순한 반복이 아니라 더 크고 새로운 가능성을 품기를 바랐습니다. 그래서 션이 제가 자란 환경을 넘어서 더 넓고, 더 많은 배움이 있는 세계에서 자랄 수 있도록 노력했습니다. 제가 경험하지 못했던 기회를 제공함으로써, 션이 더 풍요롭고 다양한 삶을 살아가기를 바랐습니다.

삶의 완성은 단순히 성공의 외형에 있지 않습니다. 명문대, 좋은 학과, 안정적인 직장은 중요하지 않다는 뜻이 아닙니다. 그 너머에 있는 삶의 가치가 중요하다는 것입니다. 저는 션이 '자신의 삶을 일굴 줄 아는 사람'으로 성장하기를 바랐습니다.

그래서 저는 늘 션에게 이렇게 말했습니다.

"하고 싶은 일을 하면서 살아. 성공하고 싶다면, 넉넉히 베풀 수 있는 사람이 되자."

제가 좋은 사람이 되고자 노력하는 이유도 여기에 있습니다. 엄마로서 하고 싶은 일을 찾고, 조금이라도 베푸는 모습을 보여주고 싶었습니다. 지금의 저는 여전히 부족하지만, 제 삶이 다하는 그날까지 조금씩 더 나아지길 희망합니다.

제가 션에게 남기고 싶은 것은 이러한 정신적 유산입니다. 션이 이 유산을 조금이라도 물려받았다면, 션도 언젠가 자신의 아이에게 비슷한 이야기를 하게 될 것입니다. 그렇게 이어진 바람은 션의 손자에게, 또 손자의 손자에게로 전달될 것입니다.

그렇게 세대를 넘어 제 뜻이 완성되는 날이 오리라 믿습니다.

"긴 여정을 함께해 주신 모든 분께 진심으로 깊이 감사드립니다.

이제는 여러분이 주인공입니다."